Mr. Hans & Ali

ABYDOS

die Heilige Stadt des Osiris

novum pro

Bibliografische Information
der Deutschen Nationalbibliothek:

Die Deutsche Nationalbibliothek
verzeichnet diese Publikation in
der Deutschen Nationalbibliografie.
Detaillierte bibliografische Daten
sind im Internet über
http://www.d-nb.de abrufbar.

Gedruckt in der Europäischen Union
auf umweltfreundlichem, chlor- und
säurefrei gebleichtem Papier.

© 2023 novum Verlag

ISBN 978-3-99131-659-6
Lektorat: Isabella Busch
Umschlagfotos: Hans Fröhlich;
Robert Kneschke, Rania Hegazi,
Dave Primov | Dreamstime.com
Umschlaggestaltung,
Layout & Satz: novum Verlag
Innenabbildungen: Hans Fröhlich

Die vom Autor zur Verfügung gestellten Abbildungen wurden in der
bestmöglichen Qualität gedruckt.

www.novumverlag.com

„Ich komme nun ausführlicher auf Ägypten zu reden,
weil es mehr Wunder enthält als jedes andere Land, und
im Vergleich mit jedem andern Lande Werke aufweist,
die über alle Beschreibung hinausgehen:
Deswegen wird ein mehreres darüber gesagt werden.
Es zeigen nämlich die Ägypter, ebenso wie der Himmel bei
ihnen anders ist und der Fluss eine andere Natur hat
als die übrigen Flüsse, in ihren Sitten und Gebräuchen
großenteils das gerade Gegenteil von dem,
was bei den übrigen Menschen vorkommt.“

Herodot, EUTERPE (2. Buch)

INHALTSVERZEICHNIS

VORWORT

Ägypten ist ein sehr interessantes Urlaubsland, auch wenn man nicht nur ein Freund von Wasser und Sonne ist, so gibt es viele historische und kulturell wertvolle Stätten, die es wert sind, besucht zu werden. Es ist nicht verwunderlich, dass die von der Sonne verwöhnten Orte am Roten Meer eine preiswerte und erholsame Variante bieten. Wer jedoch seinen Urlaub mit ein paar interessanten Einblicken in die ägyptische Geschichte aufwerten will, kommt an Abydos, der heiligen Stadt in Oberägypten, nicht vorbei. Es ist nicht einfach, diesen Ort vom Roten Meer aus zu erreichen, denn tatsächlich ist er eher im Ausflugsprogramm der Kreuzschifffahrt wiederzufinden, als in einem Angebot für einen Tagesausflug von Hurghada. Mit Übernachtungen in der landwirtschaftlich geprägten Nähe von Abydos sieht es schlecht aus, da dieses Ansinnen ein Ausflugsprogramm einfach überfordern würde. Hinzu kommt, dass eine gewisse Hintergrundinformation für den Pauschaltouristen bei diesem speziellen und umfassenden Thema der altehrwürdigen Geschichte des Landes, ohne ihn zu überfordern oder zu langweilen, nicht ganz einfach ist. Das moderne verschlafene Nest Abydos, welches kein Mensch kennen würde, gäbe es dort nicht die alten wunderschönen ägyptischen Tempel[1] aus einer längst vergan-

---

1 „Tempel" (lateinisch templum) hat sich ersatzweise als ein „moderner" Begriff in die Literatur eingeschlichen, denn in altägyptischen Übersetzungen wird wortwörtlich: „Häuser für Statue(n)" verwendet (ähnlich „Haus Gottes") – vgl. „Historische Lehre des *Meri-ka-Re*". Es ist jedoch auch interessant, welche modernen Redewendungen heute in Übersetzungen und Beschreibungen einfließen, sodass beispielsweise die griechischen Ortsnamen oft einen *Wirrwar* bilden, obwohl in den beschriebenen Zeiten die Griechen noch gar nicht in Ägypten herrschten.

genen Zeit, einen[2] Friedhof der Könige aus der I. und II. Dynastie und die wunderschönen Nilschlammziegelbauten sowie die alte Stadt *Abdju*, umschlossen von einer genauso geheimnisvollen Mauer, welche wohl *Thot-mose III.* errichtet haben mag. Gerade in diesem Ort tummelten sich die Ägyptologen aus den Anfangsjahren dieser neuen Wissenschaft und jeder, der etwas Neues fand, schrieb ein Buch darüber, um seine nächsten Ausgrabungen zu finanzieren.

Ich selbst fuhr aus geschäftlichen Gründen in fast 15 Jahren in Oberägypten mit meinem treuen Taxifahrer Ali Ewies Abas Yosef Omr über Tausende von Kilometern, und soweit es möglich war, besuchte ich alle historischen Stätten, welche sich in der Nähe der Fahrtroute befinden. Vielleicht hat mich dadurch eine Art Ägyptomanie beschlichen und ihr verdanke ich, dass ich mir mehr als 200 Bücher zu Gemüte führte, um hinter die Geheimnisse der uralten Kulturgesellschaft zu gelangen. Ehe ich mich versah, war ich dieser Droge verfallen, da ich mich diesem Thema mit offenem Herzen und freiem Verstand zuwendete. Plötzlich erkannte ich viele der Zusammenhänge zwischen Mythen, Orten, Tempeln und religiösen Texten, die mir niemals ein studierter Reiseleiter nahebringen konnte. Es geht immer um die „gleiche Welle" bei der Informationssendung und beim Informationsempfang. Sehr oft scheint es zwischen Touristen und Reiseleiter eine leichte Übermittlungsstörung in der Form zu geben, dass die Hinweise nicht voll und ganz vom Empfänger verarbeitet werden können. Bei aller Achtung für diese Menschen, erkannte ich bald, dass sie keinen Bildungsurlaub, sondern nette Museenbesuche dem dankbaren Publikum vermitteln und dafür die entsprechende Provision einstreichen. So versuchte ich, mir das fehlende Wissen anzueignen und öffnete die Büchse der Pandora! Allein in der uns allen verordne-

---

2 Eigentlich sind auf diesem Gelände mehrere Friedhöfe, doch der Einfachheit halber will ich von **einem** Friedhof schreiben (in der Fachliteratur wird von Nekropole geschrieben).

ten Corona-Pause war es für mich keine Belastung, weitere drei Bücher ins Deutsche zu übersetzen und deren Erklärungen hier und in den nächsten Büchern teilweise einfließen zu lassen. Jede Antwort warf gleichzeitig Hunderte von Fragen nach deren Hintergründen auf. Glücklicherweise hatte ich Abydos bereits dreimal besucht und somit kamen Theorie und praktische Erfahrungen zusammen und halfen mir, dieses Buch zu schreiben. Ich bedauere zutiefst, aus finanziellen Gründen nie Ägyptologie studiert zu haben. Ich empfand jedoch immer ein sehr großes Interesse dafür und mit dem Internet eröffneten sich Möglichkeiten für mich, internationale Literatur ins Deutsche zu übersetzen und gleich eines Ägyptologen bei der Feldarbeit Scherbe für Scherbe auszugraben, zu säubern, ein Grabungsbuch zu führen und alle Teile zu sortieren und zusammenzufügen. Worüber ich einst lächelte, entpuppte sich mit der Zeit als eine inhaltsreiche Darstellung. Für eine Religion, die weltweit als entartet verschrien war, weil sie angeblich Tiere „vergötterte", verspürte ich immer mehr Hochachtung, weil sie in einer Welt von Barbaren und Analphabeten diesen Menschen Moral, Sitte und Ordnung lehrte. Das Nachteilige an diesem Thema ist jedoch, dass alles irgendwie zusammenhängt und nur dann seine Geheimnisse preisgeben will, wenn man sich die Zeit und Muße nimmt, wie ein Briefmarkensammler mit Lupe und Pinzette die Wunder der kleinen Hinweise zu entdecken und zu hinterfragen. Das bedeutet jedoch nicht, alles bis ins letzte Detail zu verstehen und allen Meinungen der Autoren bedingungslos zuzustimmen. In der Zwischenzeit gibt es so viele spezielle Ausgrabungsstätten, von nationalen oder internationalen Grabungsteams organisiert, dass man den Überblick verlieren kann, denn bedauerlicherweise erscheinen Publikationen immer spärlicher oder nur kurze Pressemitteilungen im Internet über spektakuläre Funde.

Ich will hier keinesfalls in einen aussichtslosen schriftlichen Wettstreit mit den studierten Fachkräften treten, denn meine Vorstellungen für dieses und möglicherweise noch folgenden

Bücher bestehen darin, dass ich mit meinen persönlichen Erlebnissen und den Hintergründen aus wissenschaftlichen Informationen, die Darstellung einer unvorstellbar interessanten Geschichte des Landes mit einer lockeren Reisebeschreibung kombinieren will. Wie immer im Leben, ist alles eine Frage des eigenen Standpunkts und da auch dieses Buch meine persönlichen Meinungen wiedergibt, wird dieser und jener Leser mir nicht immer zustimmen, was nur zu verständlich ist. Auch seine Konfession wird auf seine Meinung Einfluss haben, doch versuchte ich, anhand der für mich erreichbaren Literatur und meiner persönlichen Beobachtungen, so viel wie möglich Objektivität einfließen zu lassen, damit der geneigte Leser dieses informative Buch ohne Betroffenheit beenden kann.

Das große Missverständnis zwischen den Weltreligionen und der altägyptischen Religion, ohne deren Beachtung ich gar nicht erst dieses Buch anfangen kann, liegt u. a. darin, dass wir mehr Konsumenten als Produzenten, geschweige denn Architekten sind. Ägypten ist ein Entwicklungsland, welches seit Jahrzehnten auf den Tourismus setzt, und dieser, soweit er nicht durch unsägliche Erscheinungen in der Welt ausgebremst wird, zu den Devisenhaupteinnahmequellen des Landes gehört. Folglich wird der ägyptische Staat immer alle nur erdenklichen Hindernisse dem zahlungskräftigen Touristen aus dem Weg räumen und in vielerlei Hinsicht auf dessen manchmal anstößiges Verhalten entgegenkommend reagieren, was gegenüber der eigenen Bevölkerung nicht immer der Fall ist. Die Schutzmaßnahmen für die willkommenen Gäste erscheinen für die Ausländer oft übertrieben hoch, doch habe ich niemals Probleme damit gehabt, wenn ich unter dem Schutz einer Polizeieskorte an mein Ziel gebracht wurde.

Also wollte ich in eine Verständnisprozesslücke der Informationen springen und konzipierte deshalb mein Buch vom Aufbau und Inhalt her ähnlich dem Ansinnen, einem Besucher[3] der Volkshochschule, der die Buchhaltung ohne Vorkenntnisse erlernen will, ganz von Anfang an die Grundlagen zu zeigen, welche er benötigt, später eine Bilanz zu erstellen oder mindestens sie lesen zu können. Ich möchte hier etwas schaffen, mit dem auch jene Menschen etwas anfangen können, die nach Corona den so ersehnten Sommerurlaub vielleicht in Ägypten verbringen und sich die Zeit vor Ort nehmen, antike Stätten zu besichtigen. Möglicherweise helfen dann auch diese Zeilen, dass die Reise nach Ägypten im Verständnisprozess mit Kultur und Geschichte ein voller Erfolg wird.

Ich musste erst lernen, dass der Alte Ägypter seine eigene Logik auf allen Gebieten der Kunst und Religion besaß, welche mit der aus unserer Zeit unvereinbar erscheint. Er verfolgte einen Standpunkt konsequent bis zum Schluss, wenn auch dadurch manche Widersprüche entstanden. Für ihn war oft die Praxis wichtiger, als die theoretische Nachweisführung. Er wollte keinen permanenten Wandel im System, er wollte die Tatsachen so gut wie möglich für die nächste Generation erhalten. Dabei war ihm der Weg zur Erkenntnis absolut gleichgültig. Immer wieder stellte ich fest, dass geradezu krankhaft jedes Geheimnis bewahrt wurde und nur dem berechtigten Kenner der Materie zustand.

Wer sich dem Pharaonenreich mit seinen spezifischen Besonderheiten öffnen will, muss seine Weltanschauung für ein paar Stunden im „Tresor der wissenschaftlichen Logik" einschließen, um in eine geheimnisvolle Welt einzutreten, die wie unsere Wissenschaft sich gleichfalls auf das Ziel der Naturerforschung und Naturnähe richtete.

---

3 Ich entschuldige mich bereits an dieser Stelle dafür, dass ich auf das „Gendern" in diesem Buch verzichte, nicht weil ich das andere Geschlecht missachte, sondern weil alle „Sternchen" dieser Welt die Grundlagen und philosophischen Aspekte der Ägyptologie nicht einen Deut anders erscheinen lassen.

Pauschalreisen sind momentan noch preiswert, Individualreisen hingegen teuer und lassen sich nur erfolgreich durchführen, wenn man sich der Hilfe eines Einheimischen bedient. Er wird keine große Hilfe hinsichtlich Kultur und Geschichte des Landes sein, doch kann er oft als Taxifahrer, Dolmetscher und Helfer in der Not auftreten. Meine Erfahrungen haben mich gelehrt, dass das Bakschisch für einen „Begleiter" eher gerechtfertigt ist als für die an allen Ecken lauernden „Schlawiner", die immer wieder den Touristen mit total überhöhten Preisen übervorteilen wollen. Und gerade in der katastrophalen Situation für alle Menschen, die mit dem Tourismus ihren Lebensunterhalt verdienen müssen, können solche dauerhaften Verbindungen ein kleiner Beitrag zum Aufschwung der derzeit lahmenden Branche sein.

Eine andere Sache, die ich nicht verschweigen will, welche jeweils in mir gemischte Gefühle hervorruft, wenn ich sie mehr oder minder stark vor Ort wahrnehme, ist der Umgang mit den Erbschaften aus einer längst vergangenen Zeit. Das Gebiet der Ägyptologie hat sich seit 150 Jahren in zwei absolut konträre Bereiche gespalten; den wissenschaftlichen und den touristischen. Während Millionen von Spenden und internationale Budgets in die Erforschung und Ausgrabungsarbeiten in Ägypten gesteckt werden und der ägyptische Staat nach Maßgabe der Fortschritte alles für die anschließende Öffnung der historischen Stätten für den Touristen unternimmt, liegt deren Nutzung und Bewahrung manchmal in einem absolut widersprüchlichen Verhalten der Besucher. Selbst die studierten Reiseleiter haben sich im Laufe der Zeit daran gewöhnt, die Touristen aus aller Welt eher zu unterhalten, als gründlich zu informieren. Vor wenigen Tagen erlebte ich im Tempel von Karnak einen deutschsprachigen Reiseleiter, der fast fünf Minuten lang über „abgebrochene Nasen der weiblichen Statuen" philosophierte, weil er auch gleich die Antwort dazu wusste: „Frauen tragen die Nasen oft zu hoch, dann müssen sie abbrechen!" Solche Geschmacklosigkeiten sollen für Stimmung sorgen, aber es lachte keiner in der Reisegruppe. So wie man seine eigene Meinung zum Humor haben kann, hat auch die einheimische Bevölkerung ein gespaltenes Bewusstsein zu den Schätzen aus pharaonischer Zeit und das erlebe ich stets neu bei meinem Taxifahrer Ali. Ich ging vor über zehn Jahren eine solche freundschaftliche Verbindung mit meinem Ali aus dem Oberägyptischen Luxor ein, die ich bis zum heutigen Tag nicht bereue. Natürlich erwartet er als Taxifahrer auch eine gute finanzielle Vergütung seiner Arbeitsleistungen, doch waren sie nie unverschämt und gemeinsam erlebten wir unbezahlbare und unvergessliche Reisen, die er nicht ohne mich und ich nicht ohne ihn erlebt hätte.

Ich habe hoffentlich in verständlicher Art und Weise für jedermann und besonders für den Interessenten der verschiedenen Facetten der Geschichte und Religion des alten Ägyptens hiermit ein Buch geschrieben, welches sowohl die geografischen Gebiete und historischen Hintergründe beleuchtet, als auch die einzelnen Götter der Region dem Leser näherbringt. Es ist auch für mich schwer, stets die Grenze zu finden, damit ich mich nicht zu sehr in Details und Schwärmereien verliere, da ich doch das Land so liebe. Wer mit offenen Augen durch das zauberhafte Land geht, entdeckt noch heute ausreichende Hinweise auf Zeremonien oder Baudenkmäler, die besser als jede Theorie uns die Praxis einer längst untergegangenen Zeit nahebringt.

Noch ein letztes Wort zu den Bildern und Skizzen. Da ich weder Ägyptologe noch akkreditierter Journalist in Ägypten bin, muss ich alle bestehenden Einschränkungen akzeptieren und kann nicht mit Halogenstrahlern und Vermessungsgeräten in die Tempel und Grabungsfelder ziehen. So muss ich auf bestehende Informationen zurückgreifen und meine eigenen Fotos müssen nachbearbeitet werden, um trotz hervorragender Kamera die bestmögliche Qualität zu erreichen. So sind auch alle folgenden Tatsachenschilderungen in beiderseitiger Kooperation mit Ali entstanden und im Vertrauen sagte er mir, dass er niemals im Leben das allein gesehen hätte, was wir gemeinsam besichtigten. So war das, bevor COVID-19 zuschlug …

Leider ist die schöne und hochinteressante Pionierzeit in der Ägyptologie vorbei, als jeder Wissenschaftler seine neusten Erkenntnisse publizierte, um finanzielle Mittel für seine nächsten Projekte zu erwirtschaften. Sie schrieben die Bücher allgemeinverständlich, damit das auserwählte und interessierte Publikum ihnen ihre Geldbörsen öffnete. Das hat sich alles sehr verändert: Nur selten haben Ägyptologen heute Zeit, neben ihrer umfangreichen Arbeit vor Ort nach Kompetenzstreitigkeiten ihre Ergebnisse zu publizieren, sodass oft viele Jahre vergehen, ehe ein Gesamtwerk das Licht der Öffentlichkeit erblickt. Die Ausführungen der Ägyptologen und Philosophen zum Thema Pharaonisches Ägypten kann man verstehen oder auch nicht. Oft erscheinen sie, als würde man einem Mathematiker bei der Berechnung des Urknalls über die Schulter schauen. Im Gegensatz zu früheren Publikationen scheint es mir heute so, als würden Experten für Experten schreiben und dabei bleibt der wissbegierige Otto-Normalverbraucher in den Fallstricken der Wissenschaft verheddert und enttäuscht zurück. Ich frage mich immer, wer den Nachwuchs an dieses interessante Feld des Forschens heranführen soll, wenn nur noch die hochbezahlten Fachleute sich gegenseitig verstehen?

Dieses Buch entspricht in verschiedenen Darlegungen nicht der gängigen Lehrmeinung für Ägyptologie, aber durch meine jahrelangen Studien der internationalen Literatur und persönlicher Besichtigung der Originalschauplätze, habe ich meine eigenen Erlebnisse und Erkenntnisse wahrheitsgetreu wiedergegeben und vertrete auch diesen und jenen Standpunkt, bei dem ich später feststellte, dass Wissenschaftler zu der fast identischen Aussage in einem anderen Zusammenhang kamen.

Eine Followerin meines YouTube-Kanals schrieb mir einst: „Gott sei Dank hat mir mal einer Ägypten so erklärt, dass ich es verstanden habe!"

Meine persönlichen Erfahrungen in Ägypten will ich meinen Büchern mit einem antiken geschichtlichen Hintergrund so mischen, dass das Alte gebührend gewürdigt wird und die aktuellen Begebenheiten am beispielhaften Leben meines Taxifahrers Ali jeder Leser nachvollziehen kann. Sein Leben ist für mich ein Konjunkturbarometer hinter den undurchsichtigen Schleiern der Tourismusindustrie in den Entwicklungsländern. Durch ihn gelang mir ein Einblick in das Leben der kleinen Leute, welche immer mehr verarmen. Er hat Schulden ohne Ende und so wie er Geld bekommt, geht es wieder hinaus in die Welt der geduldigen Gläubiger. Er gehört zu den Marionetten ohne Netz und doppelten Boden, die je nach den Auswirkungen der Weltkonjunktur oder Pandemie ihren Job und ihr Leben meistern müssen, ohne Chance auf finanzielle Unterstützung durch Bürgergeld, Hartz IV oder Jobcenter …

Leipzig, 2022

ÄGYPTEN HEUTE

SO FAND ICH ALI …

Im Jahr 2009 lernte ich einen kleinen drahtigen Mann in der Mitte seiner Lebensjahre angekommen mit heller Galabia und Turban kennen, welchen ich der Einfachheit halber „Taxi-Ali" nennen will. Er ist in Luxor bekannt wie ein bunter Hund und jedes Mal, wenn ich mit ihm fahre, ruft es hundertmal: „Hello Ali". Er ist ein Mann von fast 50 Jahren, mittelgroß, ein typischer Araber mit braun gebranntem Gesicht und einem dünnen Bärtchen über der Oberlippe. Er verfügt über eine ausgesprochene Geschäftstüchtigkeit, die ihn in den meisten Fällen das tun lässt, was die Situation erfordert.

Ich hatte 2009 das Hotel aus der Innenstadt für ein Hotel am Rande von Karnak, 20 Minuten zu Fuß vom Karnaktempel entfernt, gewechselt. Im Stadthotel kam man kaum zur Besinnung, denn sobald man auf die Straße trat, schwirrten Kaleschenkutscher und Taxifahrer um den begehrten Kunden herum, und boten ihre Dienstleistungen lautstark an. Im neuen Hotel war es anders. Kaleschenkutscher gab es dort gar keine und die Taxifahrer standen wartend vor einer Mauer, die das Hotel umschloss, und nur der gerufene Fahrer parkte vor dem Hoteleingang ein. Solange kein Tourist ihre Dienste begehrte, schliefen sie in den Tag hinein oder diskutierten.

Ich kam an diesem warmen Tag aus dem Hotel und suchte ein Taxi. Obwohl vielleicht zehn Fahrzeuge bereitstanden und die Fahrer alle auf Fahrgäste warteten, machte keiner Anstalten, mich zu sich zu winken. Sie diskutierten, wer mich fahren sollte, doch Ali winkte mich zu sich, ging zum Wagen, öffnete die Tür des Autos und ließ mich einsteigen. Offensichtlich war er noch nicht an der Reihe, aber er fuhr mit mir los – zum Ärger seiner Kollegen. Ali fährt im Chaos sein Taxi mit einer hervorragenden Sicherheit und brachte mich bis heute ohne einen einzigen Unfall immer sicher zurück ins Hotel, was bei dem Chaos auf den Straßen fast an ein Wunder grenzt.

Für die meisten Touristen unbemerkt, versuchen die Dienstleister immer dauerhafte Kontakte zu ihren Kunden aufzubauen. So wechseln Tausende von Visitenkarten den Besitzer und jeder lässt den Kunden einschwören, dass er bei seinem nächsten Besuch in Ägypten nur ihn und ihn ganz allein anrufen wird. Für mich sollte das der Beginn einer langjährigen Partnerschaft werden, welche bis zum heutigen Tag andauert. Je mehr Menschen man kennenlernt, desto durchwachsener werden die Erfahrungen, die man macht. Ich lernte nun durch Ali das Leben der unterprivilegierten arabischen Schichten kennen. Man darf sich jedoch nicht vorstellen, dass ein Taxifahrer zu den schlecht Verdienenden in Ägypten gehört. In den Zeiten des blühenden Tourismus waren gerade diese Jobs hoch begehrt, sodass es kaum verwunderlich erschien, dass allein in Luxor zu besten Zeiten 4.000 Taxizulassungen vergeben waren. Es existiert unbewusst eine Art Kasten-Denken, wobei der Taxifahrer, welcher zu dieser Zeit meist mit uralten Autos herumfuhr, noch vor dem Kaleschenkutscher rangiert. Danach kommen noch einige mehr und jeder schaut auf den anderen etwas geringschätzig herab. So wurde ich auch gleich mal von Ali gewarnt, nicht mit den durchtriebenen Kaleschenkutschern zu fahren, denn „das sind keine guten Menschen!"

Durch diesen Mann kam ich den Lebensgewohnheiten eines durchschnittlichen Ägypters ein Stück näher. Anfangs war es nicht einfach, mit ihm zurechtzukommen. Er war wahrscheinlich auf eine „dauerhafte Geschäftsbeziehung" nicht eingerichtet und kehrte sehr oft den Macho heraus und wusste stets alles besser. Als Taxifahrer für einen Tag oder eine Woche bereitete ihm der Umgang mit Touristen keine Probleme. Wenn man aber etwas von sich selbst an einen Fremden preisgeben will oder soll, beginnen die echten Berührungsängste. Es treffen zwei verschiedene Kulturen aufeinander und die werden von Männern dargestellt, welche die Hälfte des Lebens hinter sich haben. Alle Experten raten dem Touristen, sich in kein Fahrzeug zu setzen, bevor nicht der Fahrpreis ausgehandelt ist. Da ich nicht zu den Menschen gehöre, die Probleme ungelöst lassen, hatte ich am ersten Tag, ohne zuvor über Taxipreise zu sprechen, mit ihm Luxor und die West Bank besucht. Ich werde nie vergessen, wie er am Abend die „Tagesabrechnung" auf dem Handteller seiner linken Hand erstellte und mit dem rechten Zeigefinger seine Rechenkünste andeutete. Das ging auch gar nicht anders, denn bis heute haben Ägypter grundsätzlich nie ein Blatt Papier und einen Kugelschreiber zur Hand. Er hatte den Preis schon lange vorher im Kopf ausgerechnet, wollte aber so tun, als ginge es im Moment um ein riesiges Geschäft. Während er magische Zeichen auf die Haut schrieb, murmelte er in Englisch einige Worte. Schließlich kam eine Zahl herüber und dann der Urknall: „Darauf gebe ich dir fünfzehn Prozent Skonto" (im Kopf gerechnet)! Ich empfand eine Mischung aus Heiterkeit und Unverständnis, doch wollte ich mir nicht jeden Tag dieses Theater antun.

„Hör mal", sagte ich, „du hast die Wahl. Entweder ich biete dir pauschal eine Garantiesumme für die Woche an, das heißt wir fahren jeden Tag für ein paar Stunden und dein komisches Gekritzel auf der Handfläche hört auf, oder ich zahle heute die von dir geforderte Summe und du siehst mich nie wieder."

Sein Blick war nicht gerade freundlich, aber er entschied sich doch für 1.000 Ägyptische Pfund[4] pro Woche als eine garantierte Einnahme. Größere Fahrten sollte er stets zusätzlich bezahlt bekommen. Dieses Angebot konnte er eigentlich nicht ablehnen, doch damit verlor Ali die Kontrolle und das wurmte ihn doch noch ein paar Tage.

---

4 In dieser Zeit war der Wechselkurs Euro: Ägyptisches Pfund 1:6,5

Es ist schon schwierig, wenn zwei unbekannte Männer sich auf Dauer zusammentun, um gemeinsam ein Projekt durchzuziehen. Noch komplizierter ist es aber, wenn durch unterschiedliche Kulturkreise und Religionen bestimmte Vorurteile sich im Kopf festgesetzt haben und somit nicht nur der fremde Mensch in seiner Gesamtheit erschlossen werden muss, sondern auch das, worüber in der Regel nicht gesprochen wird. Jeder kann es in den Reiseführern nachlesen, dass bestimmte Themen gegenüber den Einheimischen durch den Touristen in Ägypten vermieden werden sollten. Dazu gehört in erster Linie die Religion, an zweiter Stelle kommen Frauen, an dritter Stelle das Thema Sexualität im Allgemeinen und an vierter Stelle kommt das sogenannte Höflichkeitsprinzip, welches erfordert, dass der Tourist sich nicht über seine Gastgeber beschweren oder lustig machen sollte.

Bestimmte Gepflogenheiten der Touristen werden unbedachterweise von diesen durchgesetzt, obwohl sie garantiert zu Hause eine andere Meinung dazu hätten, wenn in ihrem Wohngebiet Fremde sich so benehmen würden, wie es in vielen Fällen die Touristen in der Fremde tun. Beispielsweise sehen wir Abendländer überhaupt kein Problem darin, dass wir in islamischen Ländern im Gegensatz zu den dort lebenden Männern in kurzen Hosen und ohne Galabia durch die Straßen gehen. Bei Frauen ist der Unterschied noch größer. Obwohl keiner der Einheimischen erwarten würde, dass eine europäische Frau verschleiert durch die Straßen Ägyptens geht, übersteigt es aber jede Toleranzschwelle, wenn sie in aufreizender Kleidung, vielleicht sogar noch mit kurzen Hosen, durch die Straßen geht und nicht im Geringsten darüber nachdenkt, was die Einheimischen, einschließlich der einheimischen Frauen, über dieses Verhalten denken. Niemand erwartet in der arabischen Welt, abgesehen vom Iran und Saudi-Arabien, dass eine Frau mit einem Kopftuch oder gar verschleiert durch die Straßen geht, dennoch fragen die meisten überhaupt nicht danach, ob ihr Outfit tatsächlich den Gepflogenheiten der Nation entspricht. Dabei sollte sich jeder selbst die Frage stellen, was wir sagen und empfinden würden, wenn Arabischstämmige in Massen in Europa mit Galabia, Turban und Frauen in voller Verschleierung durch die Innenstädte schlendern würden. Und diese eigentümliche Verhaltensweise der Europäer gegenüber Ausländern, welche sich in ihrer Kleidung erheblich vom europäischen Stil unterscheiden, erweckt auf beiden Seiten ein gewisses Unverständnis, was jedoch Europäer und Amerikaner gerne dadurch ausgleichen, dass sie der Meinung sind, mit dem Geld, welches sie ins Land bringen, sie sich auch das Recht erkaufen, alles das zu tun, was sie für richtig halten. Ich sehe die Arabische Republik Ägypten als ein sehr offenes und tolerantes Land, denn seit sehr vielen Jahren sind Touristen dort bekannt, werden freundlich behandelt und spülen viel Geld in die Kassen der Touristenbranche. Es sind nicht alle Touristen so eingestellt, doch sollte man sich überlegen, ob Frauen „oben ohne" am Strand eines islamischen Landes sich in der Sonne räkeln sollten.

Kurz nachdem Ali und ich uns näher kannten, fiel mir bei ihm ein wesentlicher Realitätsverlust auf. Wie ich immer wieder feststellen musste, tritt er bei vielen Ägyptern auf und ist für mich bis heute nicht nachvollziehbar. Sie zeigen sich stets von der besten Seite und spielen den „Lebemann", obwohl ihr Lebensstandard einem Tanz auf der Rasierklinge gleichkommt. Nachhaltigkeit ist für sie ein Fremdwort und viele glauben, wenn sie fünfmal täglich die Moschee besuchen, wird Allah immer für sie sorgen. Vielleicht hat uns Abendländer eine Stelle der Bibel zum Handeln angespornt und geprägt:

> *„Die aber vorübergingen, lästerten ihn und schüttelten*
> *ihre Köpfe und sprachen: Der du den Tempel abbrichst und*
> *baust ihn auf in drei Tagen, hilf dir selber, wenn du Gottes*
> *Sohn bist, und steig herab vom Kreuz!"*[5]

---

5 Matthäus 27,39–40; Daraus entstand das bekannte Sprichwort „Hilf dir selbst, dann hilft dir Gott!"

Aus Glaubensgründen[6] kann dieser Spruch nicht im Koran stehen, und somit ist er wahrscheinlich fremd, dafür aber beherzigen sie folgenden Spruch:

„Sehet die Vögel des Himmels, sie sähen nicht, sie ernten
nicht und der himmlische Vater ernährt sie doch!"[7]

Die finanzielle Situation für die Beschäftigten im Tourismus war in dieser Zeit hervorragend, doch wie das Geld in die Kasse kam, ging es sofort wieder hinaus in die Geschäfte der Stadt oder an die „Familie"[8], welche in Ali einen wohlhabenden Mann sah. Das tat seinem Ego sehr gut und er unternahm auch nicht das Geringste, um der Verwandtschaft zu zeigen, dass er nicht Millionär, sondern ein ganz normaler Taxifahrer war. Als ich Alis Finanzierungssystem hinterfragte, gestand er ohne zu zögern, dass das Auto seinem Neffen gehöre und weil dieser in Saudi-Arabien einem gut bezahlten Job nachging, war ein Leasingvertrag über ihn für die Bank kein Problem.

Je tiefgründiger unsere Gespräche auf den langen Fahrten wurden, desto mehr wurde aus dem „Nähkästchen" geplaudert. Als ich Monate später in einem Gespräch auf einer langen Fahrt

---

6 Im islamischen Glauben wird Christus als Prophet und nicht als Sohn Gottes anerkannt.

7 Matthäus 6,25–34 … Darum sage ich euch: Sorgt nicht um euer Leben, was ihr essen und trinken werdet; auch nicht um euren Leib, was ihr anziehen werdet. Ist nicht das Leben mehr als die Nahrung und der Leib, mehr als die Kleidung? Seht die Vögel unter dem Himmel an: sie säen nicht, sie ernten nicht, sie sammeln nicht in die Scheunen; und euer himmlischer Vater ernährt sie doch. Seid ihr denn nicht viel mehr als sie?

8 Der Begriff „Familie" ist entgegen unserer Definition nicht die Kernfamilie, sondern umfasst im Extremfall alle Verwandtschaftsmitglieder, die von einem „Urvater" abstammen. Dabei ist es unerheblich, ob dieser noch lebt oder nicht. Wenn also die „Familie" zur Hochzeit des Sohnes eingeladen wird, kann, was unsere Behörden als „Großfamilie" fehlinterpretieren, die gesamte Verwandtschaft schnell auf eine stattliche Anzahl kommen. Im Fall eines Todes sind ebenfalls alle diese Personen verpflichtet, am Begräbnis teilzunehmen. Die positive Seite an diesem System ist, dass alle „füreinander" im Notfall sorgen werden.

mit ihm dieses Thema diskutierte, erkannte ich erst in diesem Moment, von welchen unterschiedlichen Standpunkten die Menschen in Europa und Amerika und in der arabischen Welt ausgehen und deshalb auch in vielerlei Hinsicht sich nicht verstehen können. Sparsamkeit oder Nachhaltigkeit sind absolute Fremdwörter in der arabischen Welt, denn das würde eine Organisation und auch Entbehrung bedingen, die niemals von den Eltern auf die Kinder „vererbt" wurde. Ist Geld im Haus, gibt man es aus, so lange, bis es alle ist und dann bettelt man die in der Familie an, die noch welches haben.

Als Ali den richtigen Moment für gekommen hielt, bat er mich um einen Kredit für eine neue Klimaanlage, da ich doch sozusagen nun zur Familie gehöre. Zum ersten Mal hörte ich seinen Slogan, den ich künftig öfter hören sollte: „Du hilfst mir, ich helfe dir!" Hierbei geht es nicht um ein inhaltsloses Versprechen, denn die Integrierung in die Familie bedeutet nur, dass man gleiche Behandlung erwartet. Der Nachteil besteht darin, dass die ägyptische Familie einen „Investitionsstau" aufweist, weil ihnen die finanziellen Mittel schon lange fehlen, da sie stets über ihre ökonomischen Verhältnisse leben und nun offensichtlich die Hilfe naht. Es liegt auf der Hand, dass der Europäer sie nie um das Geld für eine Klimaanlage anpumpen würde. Auf die Rückzahlung warte ich noch heute, dafür erzählte er mir immer wieder von privaten Geldverleihern, die zu überhöhten Zinssätzen Geld an Privatpersonen verleihen, wo die Bank keinen Kredit ausreichen will. Auf meine Frage, warum er aus Sicht der Bank kreditunwürdig ist, erklärte er ohne Ausflüchte, dass er keine banküblichen Sicherheiten bieten kann. Das Verhalten schien in dieser Zeit keine Ausnahme zu sein, denn täglich strömten unzählige Touristen in die Stadt am Nil und alle wollten irgendwie transportiert werden. Sein Geschäft schien krisensicher zu sein.

Ganz beiläufig erzählte Ali mir eines Tages, dass es für ihn nicht verkehrt wäre, nach Deutschland zu kommen, um in diesem Land das Geld für seine Familie zu erarbeiten. Der selbstbewusste Araber, der sein Leben lang in Luxor Taxi fährt, sagte zu mir: „Ich sehe überhaupt kein Problem für den Job, denn ich habe für sieben verschiedene Fahrzeugklassen eine Lizenz. Ich kann überall Taxi fahren, denn wer in Luxor Taxi fahren kann, kann in jeder Stadt der Welt ebenfalls Taxi fahren."

Diese Arroganz mit Unwissenheit gepaart, verblüffte mich absolut. Ich antwortete ihm darauf, dass er meiner Meinung nach einen nationalen Führerschein besitzt und somit mindestens die Prüfung für einen europäischen oder internationalen Führerschein nachholen müsste. Daraufhin nickte er und war der Meinung, das wäre kein Problem für ihn. Ich entgegnete ihm, dass der Lehrgang und die Prüfung jedoch in Landessprache abzulegen sind und er damit schon ein Problem hätte, da er der deutschen Sprache nicht mächtig sei. Ali überlegte einen Augenblick und sagte: „Kein Problem! Ich spreche Englisch, und bisher beschwerte sich noch kein Tourist darüber, dass ich dessen Landessprache nicht sprechen könnte; wer Englisch spricht, kommt überall durch."

Es war für mich nicht einfach, ihm zu erklären, dass in Deutschland nicht Englisch, sondern Deutsch gesprochen wird und wer dieser Sprache nicht mächtig ist, bekommt keine Lizenz für eine Tätigkeit in Deutschland, wie beispielsweise Taxifahrer. Außerdem müsse er dann ein eigenes Fahrzeug besitzen oder in eine Anstellung gehen. Es wäre also als Erstes wichtig für ihn, einen Deutschkurs zu besuchen, und nach erfolgreicher Prüfung könnte er einen Ausreiseantrag nach Deutschland stellen, wo ihm nach entsprechendem Verfahren die Möglichkeit eingeräumt wird, sich eine Stellung in Deutschland zu suchen, natürlich auf eigene Kosten. Noch lange diskutierten wir über dieses Thema und es wurde mir klar, dass er sich vorstellte, wie im Tourismus üblich, dass die englische Sprache und sei sie noch so mangelhaft im Ausdruck, ihm hier vor Ort einen Lebensunterhalt mit dem Taxi garantieren wird, solange Touristen ins Land kommen. Genau dieses System glaubte er, in Deutschland weiterleben zu können und unterschätzte dabei, dass in Deutschland nicht jeder Mensch Englisch sprechen kann, aber sehr wohl in ein Taxi steigt mit der Überzeugung, dass ein Taxifahrer ihn versteht und sicher und schnell an sein Ziel bringen kann. Ali hat dieses Thema nie wieder angesprochen, da er wahrscheinlich verstanden hatte, dass hier zwei unvereinbare Systeme von Voraussetzungen aufeinanderstießen.

Viel später, als deutsche Politiker in einem Anflug von internationaler Solidarität 2015 die Grenzen für Migranten bedingungslos öffneten und alle auf die qualifizierten und studierten Arbeitskräfte aus der arabischen Welt hofften, die den deutschen Arbeitsmarkt beglücken sollten, musste ich oft an dieses Gespräch und die absolut falschen Voraussetzungen für die gleichwertige Verständigung denken. Das war eines der Themen, welches auf total unglaubwürdigen Vorstellungen beruhte, aber relativ leicht zu einer Klärung führen konnte. Ein Problemchen konnte ich mit Ali bis heute nicht klären: Er sagt weiter Mister Hans zu mir, obwohl ich ihn schon tausendmal beschworen hatte, das überflüssige Mister wegzulassen.

Es gibt aber andere „ägyptische Vorurteile", die man wohl nie aus den Köpfen dieser Menschen entfernen kann. Der typische Fall besteht darin, dass Ägypter annehmen, alle in das Land kommenden Touristen sind reich. Daraus resultiert eine Erwartungshaltung, die in keiner Weise mit der Realität übereinstimmt. Sie erwarten nun, einen kleinen Anteil dieses vermeintlichen Reichtums in Form von Bakschisch oder Dienstleistungen zu erhalten. Die Nachhaltigkeit, welche wir in Europa und besonders in Deutschland haben, wo eine gesetzliche oder private Altersvorsorge bei entsprechendem Einkommen betrieben wird, ist natürlich nur deswegen möglich, weil die Bürger dieses Landes durch Einkommen oder anderweitige Umverteilung die Möglichkeit erhalten, nicht in Altersarmut zu geraten. Das ändert sich schlagartig in dem Moment, wo innerhalb der gesellschaftlichen Spaltung Arbeitslose oder Hartz-IV-Empfänger auf keinen Fall etwas für eine Altersvorsorge, geschweige denn für einen Urlaub zurücklegen können. Diese Diskussion versteht ein Ägypter überhaupt nicht, denn bei ihnen ist weder ein Nachhaltigkeitsprinzip im Verhalten zu sehen, noch gibt es

Abbildung 1: Mit Taxifahrer Ali auf Tour nach seinen 3G-Regeln

anderweitige Absicherungen für das Alter, sodass die einzige Sozialversicherung im Zusammenhalt der Familie und der Verwandtschaft besteht. Das für uns unbekannte Prinzip, wer hat, gibt innerhalb der Familie dem, der nichts hat, funktionierte über Jahrzehnte recht gut. Ich weiß nicht, was mein Ali früher schon an Problemen hatte, denn selbst wenn ihm das Wasser bis zum Halse steht, wird der Araber immer nach außen eine Haltung einnehmen, die wenig mit der Realität übereinstimmt.

Gerade hatte die Pleite der Investment Bank Lehman Brothers die Welt in Atemnot versetzt, doch die deutschen Touristen kamen noch immer. Noch ahnte Ali nicht, dass sein Job nicht allein von seinem Können abhing, sondern dass der Tourismus seine Einkommenssituation bestimmte. Das lernte er 2011 nach der Revolution an eigenen Leib und innerhalb seiner Familie auf schmerzhafte Erfahrung kennen. In einer immer ärmer werdenden Gesellschaft, wo kaum noch eine Person ein regelmäßiges Einkommen erzielen kann, wird das System der unbeschränkten verwandtschaftlichen gegenseitigen Hilfe ad absurdum geführt. Der uralte Pool in Form des verwandtschaftlichen füreinander Daseins ist aus Mangel an Einkünften und Bargeld innerhalb der Bevölkerung kaum noch möglich. Große Familien mit fünf Kindern und manchmal noch mehr, früher eine Altersversicherung, wurden nun zur Last der Eltern im Alter, da die Kinder noch immer auf der Tasche der Erzeuger lagen und selbst nur unter erschwerten Bedingungen einen eigenen Hausstand gründen konnten. Verheiratete Kinder zogen sogar oft zu den Eltern zurück, da diese Lösung in Ermanglung an staatlicher Unterstützung die scheinbar einzige Lösung darstellt. Bisher funktionierte der sozialökonomische Kreislauf in den kinderreichen Familien sehr gut, da die erwachsenen Söhne immer im Haus verblieben und die Töchter zu ihren Ehemännern zogen. Nun wird durch mangelndes berufliches Einkommen und fehlende Rücklagen oft nicht geheiratet, denn die Eltern müssen für ausreichenden Wohnraum und eine Möbelausstattung und für eine opulente Hochzeit für das junge Glück sorgen. In kleinen Verbünden helfen sich Familien gegenseitig, um für deren Söhne

Wohnraum auf das elterliche Haus aufzustocken. Doch zwischenzeitlich sind die Materialpreise so hoch, dass selbst diese für viele unerschwinglich sind. Infolgedessen bleiben die erwachsenen Kinder bei den Eltern im Haus und die erhoffte Unterstützung im Alter für die Eltern kehrt sich in eine Belastung um. Das uralte soziale System ist ins Stocken geraten. Häuser werden überbelegt, denn oft ziehen nach der Hochzeit die Schwiegertöchter zusätzlich ein und die Enge der Familien und der fehlende Freiraum werden zum Problem. Durch Fernsehapparate, die fast den ganzen Tag eine Scheinwelt mit bunter Werbung vorgaukeln, erhoffen sich die jungen Frauen eine Zukunft, die ihnen die Männer immer seltener bieten können. Sie haben sich emanzipiert, sodass sie schnell die Ehe aufkündigen, wenn ihre Erwartungen nicht erfüllt werden. Alles das passierte auch der Familie von Ali und es gibt momentan keine Hoffnung auf Verbesserung der aussichtslosen Lage: Von vier Kindern haben derzeit drei kein ausreichendes Einkommen, um den eigenen Lebensunterhalt zu bestreiten. Alle liegen sozusagen dem Vater auf der Tasche, aber auch Ali hat keine Einnahmen und hofft auf ein Wunder.

Solche intimen Bekanntschaften mit Menschen aus fremden Kulturkreisen sind ein doppelseitiges Schwert. Einerseits gestatten sie Einblicke in eine sehr persönliche Welt, die sonst jedem Touristen verschlossen bliebe, andererseits ist es eine alte Weisheit, dass Menschen, die man sehr persönlich kennt, im Inneren eine beiderseitige Gefühlswelt und eine damit verbundene Verantwortung erzeugen, die im Notfall zu seelischen Konflikten führen kann. Die wachsende Kluft zwischen Arm und Reich spaltet jede Gesellschaft. Selbst Menschen, welche ich nur flüchtig kennenlernte, erwarteten von mir die Zusage, dass ich sie auf jeden Fall demnächst wieder kontaktiere. Dabei spielt das Foto mit „einem guten Freund in Ägypten" eine wesentliche Rolle, auch wenn es zuerst ganz harmlos erscheint. Auch die ständige Frage nach der Handynummer ist Mittel zum Zweck. Da die Ägypter einen anderen Tagesablauf leben, kann es schon passieren, dass ein Anruf um Mitternacht mit „Hello my friend, how are you?" beginnt.

DER WANDEL IM TOURISMUS

DAS SCHNELLE GELD

Es gab einmal eine Zeit, in der die Welt für die Touristen in Ägypten in Ordnung war. Es war das „goldene Zeitalter" der Mubarak-Herrschaft, welche zwar große demokratische Mängel aufwies, jedoch nicht für die internationalen Besucher im Land der Pharaonen. Millionen von Gästen kamen an das Rote Meer und an den Nil, die Preise waren für Europäer und Amerikaner niedrig, die Qualität der Unterkünfte und Verpflegung wiesen ein hohes bis sehr hohes Niveau auf. Auf der Jagd nach dem heißbegehrten Touristen war den Staaten jedes Mittel recht, mit wenig Aufwand Geld in das Land zu spülen und Arbeitskräfte zu beschäftigen. Milliarden wurden in die Ferienregionen in Form von Hotels und Privatunterkünften investiert und die Immobilienbranche wurde das zweite Standbein in den Urlaubsregionen. Überall rund um das Mittelmeer war es preiswerter, Touristen mit der immer warmen Sonne anzulocken, als krisensichere Arbeitsplätze in der industriellen Produktion zu schaffen. Der Dienstleistungssektor wuchs ins Unermessliche. Man lebte in der Illusion, dass niemals der Traum vom glücklich machenden Urlaubsparadies vergehen würde.

Der Tourist war schon immer die Sehnsuchtsperson aller in Ägypten Beschäftigten. Er bringt Geld und Wohlstand in das Land am Nil und, was zwar in meinen Augen verwerflich ist, die Einheimischen aber als einen unvorstellbaren Wettbewerbsvorteil sehen: Der Besucher kann bei allen Geschäften auf der Straße übervorteilt werden. Auch mein Taxifahrer Ali war ein „Schlawiner", wenn auch ein kleiner, wie er selbst zugab, als ich ihn kennenlernte. Aber der Pauschaltourismus, besonders mit dem Angebot „all inclusive" hat dafür gesorgt, dass die über Jahrzehnte funktionierenden zusätzlichen Dienstleister im Tourismus kaum noch Geld verdienen können. Die Hoch- und Mittelklasse-Hotels sind auf Rundumversorgung und sehr guten Service eingestellt, sodass mancher Tourist seine Hotelanlage gar nicht mehr verlassen will. Relaxt am Pool die längste Zeit des Tages zu verbringen, ist für viele Menschen zum Inhalt eines Pauschalurlaubs geworden. Die neue Servicemethode, welche dem Gast rund um die Uhr eine Verpflegung nach Wunsch ermöglicht, war schon seit Jahren am Roten Meer bekannt, doch die Stadthotels von Luxor entschieden sich erst mit dem schwächelnden Tourismus für diesen Service. Aber es kam noch schlimmer. Hat der Gast tatsächlich Interesse an einem Ausflug, so erhält er vom Hotel eine sogenannte Lunchbox, damit er unterwegs versorgt ist, und die Reiseveranstalter bieten Komfortpakete für ein oder mehrere Tage mit geräumigen Fahrzeugen und Reiseleiter an, die letzten Endes noch dem Taxifahrer seine letzte Einnahmequelle nehmen. Die Reiseveranstalter arbeiten mit ihren eigenen Subunternehmern und greifen nicht auf regionale Taxifahrer zurück. An dieser Stelle sei mir der Hinweis gestattet, dass im Gegensatz zu den Fahrzeugen der Reiseveranstalter, Taxifahrer weder eine KFZ-Versicherung noch eine Personeninsassenversicherung aus Mangel an Geld besitzen. So fährt der ahnungslose Tourist auf eigenes Risiko durch die ägyptischen Straßen und kann nur auf eine glückliche Heimkehr hoffen. Darüber sprach natürlich nie ein Taxifahrer und sie wollten keinesfalls die Neuerungen im Hotelwesen widerspruchslos hinnehmen. Mein Ali erwartete von den Neuankömmlingen im Hotel, vor dem er meistens parkte, dass trotzdem jeder bei Bedarf ein bereitstehendes Taxi mietete. Für ihn bestand der Wandel im Verhalten und nicht im neuen System; er hielt die Touristen für geizig und unsozial. Wir diskutierten oft über dieses Thema, doch der altgediente Dienstleistungsanbieter wollte einfach nicht verstehen, dass sich die Zeiten geändert hatten. Dieses Verhalten erkannte ich manchmal bei ihm; was seit Jahrzehnten sich als nützlich erwiesen hatte, konnte und durfte sich nicht verändern. Diese konservative Einstellung spielte bis in jeden Haushalt hinein.

Der Tourismus in Ägypten kommt aus verschiedenen Gründen nicht richtig in Gang, welche nicht immer im Land am Nil zu suchen sind. Alle hoffen auf die nächste Saison, doch bleiben diese Hoffnungen – eine Illusion! Internationale Airlines fliegen an das Rote Meer, aber Luxor, die Stadt mitten in der Wüste, wird recht stiefmütterlich behandelt und bleibt, von Ausnahmen abgesehen, ohne direkte Verbindungen nach Europa. Es gibt immer wieder kleine Aktionen verschiedener Airlines, doch Nonstop-Flugpläne, auf die man seit 1990 bauen konnte, wie Air Berlin, Sun Express oder auch die ägyptische Air Egypt, flogen letztmalig mit ausgebuchten Maschinen bis zum Jahr 2018. So bleibt den Interessenten für Kreuzfahrten auf dem Nil oder dem Besucher der historischen Stätten nichts anderes übrig, als sich stundenlang von Hurghada per Bus durch die Wüste nach Luxor chauffieren zu lassen. Die Ägypter selbst sehen in diesem Zubringerverkehr kein Problem, da seit Jahrzehnten Interessenten vom Roten Meer für eine Tagestour nach Luxor über die Wüstenautobahn gebracht werden. Diese Hin- und Rücktour ist zwar sehr beschwerlich, da sie mehr als 12 Stunden beträgt, wird aber von den Touristen, welche die restliche Zeit am Roten Meer ausruhen, dankend angenommen. Schließlich kam es zur Veränderung der Lage, als im Winterflugplan 2019 die Turkish Airline über den neuen Flughafen Istanbul die Verbindung auch nach Luxor aufnahm. Leider wehrte dieser Glücksumstand nur bis März 2020, dann schlug die Epidemie zu und stoppte die Verbindung.

Wenn alle hofften, dass bessere Zeiten anbrechen würden, so hat COVID-19 der Urlaubsindustrie noch den Rest gegeben. Eine unheimliche Krankheit, die auf leisen Sohlen unsichtbar die Welt befiel, vernichtet wieder einmal die kümmerliche Pflanze der unendlichen Bemühungen der ägyptischen Regierung, die goldenen Zeiten des Tourismus vor der Revolution im Jahr 2011 zurückzubringen.

Das Land am Nil löst bei vielen Menschen eine Faszination aus, und das nicht nur wegen der Pyramiden in Gizeh, beeindruckend sind ebenso die riesigen Tempelanlagen, die bis in die römische Epoche hinein gebaut wurden. Wenn der durchschnittlich vorgebildete Tourist im Land der Pharaonen sich etwas ausführlicher mit den Reliefs, Statuen und Statuetten der vergangenen Zeit auseinandersetzen will, so ist das für ihn kein Forschungsauftrag, sondern ein Urlaubsspaß. Diese Empfindung endet jedoch, sobald er sich tiefer in die Materie einarbeiten will. Mit Smartphone und Wasserflasche ausgestattet, beginnt er seinen Trip in die Vergangenheit. Es wäre geradezu ein Mehrwert für ihn, würden die Reiseleiter auf den Kreuzfahrtschiffen allabendlich anstelle der oft ermüdenden Bauchtänze der etwas in die Jahre gekommenen Tänzerinnen und der unausweichlichen kitschigen „Arabischen Nacht" mit mehr oder minder gelungener Kostümierung fakultativ Vorträge zur Geschichte des Landes anbieten, aber dann wäre es wohl eine Bildungsreise und keine Urlaubsfreude.

Was der Abendländer auf seinen Landgängen oder Ausflügen sieht, erscheint ihm etwas befremdlich, weil er, falls er religiös orientiert ist, nur *seinen eigenen Gott* kennt und diesen als einmalig empfindet. Glaubt er nur an die Allmacht des Geldes oder an „gar nichts", so wird ihm die ägyptische Götterwelt wahrscheinlich immer fremd bleiben. Und genauso verhalten sich viele der Touristen in den Tempeln. Hier vermisse ich sehr oft jede Ehrfurcht und ich kann sie für ein Selfie auf Steinen herumklettern sehen. Sie gehen an die unmöglichsten Stellen innerhalb der heiligen Konstruktionen und denken, sie seien in einem Freizeitpark und nicht in einem Haus Gottes. Das ist ein internationales Phänomen! Und woher auch immer die Touristen kommen, es gibt nur wenige Personen, die den wahren Charakter des Tempels verinnerlicht haben. Auch der normale ägyptische Staatsbürger wohnt zwar im Land der Pharaonen, hat jedoch zu dieser Geschichte keine emotionale Verbindung. Für ihn gibt es, je nach Glaubensintensität, die pharaonische Zeit als eine andere Welt, welche mit ihrem durch starken Glauben

an Allah geprägte Neuzeit keinerlei Verbindung aufzuweisen
scheint. Für die Götter dieser Zeit empfindet er im schlimms-
ten Fall Verachtung oder mindestens eine Gleichgültigkeit, da
er nur den einen wahrhaftigen Gott anerkennt: Allah!

Das musste ich auch bei meinem Taxifahrer Ali erleben, welcher bei diesem Thema zuerst auch diese große Gleichgültigkeit
an den Tag legte, langsam jedoch durch meine Gespräche mit
ihm einen Teil der altägyptischen Geschichte und Götterwelt
hörte. Während ich mir von ihm die Grundsätze des Islam erklären ließ, mit welchen ich mich zuvor auch nur ansatzweise
beschäftigt hatte, war es für beide von uns hochinteressant zu
erkennen, was wir alles nicht kannten und welche falschen Annahmen ohne konkretes Wissen im Kopf des Menschen entstehen. Ali hörte immer aufmerksamer zu und stellte dann auch
Fragen nach den christlichen Vorstellungen von Gott. Als wir
auf unseren langen Fahrten immer ausführlicher über „Gott
und die Welt" sprachen, verspürte ich sein wachsendes Interesse auch am Pharaonenreich, doch wurde mir bald klar, dass er
diese neuen Erkenntnisse nicht für lange Zeit als eine wichtige
Erfahrung abspeichern würde. Grundsätzlich interessiert den
Araber, wenn er nicht speziell ein Wissenschaftler für Archäo-
logie oder Ägyptologie ist, die lang vergangene Zeit der Pharaonen erst in dem Moment, wenn er damit Geld verdienen kann.
Diese Haltung bemerkte ich besonders bei den Souvenirhänd-
lern auf den Basaren. Sie haben ihre Verkaufstische voll mit Figuren jeder Art und Farbe, was oder wen diese jedoch darstellen, konnten die meisten Händler mir nicht erklären. Einer auf
dem Souk von Luxor schoss den Vogel ab, als ich ihn nach einer
Figur des Gottes *Chons* aus der Thebanischen Triade[9] fragte. Er
verwies mich auf den reichlich gedeckten Verkaufstisch und als

---

9 Die Thebanische Triade besteht aus den Gottheiten *Amun* (Vater), *Mut*
(Mutter) und dem Mondgott *Chons* (Kind, erkennbar an der Kindslocke);
zu einem späteren Zeitpunkt wurde die *Mut* verdrängt und durch die
„weibliche Seite" Amuns mit Namen *Amunet* ersetzt.

ich nichts fand, sagte er: „Kein Problem, mache ich für dich!"
Auf meine Frage hin, ob er denn wüsste, wie *Chons* dargestellt
wird, winkte er ab und erwiderte, dass alle Götter gleich aussehen und ich solle ihm nur eine Anzahlung für seine Arbeit und
das Material geben, der Rest würde sich schon finden.

So stehen in oberägyptischen Zentren die Gewerbetreiben-
den der möglichst gewinnbringenden Tourismusbranche aus
naheliegenden Gründen sehr aufgeschlossen gegenüber. Alle
Landmänner und anderen Dienstleister, die mit ihrer Hände
Arbeit das Tourismusgeschäft als Zulieferer beleben, partizi-
pierten ebenso an dem einstigen Boom. In der ägyptischen Monokultur des Tourismus lässt es sich so lange gut leben, solange
die Touristen die Basare, Hotels und die Kreuzfahrtschiffe auf
dem Nil oder die Sonnenstrände am Roten Meer in ausreichen-
der Anzahl besuchen. Wer jedoch an diesen Geschäften nicht
mitverdienen kann, steht zumindest in Oberägypten finanziell
und wirtschaftlich im Abseits und wehe den Betroffenen, wenn
wie in Zeiten des COVID-19-Virus der Tourismus durch ausländische Gäste praktisch nicht mehr existiert. So ist es auch nicht
verwunderlich, dass Einheimische sich gegenüber dem Weltkul-
turerbe recht nachlässig verhalten. Selbst neu restaurierte Denkmäler werden nach wenigen Tagen zu Spielstätten der Kinder.
Viehherden grasen an frisch angepflanzten Baumbeständen und
selbst die Tourismuspolizei macht einen gewaltigen Unterschied
zwischen den Touristen und den „indigenen People". Geht der
Tourist auch nur wenige Meter auf ein „geschütztes archäolo-
gisches Gelände", erscheint der Wachmann gestikulierend, um
ihn zu verjagen, während die einheimischen Kinder seelenru-
hig ihr Fußballspiel fortsetzen. Das scheint ein uraltes Übel zu
sein, dass selbst ernannte Aufseher über die Stränge schlagen.
Herman Kees schrieb zu diesem Thema in der Antike:

„… aber das sind im Orient übliche Erscheinungen, die
nur bei krassen Missbräuchen auffielen und dann ein
gerichtliches Nachspiel hatten."

und ein anderer Autor beschwerte sich

aber selbst Professor Petrie beklagte im 19. Jahrhundert bei seinen Arbeiten in Luxor,

Bei seinen Expeditionen im Sinai verschlimmerte sich das korrupte System dermaßen, dass Faulheit und Bestechlichkeit der angeworbenen Kameltreiber dazu führten, dass er sich aus Oberägypten bereits bewährte Fachkräfte zuführen ließ, damit überhaupt eine Chance bestand, die Expedition glücklich zu beenden.

Ich persönlich habe immer wieder erlebt, dass, sobald sich die Gelegenheit dazu bietet, der Tourist immer übervorteilt wird. Dabei bieten sich die Händler als dramatische Akteure an, denen selbst der seufzende Blick zu Allah ein Mittel zum Zweck ist, den Kunden zu betrügen. Unlängst erlebte ich an einer roten Verkehrsampel, wie eine Händlerin mittleren Alters mir zuwinkte, schließlich aufgeregt aufsprang und an das Auto herantrat mit den Worten, ich wäre doch ihr bester Freund gewesen und sie warte schon seit Jahren darauf, dass ich wieder zu ihr zurückkäme. Ich war fast erleichtert, dass sie nicht gleich ein paar Kinder mitbrachte, um mich an meine Vaterpflichten zu erinnern. Oscar-reife Aufführungen erlebte ich mehr als diese in Luxor und Assuan.

Welcher Europäer kennt eigentlich Ägypten aus seinen persönlichen Erfahrungen? Wir glauben alle, wenn wir uns in das Land am Nil wagen und am Roten Meer oder auf einem Kreuzfahrschiff auf dem Nil unseren Urlaub verbringen, dann haben wir Ägypten gesehen. Ganz mutige Touristen hängen nach der Nilkreuzfahrt noch eine Woche Erholung am Roten Meer dran, weil die Preise recht verführerisch sind und im Großen und Ganzen die Qualität innerhalb der Hotels und die Verpflegung der Touristen auf jeden Fall das gezahlte Geld rechtfertigen. Bei vielen Veranstaltungen gibt es ein Ausflugpaket, welches den Touristen an die entsprechenden Sehenswürdigkeiten des Landes führt und die geführten Gruppen, meist durch einen Reiseleiter, welcher die Muttersprache der Touristen verstehen und sprechen kann, ein bisschen Abwechslung erfahren. Sie besuchen Tempel, Kloster, manchmal auch Steinbrüche oder die Pyramiden bei Kairo, sodass die meisten in dem Bewusstsein nach Hause fahren können, besonders gründlich das Land am Nil erkundet zu haben.

Durch meine vielen Monate vor Ort kann ich jedes Mal erleben, und dieses Verhalten betrifft alle Gruppen, wie unterschiedlich Touristen diese Sehenswürdigkeiten betrachten und begreifen. Da gibt es den Fotografen, der unentwegt fotografiert, sich oft von der Reisegruppe weit entfernt, und wenn schließlich die ganze Gruppe wegen ihm warten muss, kommt er angerannt, bleibt noch einmal für einen Moment stehen, um das allerletzte Foto zu schießen. Zu Hause wird er sich vielleicht fragen, was für Sehenswürdigkeiten er auf seine Speicherplatte gebannt hat. Da gibt es den Kameramann, der geduldig darauf wartet, dass eine Reisegruppe nach der anderen an ihm vorüberzieht, damit er endlich den von ihm erwünschten Schwenk durchführen kann und er wird nicht müde, bei seiner nächsten Einstellung wieder zehn Minuten verstreichen zu lassen, um aus der Totalen in die Nahaufnahme oder umgedreht zu wechseln.

Hier im Tempel merkt der Pauschaltourist spätestens, dass es wohl besser gewesen wäre, einen Reiseführer auf diese „geheimnisvolle Tour" mitzunehmen und vorher auf der unendlichen langen Fahrt vom Roten Meer nach Luxor zu lesen. Der durch stundenlange Märsche geschwächte Gast hört von dem mysteriösen Gott *Osiris*, der von seinem Bruder getötet, an 42 Orten begraben wurde, aber noch im Tode ein Kind namens *Horus* zeugte. Das Verhalten der Touristen ist immer gleich: erst ein Selfie, dann eine Reihe von Schnappschüssen ohne wirklich überlegten Inhalt, dann die unendlich langen Erzählungen der Reiseleiter bei großer Hitze und dann die kurze Freizeit bis zur Zeitvorgabe der Busabfahrt, die dann zum Stress ausartet. Für junge Leute muss das Selfie genügen oder es wird ein kurzes Video aufgenommen, welches noch an Ort und Stelle in den eigenen YouTube-Kanal hochgeladen wird. So bekommen die Einbrecher zu Hause auch gleich eine Top-Info zum leerstehenden Haus oder der ungesicherten Wohnung.

Die Informationen des Reiseleiters sind für den Touristen so überwältigend, dass nach einer bestimmten Zeit seine Aufmerksamkeit schwindet. Mann oder Frau greifen zur mitgebrachten Mineralwasserflasche, um sich die Zeit mit einer lauwarm gewordenen „Erfrischung" zu vertreiben. Ich erlebte schon Touristen, die bei einer Außentemperatur von über 45 Grad im großen Säulensaal[10] vom Karnaktempel wie die Fliegen umfielen. Wer im Land am Nil nicht ausreichend Flüssigkeit zu sich nimmt, hat schlechte Karten. Das anfängliche Staunen schlägt spätestens nach einer Stunde in Langeweile um, denn auf allen Wänden der Tempel scheinen die gleichen Bilder auf die Besucher herabzublicken. Warum diese Reliefs überhaupt an den Wänden eingraviert wurden, kann kaum ein Reiseleiter so erklären, dass es der gestresste Tourist noch nachvollziehen kann. Kinder im mittleren Alter langweilen sich oder spielen Fangen zwischen den Sandsteinsäulen. So ist auch der Reiseleiter glücklich, wenn die Gruppe 30 Minuten Freizeit zugesprochen bekommt, um auf eigene Faust das Gelände zu erkunden. Er selbst ist dankbar, dass er etwas Ruhezeit bekommt, denn seine Arbeitszeit kann schnell 18 Stunden pro Tag betragen, wenn Not am Mann ist. Aber wohin soll man auf diesem unbekannten Gelände in dieser kurzen Zeit gehen? Manche haben einen Plan zur Hand, andere versuchen noch ein paar Fotos hier, ein paar Fotos dort zu schießen, dann noch ein letztes Selfie, damit man den Da-

---

10 Den Begriff Säulensaal kannten die Ägypter nicht; für sie war es ein „Hof mit Pfeilern"

heimgebliebenen erklären kann, wo man eigentlich war. Dabei immer in Sorge, dass die unachtsamen „Anderen" in dem Moment durchs Bild laufen, wo man selbst die schönste Pose abgibt. So verharren viele an bedeutungslosen Stellen für einen Schnappschuss, ohne zu wissen, wo sich der eigentlich „schöne" Hintergrund befindet.

Was der Europäer in Einzelaktionen leistet, erreichen die Asiaten im Gruppenverband und mit Gruppendynamik. An allen möglichen und unmöglichen Stellen der Kulturdenkmale stellen sich die Gruppen aus Fernost zu „Klassenfotos" zusammen und rufen sogar manchmal „We love China!", um ein lachendes Gesicht in das ferne Asien zu senden und da jeder ein solches Bild haben möchte, wird mit eiserner Disziplin in der optimalen Stellung ausgeharrt, bis jeder in der Gruppe Fotograf gespielt hat und alle mindestens 15-mal riefen: „Wir lieben China!" Es fehlen nur noch die Fahnenträger. Ich kann mir gar nicht vorstellen, dass eine Gruppe deutscher Touristen eine solche Vaterlandsliebe derart öffentlich praktizieren könnte.

So kam unlängst eine junge Touristin im Karnaktempel auf mich zu und bat mich darum, sie doch vor einem „schönen Hintergrund" zu fotografieren. Ich erfüllte ihr diesen Wunsch gern und fragte sie im Nachgang, warum sie sich gerade „diesen bestimmten Hintergrund" ausgesucht hatte. Sie überlegte einen Moment und sagte dann: „Ist doch eigentlich egal, die Hauptsache ist, es sieht alt aus …!"

Ein anderes Pärchen rannte im großen Säulensaal[11] von *Seti I.*[12] und *Ramses II.*[13] um jede Säule herum, fand jedoch nicht, was es suchte. Schließlich kam die junge Frau zu mir und fragte mich, ob ich ihr denn zeigen könnte, wo an den Säulen eine Kartusche von König *Ramses II.* wäre, denn es würde doch eine Gravur wie die andere aussehen. So sieht man oft den Wald vor Bäumen nicht.

Für alle jene, die mit einem Reiseleiter über das Tempelareal geführt werden, kommt es am Heiligen See des Karnaktempels, der einst von König *Thot-mose III.* erbaut wurde, zur unausbleiblichen Polonaise um den Skarabäus aus rotem Granit, weil ihnen zuvor vom Reiseleiter eingeredet wurde, dass die Umrundung je nach Häufigkeit gut für Freundschaft, Liebe, Ehe, Kinder und Reichtum sei. Na, wer da nicht mehrmals um den Skarabäus läuft, ist wohl selbst daran schuld, wenn er nicht im Lotto gewinnt und noch immer ohne Lebenspartner auskommen muss.

---

11 Von *Ramses I.* geplant, unter seinem Sohn *Seti I.* mit der Ausführung begonnen und unter dessen Sohn *Ramses II.* fertiggestellt.

12 *Seit I.* war der 2. König der XIX. Dynastie und regierte von 1291–1287 v. Chr. In Ägypten. Er wurde von den Griechen als Sethos bezeichnet. Der Regent besaß im Laufe seines Lebens fünf Namen; Eigenname „*Sete-hi-meri-en-Ptah*" (Seth, geliebt von Ptah), Horusname „*Ka-necht-chai-em-waset*" (Starker Stier, der in Theben erscheint), Goldname „*We-hem-chau-user-pedjut-em taui nebu*" (Erneut gekrönt, mit starken Bögen in allen Ländern), Nebtiname „*Wehem-mesut-sechem-chepes-der-pedjet-9*" (Erneut geboren, mit machtvollem Schwert, der die neun Bögen vernichtet) und Thronname „*Men-Ma'at-Rê*" (Beständig ist die Weltordnung des Rê). Ich bleibe bei dem gebräuchlichen Namen „*Seti I.*".

13 *Ramses II.*, auch „Ramses der Große" genannt, war der 3. König der XIX. Dynastie und regierte von 1279-1212 v. Chr. in Ägypten. Tatsächlich hatte der Regent im Laufe seines Lebens fünf Namen; Eigenname „*Ramesisu-meri-Amun*" (Rê ist der, der ihn geboren hat, Geliebter des Amun), Horusname „*Ka-necht-meri-Ma'at*" (Starker Stier, Geliebter der Ma'at), Goldname „*Aa-chepesch-meri-taui*" (Groß an Schlagkraft, Geliebter der beiden Länder), Nebtiname „*Wer-schefit-mek-kemet*" (Mit großem Ansehen, Beschützer Ägyptens) und Thronname „*User-Ma'at-Rê*" (Mächtig ist die Weltordnung des Rê). Ich bleibe bei dem gebräuchlichen Namen „*Ramses II.*".

Die Erwartungen und Erfahrungen der Touristen im Tempel sind unterschiedlich. Abends sagte eine Frau aus Deutschland zu mir: „Der Luxortempel war ja sehr schön, aber der Karnaktempel ist die blanke Katastrophe. Den sollten sie erst mal in Ordnung bringen, ehe sie Eintrittskarten an die Touristen verkaufen; dort ist ja alles kaputt!"

Betrachtet man alte Fotos aus dem 19. Jahrhundert, so kann man sich sehr schnell davon überzeugen, dass der Zahn der Zeit und unzählige „praktische" Gründe dazu beitrugen, dass oft nur noch die Fundamente auf ihrem angestammten Platz standen. So schrieb A. St. G. Caulfeild 1906:

*„Die Wände eines ägyptischen Tempels sind nicht
senkrecht, sie sind nicht gerade, sie sind nicht parallel,
ihre Ecken sind nicht im rechten Winkel; Zeit, Touristen
und Einheimische haben sie erheblich beschädigt.
Viele Wände sind gewölbt, Fundamente sind versunken,
Oberflächen sind nicht eben … In einigen Fällen sind die
Säulen umgefallen oder Dachbalken blockieren den Boden
und eine Linie kann nur genommen werden,
wenn wir 6 Fuß höher als das Bodenniveau messen; und die
Wand in dieser Höhe kann nach innen gewölbt sein, oder so
viel abgeflacht sein, dass es unmöglich zu sagen ist,
wo die ursprüngliche Oberfläche war …"*

Gerade der Tempel von Karnak, der mit dem Tempel von Luxor seit 1979 auf der Kulturerbe-Liste der UNESCO steht, hat durch Hoch- und Grundwasserprobleme erhebliche Schäden im Laufe der Zeit davongetragen. Dank der gigantischen finanziellen Investition in das uralte Gemäuer wurde er im 19. Jahrhundert wieder aufgebaut, sodass es aussieht, als wäre er so auf uns übergekommen. Doch das wird den Pauschaltouristen weniger interessieren, obwohl eine umfangreiche Bildersammlung in der Informationshalle am Eingang des Karnaktempels mit ausführlich darüber informiert.

DIE ÖKOLOGIE[14] SPIELT
KEINE ROLLE

Schleichend setzte sich jedoch eine Krise im Umweltschutz und der damit verbundenen Ökologie durch, die bei einer vernetzten Gesellschaft auf der Erde nur zu schnell eintreten konnte. Wenn auch die Industriestaaten die Ursache durch den gnadenlosen Raubbau der Ressourcen im Kapitalismus begründeten, sehen auch jetzt noch alle Staaten weltweit vorrangig den schnellen Erfolg und die schnelle Rendite ihrer Investitionen. Dass dabei die Umwelt seit der industriellen Revolution immer weiter zerstört wurde, leugnen noch heute die Regierungschefs wie in Brasilien oder der abgewählte Trump. Die totalitären Machthaber in den orientalischen Staaten wollten um jeden Preis vermeiden, ihr Volk mit solchen Problemen auch nur ansatzweise zu „beunruhigen", denn in der arabischen Welt ist der Begriff Umweltschutz ein Wort, für das es keine Bezeichnung gibt.

Als ich meinen Ali eines Tages zu dem Thema Klimawandel befragen wollte, meinte er ganz beiläufig, dass es immer Sommer und Winter gegeben hätte, wozu dann die ganze Aufregung? Er hatte einfach die Vokabel Klimawandel nicht verstanden und glaubte, ich meinte die Jahreszeiten. Ali ist nicht dumm, denn auch er bemerkt, dass die Winter in Ägypten immer milder und die Sommer immer heißer werden, doch es wäre wohl zu viel von einem Taxifahrer aus Luxor verlangt, sich damit tiefgründiger zu beschäftigen. Die Ägypter hassen Probleme im Alltag, denn sie wollen unbehelligt ihrem Job nachgehen und jede Störung ist für sie ärgerlich. Sie lieben Fußball, Liveübertragungen von Gottesdiensten und Spielfilme aller Art, sodass in vielen Fami-

---

14 Zusammenhang zwischen Umwelt und den darin existierenden Organismen

lien trotz Geldmangel schon in den Morgenstunden der Fernseh-
apparat angeschaltet wird und ich oft erst bitten musste, dass
bei geschäftlichen Gesprächen die Konzentration auf der Ver-
handlung und nicht auf dem aktuellen Fernsehprogramm liegen möge. Je tiefer ich in die Lebensgewohnheiten der unteren
Mittelschicht hineinschauen konnte, desto klarer wurde mir,
dass in dieser Gruppe eine Ursachenforschung bei Missstän-
den nicht gewünscht ist. Genau das war m. E. der springende
Punkt, warum das gemeine Volk nichts vom Geschehen mitbe-
kam, welches sich in der Umwelt abspielte. Sie kennen das deutsche Sprichwort nicht: „Was ich nicht weiß, macht mich nicht
heiß!", aber genau so verhalten sich diese Menschen. Der unbe-
irrbare Glauben an Allah bestärkte sie noch darin, dass allen
Menschen der Welt etwas geschehen kann, nur nicht den gläubigen Muslimen. So sagte mir Ali in einem anderen Gespräch:
„Wer fünfmal täglich in die Moschee geht, dem kann in dieser Welt nichts Böses mehr geschehen und er wird ins Paradies
kommen!" Kurzum: Ich bin unschuldig an meinem Elend, dafür tragen andere die Schuld. Dieser Irrsinn hat Methode, denn
als beispielsweise einem meiner Geschäftspartner die Gaswerke
wegen Zahlungsunfähigkeit das Gas absperrten, war nicht sein
zu hoher Lebensstandard schuld, nein, es waren die Geschäftspartner, welche seine hohen Preise nicht bezahlen wollten. So
kann ich die Aufzählung beliebig fortsetzen, denn auch mein
Ali, zwischenzeitlich von der Telefongesellschaft angezählt,
schaut sich über sein Smartphone ein Video nach dem anderen
an und wundert sich über den hohen Datenverbrauch. Da nun
fast alle Lebensmittelpreise nicht mehr durch den Staat subven-
tioniert werden, fühlen sich die Menschen vom Staat betrogen.
Der Schwarzmarkt blüht, keiner der Kleingewerbetreibenden
will Steuern an den Staat zahlen, aber alle erwarten vom Staat
Unterstützung in welcher Form auch immer.

Wasserknappheit ist in Afrika ein immer größer werdendes Problem. Mir ist bekannt, dass Libyen nicht nur an Erdölexporten,
sondern auch am Verkauf unterirdischer Grundwasserreserven

ein Vermögen verdiente. Auch Ägypten erhob einen uralten Anspruch auf die Wasseraufteilung des Nils, die einst die englischen Kolonialisten festlegten. Als die erste Staumauer[15] bei Assuan durch die Engländer gebaut wurde, sollte sie der Vermeidung von Hochwasser im Land dienen, die ökologische Katastrophe durch die Vermeidung der Felderdüngung jedoch verhindern. Dafür sorgte spätestens der Nasserstausee[16], der in brüderlicher Gemeinschaftsarbeit zwischen Ägypten und der UdSSR entstand und nun den so fruchtbaren Nilschlamm nur noch bis zum Nasserstausee anschwemmen lässt. Heute kann man die Folgen überall in Ägypten sehen: Das Fruchtland verkümmert, wenn nicht teure Phosphate auf die Felder ausgebracht werden. Ägypten glaubte nach seinem Jahrhundertbauwerk bei Assuan an die Urbarmachung der Wüste und ließ unendlich viele Kanäle bauen, an dessen Rändern sich Großkonzerne zur Herstellung von Feldfrüchten und Getreide ansiedeln sollten. Nicht nur Ägypten erkannte, dass eine ausreichende Wasserversorgung in einem heißen Land lebensnotwendig ist. Heute halten sich Äthiopien und der Sudan nicht mehr an alte Verträge und wollen auch der eigenen ständig wachsenden Bevölkerung eine ausreichende Grundversorgung an Lebensmitteln bieten und durch Exporte die Deviseneinnahmen erhöhen.

Über Jahrzehnte wurden alle Folgen der Umweltvergewaltigung unter den Tisch gekehrt, weil jeder Staatschef weiß, dass ein Kampf gegen den Klimawandel nur Probleme bringt. Ein Superbeispiel ist die Revolution im Jahre 2011, der größte politische Fehler im Orient. Wenn schon in Europa das Thema über Jahrzehnte heruntergespielt wurde, so hatten diese Staaten jedoch das Geld, um die Folgen vorerst für die eigene Bevölkerung zu mildern. Länder am Lebensminimum, ohne jede wettbewerbs-

---

15 Erbaut 1907–1912 und dann wurde 1929–1933 der Damm auf 36 Meter erhöht, doch konnte der fruchtbare Nilschlamm die Sperre passieren.
16 Baubeginn der Staumauen war 1960 und die Einweihung erfolgte am 21. Juli 1970.

fähige industrielle Produktion und mit einer hohen staatlichen Korruption konnten nur hilflos zusehen, wie die Weltmarktpreise für Weizen und Fleisch dramatisch nach Dürreperioden in Erzeugerländern in die Höhe schossen. Statt auf Aufklärung zu setzen, versäumten es die autoritären Machthaber, die Bevölkerung von einer jahrzehntelangen Fehlentwicklung in der Landwirtschaft zu mehr Ökologie hin zu überzeugen. Brot-, Gemüse-, Speiseöl- und alle anderen Lebensmittelpreise stiegen unaufhörlich und keiner wusste warum. Arbeitslosigkeit und Preissteigerungen sind ein guter Nährboden für revolutionäre Tendenzen. So reichte der Funken in Tunesien aus, um eine Massenerhebung auszulösen, die letztlich den Völkern nichts, außer dem ökonomischen Rückschritt durch den sogenannten „Arabischen Frühling", brachte. Das Drama liegt aber in dem Umstand, dass die wahren Gründe bis heute nicht angepackt und alles zu einer politischen Erhebung umetikettiert wurde. In allen Ländern der Welt wird nur eine radikale Umkehr der bisherigen Verschwendung von Ressourcen einen Stopp des Klimawandels bringen.

Ich erlebe ein Déjà-vu, wenn ich die Folgen des russischen Angriffskrieges gegen die Ukraine auf Ägypten sehe. Wieder klettern die Preise für Grundnahrungsmittel und Energie in Schwindel erregende Höhen, nur haben die Nordafrikaner keine finanziellen Reserven mehr. Ali kann gar nicht genug schimpfen und klagen, wenn er mir das Neuste jeden Morgen im Taxi erzählt. Dann versuche ich, ihm die Hintergründe zu erklären und sage ihm, dass wir für den Liter Diesel 2,30 Euro zahlen. Er sieht mich staunend an und sagt: „Wie reich müsst ihr in Deutschland sein, wenn ihr dann noch Auto fahren könnt. Ich hätte das Geld dazu nicht!"

Dann ahne ich, welche Gedanken sich in seinem Kopf abspielen, aber die Geschichte mit der Flucht nach Deutschland hat er wohl schon lange abgehakt.

NEGATIVE ERSCHEINUNGEN

So unglaublich es erscheint, aber viele unserer Zeitgenossen betrachten diese antike Kunst an den Wänden der Tempelanlagen so, als würde ein Blinder zum ersten Mal die Sonne sehen. Leider wechseln die Darstellungen oft ihre äußere Erscheinung und der Gast kann nicht verstehen, dass der Falke dann nicht immer *Horus*, der Hund auch nicht immer *Anubis* heißt, aber im Wesen gleichbleibt. Selbst wenn die Götter sich nicht im Namen verändern, kann der Betrachter den dargestellten Gott oft nicht erkennen; schließlich gleichen sich viele Götter fast bis auf Einzelheiten, es sei denn, der Betrachter kann die Hieroglyphen lesen.

Die Tempel selbst sind unterschiedlich im Alter und den daraus leichten Veränderungen des Baustils. Tempel aus dem Alten Reich sind nur fragmentarisch vorhanden und der Interessent muss wissen, wo sie stehen oder besser gesagt standen. Ähnlich sieht es mit den Ruinen aus dem Mittleren Reich aus, dafür entschädigen uns die Bauwerke aus dem Neuen Reich und der Griechisch-Römischen Epoche. Doch unabhängig davon bestechen sehr oft nur die wunderbaren Fresken, ganz gleich wer dargestellt wird und warum es diese Figur gab. So lauschen Tausende Gäste von Kairo bis Assuan den unendlichen Geschichten beim Besuch der Gräber und Tempel oder den mehr oder minder deutlichen und wissenschaftlichen Darlegungen der studierten Reiseleiter. Diese schmücken zwischen mehreren Pausen beim flotten Gang durch die Altertümer bei mehr als 30 Grad im Schatten diese und jene Geschichte noch etwas mit Pikanterie aus, sodass man auch hin und wieder staunen oder gar lachen kann. Besonders die Abbildungen der Fruchtbarkeitsgötter *Amun-Min*, *Ka-mu-tef* oder *Min* von Koptos erheitern stets die internationalen Gemüter wegen derer überdimensionaler

Männlichkeit. Wir sehen die meisten Tempel, die in Form von geschichtlichen Museen für Gäste aus aller Welt offen stehen, und vergessen dabei, dass es nur der intensiven und kostspieligen Arbeit der ägyptischen Antikenbehörde und zahlreicher in- und ausländischer Spender zu verdanken ist, dass meist nach jahrzehntelanger Instandsetzung der derzeitige Qualitätsstandard entstand. Da die Haupteinnahmequelle des Landes in den besten Zeiten der Tourismus war, hat die ägyptische Staatsregierung sehr viel Wert und Geld auf die Restaurierung von Tempeln und Grabstätten gelegt; und als jüngstes Beispiel wurde nach umfangreicher Rekonstruktion der Stufenpyramide von Sakkâra, diese 2020 für Besucher freigegeben.

Viele Bruchstücke, die mühsam aus dem Sand der Geschichte emporgehoben wurden, harren noch der wissenschaftlichen Auswertungen und ihrer Veröffentlichung. Das ist einerseits sehr schade für die Interessenten, aber andererseits nachvollziehbar, bei dem ununterbrochenen Drang nach Kunstgütern, die vielleicht zu einem unvorstellbar großen Reichtum verhelfen könnten. Sehr schnell geraten wir auf mafiöse Strukturen mit internationalen Drahtziehern, oft gestützt von Beamten im Land, die sich ein gutes Zubrot verdienen wollen, aber auch von Menschen, die geradezu in unvorstellbarer Dummheit alles, was nur ein bisschen nach Altertum aussieht, für echt halten und wahnsinnige Geldbeträge dafür bezahlen. Da kommen im Auftrag von steinreichen Arabern Vertreter nach Luxor, weil sie glauben, noch immer ein paar Hand tief im Wüstensand unvorstellbare Schätze zu finden und zahlen auch gleich mal Millionen von Ägyptischen Pfund für eine gute Handwerksarbeit von der West Bank, weil der moderne Künstler ihm versichert, dass es sich bei der Figur um „Ramses“ handelt. Nebenbei gesagt ist der Name Ramses für eine Figur so ein Allerweltsbegriff wie Auto und liegt tatsächlich meilenweit von der Wirklichkeit entfernt. Das Kunstverständnis und die handwerkliche Geschicklichkeit sind auf der West Bank unter dem Aspekt der touristischen Massenware bis auf einige wenige Besonderheiten total verkommen. Billig hergestellt und teuer verkauft, ist die neue Parole, welche durch den momentanen Touristenschwund noch stärker in den Vordergrund tritt. Es ist wie die Fütterung der Raubtiere: Ein Tourist soll alle Souvenirhändler satt machen. Wie sagte doch eine Frau zu ihrem Mann: „War ja ganz schön hier, aber das nächste Mal fliegen wir auf die Kanaren, da sitzt man nicht so lange im Flieger!"

WIE DIE WISSENSCHAFTLICHE ERFORSCHUNG BEGANN

Einer der Ersten, sieht man von den griechischen Historikern ab, war der Gelehrte Jesuit Athanasius Kircher[17], welcher sich intensiv mit verschiedenen Sparten der Wissenschaft auseinandersetzte, so auch mit der Ägyptologie. Das bedeutete in dieser Zeit sehr viel; er war ein hochgebildeter Mann und wahrscheinlich gingen seine wissenschaftlichen Untersuchungen eher auf das Interesse der abendländischen Kirche zurück als auf den Wissensdurst europäischer Universitäten. Wir wollen nicht vergessen, dass zu allen Zeiten der historische Hintergrund der Heiligen Schrift eine ungeahnte Antriebskraft zur Erforschung der Antike entwickelte und eine Reise in das Heilige Land oder den Orient allgemein für die meisten Menschen unbezahlbar war. Dazu kam, dass die Zeit noch nicht reif schien, für ein umfassendes geschichtliches Interesse und an einer tiefgründigen Analyse einer untergegangenen Zivilisation am Nil.

Die Ägyptologen hatten es zu Beginn des 19. Jahrhunderts nicht einfach, sich in der verloren gegangenen Geschichte des alten Ägyptens zurechtzufinden. Der französische Kaiser Napoleon Bonaparte[18], welcher bei seinem Feldzug nach Ägypten von einer sehr großen Anzahl von Wissenschaftlern und Künstlern begleitet wurde, stieß eine Tür zu neuen Aktivitäten

---

17 Athanasius Kircher war ein deutscher Universalgelehrter, am 2. Mai 1601 in Geisa (Rhön) geboren, starb er am 27. November 1680 in Rom, lernte die Koptische Sprache und beschäftigte sich mit der Entzifferung der Hieroglyphen auf ägyptischen Denkmälern.
18 Napoleon Bonaparte (Napoleon I.) wurde am 15. August 1769 in Ajaccio auf Korsika als Napoleone Buonaparte geboren und starb am 5. Mai 1821 in Longwood House auf St. Helena im Südatlantik.

auf. Es entstand 1809 ein umfangreiches Bild- und Textwerk, welches noch heute unter dem Titel „Description de l'Égypte" Interessierte begeistert. Nachdem der französische Herrscher vor den ägyptischen Pyramiden gestanden hat, brach in Europa eine wahre Ägyptomanie aus, die letztlich in einem Wettlauf endete, welche Nation mit den besten Wissenschaftlern vor Ort die Forschungen aufnahm, um die Geheimnisse der letzten Jahrtausende zu entschlüsseln. Das Problem bestand nur darin, dass vorerst keiner der Wissenschaftler die Hieroglyphen lesen konnte. Es soll beim Leser nicht der Eindruck erweckt werden, als wären erst durch Napoleon Bonaparte die Geheimnisse Ägyptens entdeckt worden. Schon seit der Antike gab es immer wieder Handels- oder Forschungsreisende, welche die Strapazen einer langen Reise in die alte Welt auf sich nahmen und sowohl Mesopotamien, Persien als auch Ägypten besuchten. Ich erinnere nur an Marco Polo, der es sogar an dem kaiserlichen Hof in China zu Ruhm und Ehre brachte. Mögen es Abenteurer oder Wissenschaftler gewesen sein, auf jeden Fall verfassten auch diese Menschen Beschreibungen, welche dann in arabischer, griechischer Schrift oder wieder in Hieroglyphen vorlagen. Besondere Aufmerksamkeit bekam Herodot[19], von alters her für seine verfassten Bände bekannt, wenn auch oft darin unglaubliche und fantastische Beschreibungen anzutreffen waren. Er lebte mehrere Jahre lang im Land am Nil und ließ sich von den Priestern des Tempelkomplexes von Memphis[20] „in die Geheimnisse des alten Wissens" einweisen. Somit waren seine Bände, welche er damals verfasste, eine hochinteressante Wissensquelle, die in der damaligen zivilisierten Welt begehrlich für weitere wissenschaftliche Betrachtungen genutzt wurden. Ich will auch auf die griechischen Philosophen

---

19 Übersetzt heißt sein Name: Die Wahrheit des Thot; geboren: um 490/480 v. Chr.; gestorben: um 430/420 v. Chr., antiker griechischer Geschichtsschreiber, Geograf und Völkerkundler.
20 Memphis wurde eigentlich im alten Ägypten *Men-nefer* (gute Stätte) genannt, ich werde aber den griechischen Namen weiterhin verwenden.

hinweisen, die dank der Inspirationen ihrer eigenen Götterwelt sich ebenfalls mit dem Land der Pharaonen auseinandersetzten und hochinteressante Schriften verfassten. Gerade deren Erkenntnisse werde ich hier auch öfter bemühen, weil sie aus ihrer anscheinend „unverdorbenen" und „reinen" Zeitepoche manche „Lebensweisheiten" und Erkenntnisse diskutierten, die uns heute noch verblüffen.

Das Mitte des 19. Jahrhunderts neu aufgestoßene Tor zu den Geheimnissen des Orients wird von einem großen Publikum in ganz Europa dankbar angenommen. Es ist das wachsende Bürgertum, welches diese Privatdrucke mit einem damals manchmal vertretbaren, teilweise sehr hohen Verkaufspreis nachfragt. Die neusten Informationen aus dem sagenumwobenen Ägypten wurden den Verlagen fast aus der Hand gerissen. Diese literarischen Werke waren jedoch nicht für einen Interessenten unterhalb der Mittelschicht gedacht. Wenn man nun glaubt, dass alle Autoren sich an Originalorten ihre Inspirationen holten, muss man im Text sehr oft lesen, dass ernsthafte Wissenschaftler sich in Museen oder bei den Veröffentlichungen der Kollegen bedienten. Alle diese Quellen sind heute nicht mehr so leicht erreichbar, denn dank Internet haben wir zwar die Möglichkeit, auf viele interessante digitalisierte Werke aus vergangenen Zeiten zurückzugreifen, aber viele sind auch für den Hobby-Ägyptologen absolut unerreichbar oder für überhöhte Preise im Antiquariat zu finden. Es gibt viele Gründe, dass die moderne Ägyptologie kaum durch aktuelle Grabungsberichte nachzuvollziehen ist. Beispielsweise kann man sich bei den Ausgrabungen von *Nechen*[21] (griechisch: Hierakonpolis), ca. 15 Kilometer nördlich von Edfu gelegen, relativ zeitnah als Spender für die Aktion der amerikanischen Unternehmung über eine Internetzeitschrift informieren.

---

21 Zeitschrift: NEKHEN NEWS, Published for The Friends of Nekhen

Falls ich die Geschichte des Landes realistisch betrachte, so war Ägypten als Reich der Pharaonen zwar politisch und gesellschaftlich durch Perser, Griechen und Römer so verändert worden, dass es letztlich eine Kolonie der Besatzer wurde, in Vergessenheit geraten ist es aber nie. Wie bei Kolonialmächten üblich, integrieren sie viele Lebensarten und gesellschaftliche Standpunkte in das besetzte Territorium. Beherrschen heißt auch Unterdrücken zum Vorteil des Besatzers. Je nach Sichtweise der neuen Herrscher, verändern sie Kunst, Handwerk, Landwirtschaft und Gesetzgebung zu ihrem Vorteil und belassen das bestehende soziale und religiöse Leben den gewachsenen Organisationsformen, solange ihre ureigensten Interessen nicht verletzt werden. Wie wir noch sehen werden, hatten die Ägypter Glück im Unglück, denn erst die Perser und später die Griechen kamen aus Ländern mit einem hochentwickelten Götterglauben, welcher nicht unbedingt fremde Götter in der Verehrung ausschloss. Selbst Rom war, solange der Kaiser die erforderlichen Ehrungen erfuhr, nicht abgeneigt, das bestehende Pantheon um neue Götter zu erweitern und bewies dieses durch Tempelerweiterungen oder Neubauten in Ägypten[22]. Somit blieb das alte Ägypten immer noch ein wesentlicher Faktor im Rahmen der Verteidigungs- und Wirtschaftspolitik der Sieger und wurde nie ganz vergessen. Doch geschichtliche Ereignisse sind kein Blitzschlag aus heiterem Himmel! Es sind erst kleine Unpässlichkeiten, die sich im Laufe der Zeit zu einer schweren Krankheit entwickeln. Weltreiche stolpern nicht über Kleinigkeiten, sie verfaulen aus Dekadenz von innen und ziehen alle wirtschaftlich oder strategisch Verbündeten mit in dieses Verderben. Die mumifizierten Pharaonen müssen sich im Grabe umgedreht haben, als die Schasu[23] ih-

22 Der letzte Tempel in Ägypten, der durch die Römer errichtet wurde, steht in Theben West und wird als der Isis-Tempel von Deir Schelwit bezeichnet.
23 Altägyptische Bezeichnung für Beduinen

ren Siegeszug im arabischen Raum antraten und der tausend-
jährigen Geschichte der Könige am Nil ein jähes und endgültiges Ende setzten.[24]

Währen sich viele Professoren in Europa bemühten, mit der
Entzifferung dieser geheimnisvollen ägyptischen Zeichen[25] den
Olymp der Wissenschaften zu erklimmen, erreichten sie in-
des nur kleine Erfolge. Hochinteressant war das Enträtseln der
„göttlichen Schriftzeichen", zu denen der Franzose Jean-Fran-
çois Champollion den Schlüssel zur Entzifferung der Königsschilde[26] fand und am 27. September 1822 seine Erkenntnis den
gelehrten Wissenschaftlern in Paris vorstellte. Diese hochmüti-
gen studierten Herren machten ihn jedoch lächerlich und sprachen ihm jede Kenntnis der Materie ab, zumal er erst 31 Jahre
alt war. Dennoch sollte die Geschichte zeigen, dass nach einigen Streitereien die einmütige Meinung vorherrschte, dass diese Anleitung zur Entschlüsselung der Hieroglyphen der einzig
richtige Weg sei, die alten Schriften für die moderne Zeit les-
bar zu machen. Eine Schlüsselrolle dabei spielte auch der Stein
von Rosetta, auf welchen sinngemäß gleichlautende Schriften
in Hieroglyphen, Demotisch[27] und Altgriechisch untereinan-
der stehen. Somit begannen die Steine zu sprechen und Tausende von Metern beschriebene Papyrusrollen gaben nun ihre
Geheimnisse preis.

Der ganze Eifer kam nicht grundlos. Das erstarkende Kapi-
tal in Europa will nach der industriellen Revolution nicht nur
produzieren, die neue Bürgerschicht schreit geradezu nach neu-

---

24 Ägypten hatte schon lange zuvor seine Souveränität als eine Provinz des
   Oströmischen Reichs, dessen Hauptstadt Konstantinopel war, verloren,
   bevor die Islamische Eroberung Ägyptens begann. Es war ein langsames
   Dahinsiechen, da die Oströmer erst die Levante an die Muslime verloren
   und danach konnte das Oströmische Reich faktisch keinen effektiven
   Widerstand mehr in seinen orientalischen Provinzen bieten.
25 Hieroglyphen = Eingeritztes, Eingekratztes
26 auch als Kartuschen mit den Königsnamen bezeichnet
27 Demotisch war die Umgangssprache im alten Ägypten.

en interessanten Informationen. Es ist die Zeit, als Museen in den Metropolen aus ihren alten ehrwürdigen Bauten herauswuchsen und neue Abteilungen mit einmaligen Exponaten ihre Besucher anlockten. Überall in der neuen finanzkräftigen Gesellschaft waren Aufbrüche zu „neuen Ufern" zu verzeichnen und der Wissensdurst war unersättlich. Für die Wissenschaftler des 19. Jahrhunderts, welche mit Feuereifer an die Lösung der altägyptischen Rätsel gingen, tat sich eine ungeahnte Breite und Tiefe für die neue „Ägyptologie" auf. Glücksritter, studierte Personen oder selbst ernannte Archäologen versuchten Licht in das Dunkel der Vergangenheit zu bringen. Aus heutiger Sicht erscheint es unglaublich, aber tatsächlich haben viele Autoren der neuen Genres niemals Ägypten gesehen und nutzten die Neuerscheinungen der Literatur dazu, eigene Werke zu schreiben, obwohl es nur eine Kopie der letzten Ausgaben anderer Autoren war. Jeder glaubte, es reiche ein mittleres Halbwissen, um an der neuen Wissenschaft zu partizipieren. Massenhaft wurden die neu aufgekommenen Fotoapparate strapaziert und davon wieder kopiert, und wo das Recht dagegenstand, wurden Bilder von Fotografien gemalt und manchmal erkannte man die Realität nicht mehr.

Besonders bedauerlich ist der Umstand, dass sich auch europäische Grabräuber und Glücksritter auf die Suche nach dem Gold der Pharaonen machten und wie in Nubien, welches sie als Antike zweiten Grades betrachteten, den Pyramiden der schwarzen Pharaonen gleich mit Sprengstoff zu Leibe rückten oder gnadenlos die Bauwerke niederrissen. So gruben viele Wissenschaftler aus England, Frankreich und Deutschland, denen es um echte Erkenntnisse aus einer längst vergangenen Zeit ging, Stück für Stück die über Jahrtausende im Wüstensand versteckten Geheimnisse aus und forschten von Alexandria bis weit über Assuan hinaus nach der Geschichte einer untergegangenen Zivilisation. Bei all diesen Aktionen betrat man in Ägypten Neuland, denn man konnte zwar auf wissenschaftliche Erkenntnisse aus griechischer, römischer oder babylonischer Zeit zurückgreifen, doch waren das oft Abhandlungen oder Umdeutungen aus den

Mitteilungen Manethos. Nun hatten verschiedene Menschen
die Gelegenheit und oft auch die finanziellen Mittel dazu, sich
selbst an Ort und Stelle von den Resten der Geschichte zu überzeugen. Es gab auch genügend Geldgeber, die sich unter vertrag-
licher Absprache an Grabungen beteiligten und dafür einen Teil
der gehobenen Schätze beanspruchten. So konnte vieles, was
über Jahrtausende im Sand am Nil geschlummert hatte, Fragment für Fragment zusammengetragen werden. Auf ein Jahr
Forschung kamen drei Jahre Auswertung und unzählige Dis-
pute, bis die Veröffentlichungen der wissenschaftlichen Werke zu einem Ganzen vereint werden konnten. Tempel wurden
ausgegraben, Gräber geöffnet und unzählige Entdeckungen ge-
statteten schließlich, immer mehr Licht in das geheimnisvolle
Dunkel der letzten Jahrtausende zu bringen.

Das Lesen von Hieroglyphen, besonders die aus der griechischen Epoche, ist bis heute noch nicht jedermanns Sache und aus
der Hobby-Archäologie entwickelte sich eine ernst zu nehmen-
de Wissenschaft.[28] Brugsch-Bay[29] beschwerte sich im Jahr 1891

---

28 Die Einführung von Hieroglyphentypen, während in mancher Hinsicht
  sehr nützlich, haben sich auch als katastrophal für die Genauigkeit erwiesen und die Beharrlichkeit der alten lockeren Methoden wurde von
  Brugsch in der Einleitung zum letzten Band seines Thesaurus 13 Jahre
  zuvor beklagt. Brugsch zeigte bereits eine überraschende Wertschätzung
  der Notwendigkeit moderner Methoden in solchen Arbeiten. Er schrieb
  sinngemäß, dass es bei den Veröffentlichungen große Probleme auch bei
  den Lektoren gäbe, weil nur ein Experte mit der Schrift und Sprache der
  Alten Ägypter vertraut wäre. Weiterhin bemängelte er, dass immer mehr
  Laien sich zu Aussagen hinsichtlich der Ägyptologie berufen fühlen, obwohl es sich zwischenzeitlich herumgesprochen haben müsste, dass diese Wissenschaft kein Hobby ist und die „ganze Kraft und die ganze Zeit
  eines Mannes erfordert".
29 Heinrich Ferdinand Karl Brugsch, am 18. Februar 1827 in Berlin geboren
  und am 9. September 1894 in Charlottenburg gestorben, wurde wegen
  seiner Verdienste auch Heinrich Brugsch-Pascha genannt.

über die „Pfuscher im Amt"[30] und selbst der Ägyptologe Breasted
entrüstete sich noch 1906 in seinem umfassenden Werk[31] über
die immer noch falschen Übersetzungen, die von Jahrzehnt zu
Jahrzehnt in neue Bücher mitgeschleppt wurden, ohne dass die
Autoren die Richtigkeit der von „ihnen gemachten Aussagen"
am Original nachprüften. Es kam aber auch zu „kleinen Seiten-
hieben" innerhalb der Werke, wie beispielsweise bei Breasted,
der sich darüber ärgerte, dass Heinrich Brugsch an bestimmten
Stellen „freizügige Ergänzungen" an dessen Übersetzungen vornahm, welche er wiederum nicht nachvollziehen konnte. Das
jedoch war noch das geringste Übel. So schrieb beispielsweise J. de Morgan[32], dass er immer wieder von Wissenschaftlern
in der freien Darstellung seiner Entdeckungen und Schlussfolgerungen ausgebremst wurde, weil diese auf keinen Fall neue
Entdeckungen oder Meinungen aufgrund einer „engstirnigen"
Denkweise akzeptieren wollten. Es war damals nicht viel anders
als heute: Es ist einfacher, sich auf die Arbeit eines Vorgängers
zu verlassen, als eigene Studien durchzuführen; es ist besser,
die eigene Meinung als unfehlbar zu halten, als Neuerungen zu
akzeptieren! In einer Zeit des Aufbruchs in ein wissenschaftli-
ches Neuland gab es nicht nur das Land am Nil, ebenso wurden
wie durch einen Zauberstab die verschiedensten Forschungsge-
biete aktiviert. Der gesamte vordere Orient, einschließlich der
Grundlagen der christlichen Religion, kam mit seinen bisherigen antiken Berichterstattungen und ebenso deren Autoren auf

---

30 „Papier-Abklatsche" war ein Begriff, welchen zuerst R. Lepsius für die
Veröffentlichung von Inschriften in seinem großen Werk über Denkmäler in großem Umfang angewendet hat. Durch diese Methode wurde dem
Abschreiber wie beispielsweise bei einem Foto sehr viel Mühe und Zeit
erspart und konnten im Labor oder am Arbeitsplatz ausführlich analysiert werden. Trotzdem werden bis heute von Wissenschaftlern noch immer Inschriften und Reliefs exakt nachgezeichnet, wie ich bei dem amerikanischen Team im Tempel *Ramses II.* erfahren konnte.
31 Ancient Records Of Egypt (Bände 1–4)
32 Suche nach den Ursprüngen Ägyptens; Prähistorische Ethnographie und
Königliches Grab von Negade.

den Prüfstand. So überschnitten sich Entdeckungen und neuste Schlussfolgerungen in vielerlei Hinsicht, und mancher Wissenschaftler musste später zugeben, Informationen ohne genaue Überprüfung in seine Werke übernommen zu haben.

Davon künden verschiedene Dissertationen der Politiker in der Moderne, welche letzten Endes wegen Plagiatsvorwürfen ihren akademischen Grad zurückgeben mussten. Mit unseren heutigen Erfahrungen, Weltanschauungen, sozialen Kompetenzen und finanziellen Mitteln und Möglichkeiten können wir uns leicht dem Irrtum hingeben, dass sämtliche Wissenschaftler sofort nach Ägypten aufbrachen, um an Ort und Stelle ihre Studien durchzuführen. Dass dieser Gedanke gleich verworfen werden sollte, liegt daran, dass für die europäische Wissenschaft bis zum Feldzug Napoleons nach Ägypten, dieses Land relativ unerforscht war. So griff man natürlich auf das dankend zu, was namhafte Wissenschaftler vor Ort ausgegraben und ans Licht der Öffentlichkeit gebracht hatten. Und den meisten war es kaum vergönnt, an Ort und Stelle die Richtigkeit der vorhandenen Informationen zu überprüfen. Wenn also beispielsweise, wie oben bereits angedeutet, der Ägyptologe James Henry Breasted ein gigantisches Meisterwerk im Jahre 1906 veröffentlichte, in welchem er fast ausschließlich nur auf vorhandene Fotografien, Berichte und Artefakte in Europa zurückgriff[33], so zeigt es doch, dass nicht jeder Wissenschaftler augenblicklich ins Land am Nil aufbrechen konnte, um danach seine persönlichen Werke zu erstellen. Er gesteht ein, dass er persönlich nicht alles vor Ort recherchieren konnte, sondern vieles am Schreibtisch oder in Museen nachprüfen musste, aber er legte damit auch eine uns heute noch begeisternde Akkuratesse an den Tag.

Nicht nur die Autoren hatten Probleme mit der Erstellung ihrer heiß begehrten wissenschaftlichen Werke, ebenso wichtig war die Korrektur ihrer umfangreichen Manuskripte hin-

---

33 Später grub er persönlich die Reste des Jahrmillionen-Hauses von *Ramses III.* in Medinet Habu (Theben West) aus.

sichtlich fachlicher oder Flüchtigkeitsfehler und die Orthografie sollte auch nicht zu kurz kommen. Bei genauer Analyse der Literatur stellte ich wiederholt fest, dass sich Wissenschaftler gegenseitig vorhielten, Flüchtigkeitsfehler nicht erkannt oder Worte aus dem Altägyptischen falsch in die Landessprache übersetzt zu haben. Aber selbst in heutiger Zeit bestehen auf diesem Sektor noch große Probleme, da sich namhafte Autoren darüber beschwerten, dass es in den Verlagen kaum noch Mitarbeiter gibt, welche die Manuskripte auf Schreibfehler hin überprüfen können, besonders dann, wenn es sich um die Ptolemäische Epoche handelt, wo bekannterweise die Hieroglyphen vom Umfang sich stark vervielfachten.

Ebenso interessant ist, dass bereits die altägyptischen Künstler eine Menge Stress hatten, wenn sie die Vorgaben ihrer Schreiber auf die Reliefs übertragen mussten. Fast ein Paradebeispiel besteht darin, dass Inschriften aus dem Ramesseum von *Ramses II.* auf der West Bank in den Totentempel von *Ramses III.* nach Medinet Habu, so falsch sie auch waren, übertragen wurden, obwohl nicht der Schreiber allein über die Wortwahl entschied, sondern ein Konsortium der hohen Beamten das Okay gab für das Schwingen von Hammer und Meißel. Offensichtlich bestand auch nicht die Notwendigkeit der Überprüfung auf Exaktheit durch die Akteure während der Arbeit, denn bei Beutelisten fehlen oft Zahlen, oder die Summe entspricht nicht den addierten Einzelwerten.

Tausende von Bruchstücken mussten katalogisiert werden, um in vielen Fällen überhaupt erst mal ein Ganzes zu schaffen. Wer schon einmal den Lagerplatz im Tempel von Karnak gesehen hat, wo alle Fragmente vor ihrer Zusammensetzung gesammelt und nummeriert werden, kann ermessen, welcher gigantische Aufwand hinter dieser „Kunst“ steckt. Noch umfangreicher sind die riesigen Keramikscherben-Halden von Abydos, die fast ausschließlich aus Votivgaben und Opferkrügen bestehen. Selbst ein Hobby-Ägyptologe würde an der Menge und dem Aufwand scheitern, diesem wüsten Haufen von einstiger Massenware ein sinnvoll zusammengesetztes Gefäß zu entlocken.

Leider, und darauf werde ich noch einmal konkret eingehen, wurde nicht von Anfang an in Ägypten die Beschriftung von Tempelwänden und von Stelen vorgenommen, sodass in der ägyptischen Geschichte unendlich große Lücken noch bis heute existieren, die zwar nach und nach geschlossen werden sollen, aber auch da sehen die Wissenschaftler heute viele Probleme im Verfall von Dokumenten (Papyri) in Gebäuden (Tempel) und Kunstwerken (Stelen). Man muss sich nur vorstellen, dass ca. 2000 Jahre sich kein Mensch um die Hinterlassenschaften der alten Ägypter gekümmert hatte. Glücklicherweise zeigte die trockene Witterung in Oberägypten nur einen geringen Einfluss auf die Haltbarkeit von „gutem harten Stein", dafür hatten Vandalismus (*Echn-Atons* Religionsrevolution) und das persönliche Interesse, aber auch die Missachtung der Kulturgüter aus vergangenen Zeiten (Abtransport von Sebach[34] als Dünger für die Felder der Einheimischen oder Kalksteine landeten in den Verbrennungsöfen) im Laufe der Zeit dafür gesorgt, dass viele Beweise unwiederbringlich verloren sind. Aber auch die altägyptischen Könige betrieben einen unvorstellbaren Materialraub an alten Tempeln, sodass beispielsweise *Ramses II.* die Steine für den Pylon des Chonstempels von der West Bank in den Amun-Rê-Tempel von Karnak verbrachte. Zur Entschuldigung dieser „ökonomischen Materialbeschaffung" sei gesagt, dass manche Tempel den Totendienst aufgegeben hatten oder bereits schon Hunderte von Jahren leer und in ihrer Bausubstanz verfallen standen. Schließlich waren auch die altägyptischen Könige nicht immer so, wie sie es gern der Nachwelt vermitteln wollten: Sie verstießen oft gegen die Regeln ihrer eigenen Götter!

---

34 Zerfallene sonnengetrocknete Ziegel aus Nilschlamm für Mauern und Gebäude aus der Antike besaßen jedoch noch immer die fruchtbare Eigenschaft des Nilschlamms.

Aber kehren wir in das 19. Jahrhundert zurück. Von der Theorie ging es langsam in die Praxis und es gehörte nach und nach zum „guten Ton“, Ägypten als Tourist zu besuchen, oder noch besser, sein Vermögen als Mäzen in den Dienst der Wissenschaft zu stellen. Das versprach gesellschaftliches Ansehen. Eine Ausgrabung zu finanzieren oder gar selbst durchzuführen, unabhängig davon, ob das Fachwissen dazu vorhanden war oder nicht, zeigte den Mann von Welt. Auf den abenteuerlichsten Wegen brachten von Königen und wissenschaftlichen Instituten benannte Forschergruppen neue Erkenntnisse und Kunstgegenstände oder „Reiseandenken“ in die Heimat zurück. Höhepunkte in der noblen Gesellschaft waren stets die anschließenden Gesellschaftsabende, in denen dem erlesenen Publikum Mumien und andere exotische Fundstücke vorgestellt wurden. Leider waren die durchgeführten Arbeiten zwar in der Heimat ein Erfolg, aus wissenschaftlicher Sicht aber oft die blanke Katastrophe, weil weder das Verständnis noch die Absicht bestand, wissenschaftliche Methoden zur Bewahrung und Erforschung der Kulturgüter anzuwenden. Es kam auch bei Grabungen zu unwiederbringlichen Verlusten, denn bei einer einmal durchgeführten Ausgrabung wird bei einer erneuten Kampagne der Wissenschaftler nicht mehr das vorfinden, was einst der Urzustand an dieser Stelle war. Dennoch profitieren Wissenschaftler heute noch von den damaligen großartigen Taten und Forschungsergebnissen. Letztlich waren für die Pioniere der Ägyptologie die Erkenntnisse aus den Tempeln und die Inschriften auf Gräbern, Stelen und Steinbrüchen die wichtigsten und manchmal auch die einzigen Quellen ihres neuen Wissens.

Flinders Pétrie[35] war ein Leuchtturm dieser Art, denn er grub viele Tempel in Ägypten und selbst auf dem Sinai aus, führte akribische Untersuchungen in Gräberfeldern durch und übertrug in mühseliger Handarbeit Hieroglyphen auf seine Arbeitsunterla-

---

35 Sir William Matthew Flinders Petrie, am 3. Juni 1853 in Charlton bei
   London geboren und am 28. Juli 1942 in Jerusalem gestorben

gen, damit er nach der Heimkehr diese in gewissenhafter Arbeit auswerten konnte. Für ihn war es immer von großem Interesse, historische Berichte mit seinen neuen Erkenntnissen zu verbinden. So überprüfte er die Angaben aus dem Exodus auf dem Sinai und fand hochinteressante Unterschiede heraus, die ich in den nächsten Büchern noch ausführlich beschreiben werde.

Das unbändige Verlangen nach neuen Informationen im Abendland führte letzten Endes dazu, dass Berufene aller Couleur einschließlich hochbegabter Wissenschaftler sich plötzlich als Autoren entdeckten und nicht nur Bücher von wissenschaftlichem Wert herausbrachten, sondern auch eine Mischung aus Grabungs- und Reiseberichten, welche manchmal mehr nur Letzteres beinhalteten, als konkrete Analyse der durchgeführten Arbeiten. Trotzdem finde ich diese Beschreibungen selbst aus heutiger Zeit noch hochinteressant, weil sie in vielerlei Hinsicht auch das Leben der ansässigen Bevölkerung in Ägypten beschreiben, deren Einstellungen zur alten Kultur und leider auch viele negative Erscheinungen, die die europäischen Forscher durch ihre Grabungsarbeiten und die Rekrutierung von Personal für schwere handwerkliche Tätigkeiten hervorriefen. Gerade Flinders Pétrie berichtete permanent von unwilligen und undisziplinierten Arbeitskräften auf der West Bank von Luxor. Diebstahl, der mehr in die Taschen dieser korrupten Personen einspielte als die tägliche Arbeit, waren an der Tagesordnung. So wurde von Händlern aus Luxor und Qina berichtet, die permanent versuchten, die Grabungsarbeiten durch Diebstähle des Personals vor Ort zu sabotieren oder einer staatlichen Macht, der letzten Endes diese Entwicklung relativ egal war, wenn sie dafür nur ordentlich mit Bakschisch versorgt wurde. Es gab aber auch Menschen, die von den Ägyptologen gewürdigt wurden, weil sie aufopferungsvoll die Aufgabe der Sicherung der kulturellen Güter unterstützten und durch Fleiß und Umsicht sich in der Hierarchie der Grabungsteams nach oben arbeiteten.

Deutschland trug ebenfalls seinen Teil zur wissenschaftlichen Erkundung Ägyptens bei und so kann man getrost Lep-

sius[36] als Begründer der modernen Ägyptologie ansehen. Er
führte als erster Deutscher im Land am Nil Grabungen in den
Jahren 1842–1846 durch und dokumentierte Denkmäler jener
Zeit, von denen viele im Laufe der Jahrhunderte bis heute verloren gingen. Besonders ist sein „Königsbuch der alten Ägypter"
hervorzuheben, da er mit klaren Strukturen eine „Ordnung" in
die verschiedenen Lesarten der Königsschilde bei den Wissenschaftlern herstellte. Nun wurden auch für die Interessenten,
welche keine Hieroglyphen lesen konnten, wissenschaftliche
Abhandlungen in die gängigen europäischen Sprachen übersetzt. Letztlich waren diese Königslisten der Dreh- und Angel-
punkt für die Rekonstruktion der altägyptischen Geschichte.
Die Papyrusfragmente zu vergleichen und historische Berichte von Geschichtsschreibern abzugleichen war das eine, die
überkommenen Zeitzeugen in Urkunden und Denkmälern auf
eine einheitliche Informationsbasis zu erheben, war ein wahrer
Kreuzzug gegen Vorurteile und Falschdeutungen aus den verschiedensten Gründen, auch aus falscher Rücksichtnahme der
Bibelauslegung. Während der „Herr der Töpfe", Sir Flinders Pétrie, meist zwei Drittel seiner Werke der Entdeckung und Analyse von Krügen und Schüsseln widmete, konnte Maspero[37]
durch seine wissenschaftlichen Grundlagen der Assyriologie
eine Kombination zwischen Ägypten und dem alten Orient stets
trefflich begründen. Gerade ihm ist das hochinteressante Werk
„Kampf der Nationen"[38] zu verdanken, wo er die bilateralen Beziehungen im Orient sehr nachvollziehbar schildert. Maspero
verband die gesamten bis zur damaligen Zeit vorliegenden Erkenntnisse im Orient mit der akribischen Nachverfolgung der
geschichtlichen Entwicklung. Dabei ging auch er auf die soge-

---

36 Karl Richard Lepsius wurde am 23. Dezember 1810 in Naumburg an
   der Saale geboren und starb am 10. Juli 1884 in Berlin als ein deutscher
   Ägyptologe, Sprachforscher und Bibliothekar.
37 Gaston Camille Charles Maspero wurde am 23. Juni 1846 in Paris geboren und ist am 30. Juni 1916 in Paris gestorben.
38 Originaltitel: The Struggle Of The Nations, Egypt, Syria, And Assyria

nannten „Asiaten“[39] ausführlich ein und analysierte die dort lebenden Nationen ebenso wie die Hebräer und deren Stämme. In dem Zusammenhang sei darauf verwiesen, dass alle diese neuen Erkenntnisse noch im Flusse waren und ständig neue Ausgrabungen den jeweiligen Kenntnisstand korrigierten. Wie oft las ich in den alten Werken: „… leider erreichte mich die Mitteilung über … erst, nachdem mein Buch bereits veröffentlicht war …“

Bestimmte Sachverhalte schienen jedoch fast alle Wissenschaftler besonders zu lieben: die unumstößlichen Hintergründe der Heiligen Schrift. In fast aufopferungsvoller Hingabe kam es immer wieder zur sogenannten Nachweisführung und zu „Beweisen“ aller Art, dass dieses und jenes in der Heiligen Schrift nun als Tatsache galt. Bis zum sagenumwobenen Auszug der Israeliten aus Ägypten sollten die Hintergründe minutiös aufgeklärt werden. Offensichtlich bestand im Abendland ein erheblicher Bedarf an der Klärung dieser seit Jahrtausenden offenen Thematik, die sowohl von fortschrittlichen als auch klerikalen Kreisen in widersprüchlichen Standpunkten vertreten wurde. Ob Pétrie oder Brugsch, sie scheuten sich alle nicht, mit Karawanen den Weg der Israeliten von Ägypten bis nach dem Mosesberg nachzuvollziehen, um anhand der tatsächlichen örtlichen Situation beweisen zu wollen, dass aufgeschriebene Ereignisse in einer durch einen Autor verfassten Zusammenfassung tatsächlich der Wahrheit entsprachen. Besonders hervorzuheben sind bei Pétrie die dazu sehr objektiv gemachten Erläuterungen, welche zwar auch keine Auskunft über den Verbleib der Bundeslade und der Tafeln mit den zehn Geboten geben konnten, trotzdem legte er sich nicht fest und ließ das Ende der Geschichte dahingehend offen, dass er den möglichen Hintergrund der Erzählung nicht als absolutes Märchen verwarf.

---

39 Diese Bezeichnung wurde von den Ägyptern für alle östlichen Völker der Levante angewandt.

Ein sehr bekannter Name, Howard Carter[40], entdeckte das Grab des Tutanchamun 1922 in Theben West. Aber auch er benötigte einen edlen Finanzier, Lord Carnarvon[41], der unermüdlich an seinen beauftragten Forscher glaubte und viel Vermögen in das Projekt investierte. Das Carter-Haus kann noch heute in Theben West besucht werden.

Mein hochverehrter Brugsch-Bay, der sich vorrangig mit der Übersetzung der Hieroglyphen auf Denkmälern und Tempelwänden auf seinen Reisen durch Ägypten beschäftigte, trug erheblich zur Aktualisierung der bisher bekannten Informationen bei. Seine Grabstätte auf dem evangelischen Luisenfriedhof III in Berlin ziert noch heute ein Sarkophagdeckel aus dem Alten Reich als Grabstein – welch hervorragende Kennzeichnung seines arbeitsreichen Lebens. Noch heute können wir in seinen in deutscher Sprache verfassten „Bestsellern" seine hervorragenden Arbeiten bewundern, die er im Auftrag des Königs von Preußen ausführte. Auf tagelangen Kamelritten erkundete er die Tempel der Oasen, reiste unter schwierigsten Bedingungen von Kairo über den Nil bis über Assuan hinaus, schrieb alle seine Erkenntnisse in zahllosen Manuskripten nieder, welche er in Deutschland später als eine stattliche Anzahl von Büchern veröffentlichte.

Ludwig Borchardt[42], studierter Architekt, ging mit fachmännischem Blick an die noch vorhandenen Gebäudefragmente heran, dokumentierte bei seinen Ausgrabungen die Entdeckungen sehr vorbildlich und stellte die Bauforschung in den Vordergrund.

Kurt Heinrich Sethe[43] analysierte mit meisterhafter Logik viele neue Erkenntnisse aus den Ausgrabungen im Land der Pha-

---

40 Howard Carter, am 9. Mai 1874 in Kensington geboren und am 2. März 1939 in London gestorben

41 George Edward Stanhope Molyneux Herbert wurde am 26. Juni 1866 in Highclere Castle, Hampshire geboren und verstarb am 5. April 1923 in Kairo (Er wird einfach Lord Carnarvon genannt).

42 Ludwig Borchardt wurde am 5. Oktober 1863 in Berlin geboren und verstarb am 12. August 1938 in Paris.

43 Kurt Heinrich Sethe wurde am 30. Juni 1869 in Berlin geboren und verstarb am 6. Juli 1934 in Berlin.

raonen und brachte sie für jedermann nachvollziehbar zu Papier. Er gestaltete seine Werke als die reinsten Lehrbücher für Ägyptologie. Akribisch erklärte er dem Leser die von ihm entwickelten logischen Zusammenhänge der Thematik. Einzelne Hieroglyphen werden durch seine Darstellungsweise zu kompletten Sätzen und diese begründet er.

Auguste Mariette-Bay[44], ein anerkannter Ägyptologe, musste die Erfahrung machen, dass seine Bücher ins Englische übersetzt mehr Geld einbrachten als die in seiner Muttersprache.

Weniger bekannt scheint der deutsche Ägyptologe Wiedemann[45] zu sein. Er verstand es hervorragend, die Hintergründe in der Religion des Landes zu beleuchten und meisterhaft darzulegen.

Auch verschiedene Irrwege oder Fehlinterpretationen wurden aufgezeigt, denn zur damaligen Zeit verfügten die Wissenschaftler nicht über so ein gesammeltes und fundiertes Wissen, wie es uns heute zur Verfügung steht. So finden wir gerade bei Brugsch-Pascha, das er in manchen Abhandlungen darauf verweist, dass er es „so gelesen hat, jedoch die Zukunft zeigen wird, ob es Veränderungen geben wird". Dieses geschah sehr oft durch den bedauerlichen Umstand, und wer heute nach Ägypten in die Tempel fährt, kann sehen, dass viele Spalten oder Zeilen, in denen die Hieroglyphen satzartig niedergeschrieben wurden, ausgehackt oder anderweitig zerstört wurden und somit viele Informationen schlagartig abbrechen oder irgendwo in der Mitte des Reliefs beginnen. Ein Paradebeispiel dazu ist der Stein von Rosetta.

---

44 François Auguste Ferdinand Mariette, auch Auguste-Édouard Mariette, wurde am 11. Februar 1821 in Boulogne-sur-Mer geboren und starb am 18. Januar 1881 in Bulaq bei Kairo als französischer Ägyptologe und Begründer der Denkmalpflege in Ägypten sowie des Ägyptischen Museum in Kairo.
45 Alfred Wiedemann geboren am 18. Juli 1856 in Berlin und gestorben am 7. Dezember 1936 in Bad Godesberg

Erwähnt soll auch J. de Morgen[46] sein, welcher schon als junger Mann seine wissenschaftlichen Kollegen mit der Ausgrabung einer Riesenmastaba in Negade[47] verblüffte. Sehr ehrlich beschrieb er oft, dass auch ihn fehlende Kenntnisse bei der Beurteilung seiner Entdeckungen dazu veranlassen, sich Kollegen als Unterstützer herbeizuwünschen, die ihm in verschiedenen Auslegungen beratend zur Seite stehen könnten. Die Liste der erfolgreichen Forscher ließe sich noch beliebig fortsetzen, wie beispielsweise mit Franz Joseph Lauth,[48] der im Auftrag von Maximilian II. alte Dokumente aus der Antike mit den Exponaten in europäischen Museen verglich. Erst im Verlauf mehrerer Jahrzehnte sollte sich eine international anerkannte Systematik in der Erforschung von Sprache, Schrift und Bauwerken der Pharaonen durchsetzen, sodass es nicht nur allein um prestigeträchtige Objekte ging, sondern ein geschlossenes Ganzes zum Ziel der Wissenschaft wurde. Diese großartigen wissenschaftlichen Forschungen hielten weiter die Fachwelt in Atem, unterbrochen von zwei Weltkriegen.

Auch amerikanische Universitäten beteiligten sich nun an den wissenschaftlichen Forschungen und ebenso Ägypten selbst war aus der Rolle des „Anbieters von Grabungslizenzen" zur führenden Rolle der kontrollierenden und koordinierenden Institution für Grabungsarbeiten im eigenen Land geworden. Im 20. Jahrhundert traten neue Namen auf den Plan wie Breasted, Hölscher, Dümichen, Assmann, Kess, Hornung und Altmüller, um nur einige beispielsweise zu nennen, die Forschungsergebnisse ihrer hochgeschätzten Vorgänger komplettierten. So verfü-

---

46 Jacques Jean Marie de Morgan, geboren am 3. Juni 1857 in Huisseau-sur-Cosson, Frankreich; gestorben am 12. Juni 1924 in Marseille, genoss hohes Ansehen als Geologe, Ägyptologe, Ingenieur, Vorderasiatischer Archäologe und Numismatiker.
47 Oberägypten, ca. 28 Kilometer Luftlinie nördlich von Luxor entfernt
48 Franz Joseph Lauth, auch: Franz Josef Lauth war ein deutscher Pädagoge, Orientalist und Fachautor. Er wurde am 18. Februar 1822 in Arzheim geboren; und starb am 11. Februar 1895 in München.

gen wir heute über eine große Anzahl von umfassenden wissen-
schaftlich fundierten Werken, welche teilweise eine Neuauflage
vorhandenen Wissens darstellen, aber ebenso eine Erweiterung,
Konkretisierung und Berichtigung ehemaliger Standpunkte, die
aus heutiger Sicht nicht mehr haltbar scheinen. Stellen wir uns
nur einen Augenblick vor, welche Superdynamik bei den Pionie-
ren der Ägyptologie das Internet mit seinen fantastischen Möglichkeiten hervorgerufen hätte, doch auch ohne diese modernen Kommunikationskanäle wurden hervorragende Leistungen
handschriftlich und mit Faksimile[49] vollbracht.

Eines wurde von erster Stunde an von allen Ägyptologen kriti-
siert: eine wilde, fast brutale Landnahme der Bevölkerung ohne
Rücksicht auf historisch wertvolle Gelände über lange Zeit hinweg. Diese abendländische Sichtweise war jedoch für die Einheimischen neu, denn über Jahrhunderte hatte sich niemand für
die Steinhaufen und Bauwerke einer anderen Welt und Religion
interessiert. Sie eigneten sich das aus ihrer Sicht freie Gelände
an und führten es in dem erforderlichen Ausmaß der Viehzucht
oder der Landwirtschaft zu. Nun kamen plötzlich ungläubige
Fremde, die „ihr Eigentum" zu einem wichtigen Gelände erklär-
ten, einem sogenannten Kulturgut. Obwohl fast alle der sogenannten „Eigentümer" keinen Nachweis über das Land besaßen,
kämpften sie um jeden Meter dieses Landes und verlangten un-
verschämte Preise für entgangene Ernten und angebliche sons-
tige materielle Einbußen, wenn Grabungsarbeiten vorgesehen
waren. Hinter allen diesen negativen Erscheinungen standen
Clans und Bedienstete des Staates, die stets ihren eigenen materiellen Vorteil bei dieser einmaligen Chance im Auge hatten.

An diesem Verhalten der Einheimischen hat sich bis heute nicht viel geändert. Es scheint wie in den Genen verwur-

---

49 Faksimile (lat. fac simile „mache es ähnlich"): originalgetreue Nachbil-
   dung oder Reproduktion einer Vorlage, wegen des hohen handwerklichen Aufwandes bei der Herstellung meistens sehr teuer.

zelt, dass die Fellachen in unverschämter Weise wider besseres Wissen Landflächen okkupieren, sie einzäunen oder mit einer Mauer aus weißen Ziegelsteinen versehen und abwarten, ob sich Widerstand regt. Unter der Regierung des Staatspräsidenten der Arabischen Republik Ägypten, Abd al-Fattah Said Husain Chalil as-Sisi, rückt von Zeit zu Zeit die Armee aus und bricht auf gleich brutale Weise die Schwarzbauten wieder ab oder räumt die zu Unrecht angeeigneten Landstücke. Es gibt Teile im Land, wo nicht einmal 20 Prozent der Hausbesitzer eine vom zuständigen Gericht beglaubigte Besitzurkunde haben. Diese Geschichte ist jedoch uralt, alle wissen um diese Tatsache Bescheid, aber niemand ist bereit sie zu verändern. Mit einer unglaublichen Gelassenheit werden Gebäude Etage für Etage im Laufe von Jahrzehnten errichtet, aufgestockt und angebaut und da in dem Dorf jeder nach dieser Methode arbeitet, wird es auch niemanden geben, der diese unlautere Vorgehensweise zur Anzeige bringt. Diese Bauten werden oft später auf eigene Gefahr des Käufers an diesen verkauft, immer in der Hoffnung, dass der Staat zu schwach und das Bakschisch groß genug ist, um die Probleme unter der Decke der Verschwiegenheit zu halten. Das System des Bakschischs ist uralt und scheint sich bestens bis heute im Orient bewährt zu haben. Korruption, Diebstahl und andere Verbrechen gehen bis in die Zeit der Pharaonen zurück und wer auch immer dieses System ändern will, wird entweder mit hineingezogen oder geht daran kaputt.

Eine Besonderheit besteht auch in den auf uns überkommenen Gebräuchen und Gewohnheiten, bei denen die wenigsten sich mit Ägypten verbunden fühlen. Die Mumifizierung der Toten, bei denen Peru und Ägypten weltweite Bekanntheit errangen, wird u. a. noch heute in den USA betrieben, während sie in Deutschland verboten ist. Dafür bestatten wir die Toten heute in Särgen, die ihren Ursprung in den Sarkophagen der Alten Ägypter haben, später zu praktischen Holzsärgen wurden und nicht zu vergessen die Grabsteine, die zweifellos aus den Stelen der Pharaonenzeit abgeleitet sind. Heute begnügen wir uns zwar mit einer kurzen Angabe von Geburts- und Todesdatum, Namen und letztem Gruß, während die wohlhabenden Adligen und der König ganze Geschichten darauf veröffentlichten. Wenn auch kaum zu glauben, aber die Urnen für die heutige Feuerbestattung kommen dem Grund nach ebenfalls aus Ägypten, nur hießen sie früher Kanopen[50] und bewachten die Eingeweide der Toten. Ebenso war die Feuerbestattung eine in den ersten Dynastien übliche Art, dass der König seinen Weg in den Himmel antreten konnte, gleich einem Feueropfer für Gott.

Was wir als Touristen unbedingt bei den Ausflügen in die kulturelle Vergangenheit anerkennen sollten: Die Tempel als Wohnung Gottes existieren noch heute in der Form von christlichen Kirchen und Moscheen und wir sollten sie dementsprechend ehrfurchtsvoll behandeln. Allerdings unterscheidet sich die heutige offene Nutzung für alle Gläubigen von den strengen Bestimmungen der Pharaonenzeit, die auch in Europa noch bis in die 60er-Jahre des vergangenen Jahrhunderts in abgewandelter Form erhalten blieb[51].

Ein aus heutiger Sicht bestialischer Brauch „rettete" sich in unsere Zeit: das Abschneiden der Köpfe als Zeichen der totalen Vernichtung des Feindes und der endgültigen Versagung der Anderswelt für den Feind nach seinem Tod, wo nur unversehrte Leichen Eingang finden. Das ist aber eine Streitfrage, die bis in die Moderne einer eindeutigen Klärung harren muss. Viel mysteriöser erscheint aber der Umstand einer gesamtkörperlichen Unversehrtheit, die jedoch erst zu einer späteren Zeit interes-

---

50 In altägyptischer Zeit waren die Gefäße in Form der uns bekannten Urnen, welche erst mit einem flachen Deckel, später mit figürlichen Darstellungen versehen waren, die als die Kinder des *Horus* bezeichnet wurden. Ihren Namen Kanopen erhielten sie durch die Entdeckung in der Nähe der Stadt Kanopus.
51 Die Gläubigen wurden durch bauliche Einschränkungen (Metallgitter, Emporen und andere bauliche Barrieren) daran gehindert, sich dem Platz des Priesters und dem Altartisch mit dem Allerheiligsten zu nähern. Heute sind diese Abgrenzungen abgebaut oder geöffnet.

sant wurde. Zu viel Tote mit abgetrennten Köpfen, Grabstellen, in welchen nur Skelette lagen oder in Hockstellung saßen, können kein Zufall gewesen sein und nicht in jedem Fall Rest einer Hinrichtung oder Tötung. Dieses Phänomen mussten die Pioniere der Ägyptologie noch klären, obwohl auch in Dendera eindeutige Anzeichen für diesen Vorgang gefunden wurden. [52]

Im Gegensatz zum stark religiösen Arabien haben wir im modernen Deutschland schon lange vergessen, bei allen unseren Handlungen und Überlegungen die christlichen Interpretationen der Heiligen Schrift zu beachten. Das war im 19. Jahrhundert noch anders, weil viele Wissenschaftler sich genötigt sahen, auch aus tiefster religiöser Überzeugung heraus, in der Erforschung der ägyptischen Kultur eine Bestätigung des Alten Testaments zu sehen. Somit hielten sich viele Forscher mit Kritiken zurück, geschweige denn, dass sie anhand ihrer neuen Erkenntnisse den Nachweis erbringen wollten, dass viele Fakten der Heiligen Schrift wohl der Wahrheit entsprechen, aber sie eher geografisch wertvoll einzustufen sind, als dass sie einem historischen Tatsachenbericht aus jener Zeit entsprechen. Die Ausnahme war eher, Bedenken hinsichtlich des Wahrheitsgehaltes der sogenannten „Augenzeugen" anzumelden, da verschiedene Schriftrollen zwar von Ortskundigen geschrieben wurden, nicht aber zu der Zeit, von der sie berichteten. Besonders interessant ist, dass bei einem Werk von Heinrich Brugsch-Bay in der deutschen Fassung positive religiöse Abschweifungen enthalten sind, während in der 2. Auflage in englischer Sprache diese restlos vom neuen Herausgeber gestrichen wurden. Trotz allem sollte man anerkennen, dass die Heilige Schrift eine Grundlage für die geografische Spurensuche darstellte, einen lohnen-

---

52 Sethe vertritt jedoch die Ansicht, dass vor der Mumifizierung es in Ägypten durchaus üblich war, aus uralten religiösen Gründen den Kopf des Verstorbenen vom Körper zu trennen und ebenso nur das Skelett, welches zuvor von Haut und Fleisch auf natürliche Weise durch Verwesung entfernt wurde, zu vergraben.

den Anhaltspunkt, für die Suche nach der Wahrheit und der Geschichte im Orient zu beginnen.

Die Ägyptologen können ein Lied davon singen, wie oft aus Missachtung der Vorgänger oder aus ökonomischen Gründen heraus viele Vorgängerbauten abgerissen wurden und deren Baumaterial in Neubauten aller Epochen integriert wurden. Das taten nicht nur die Pharaonen, sondern bis in das 19. Jahrhundert hinein wurden historische Stätten geplündert, um die wertvollen Sandsteine in die verschiedensten orientalischen Bauten kostengünstig einzubringen.

Da sieht es bei den Pyramiden von Gizeh und Sakkâra schon besser aus. Diese stammen aus dem Alten Reich und zeigen die Verschwendungssucht der Könige oder ihre überdurchschnittliche Frömmigkeit. Aber selbst hier gibt es Beispiele, dass frühere Könige sie als Baumaterial in Memphis einsetzten und reiche Muslime den unvorstellbaren Vorrat an Sandstein in den Pyramiden und dem verfallenen Tempelkomplex von Memphis für Prestigebauten in Kairo nutzen wollten. Dieser Raubbau an Kulturresten hat sich bis in die jüngste Zeit nicht verändert. Eine interessante Studie von Susanne Voß, die sich mit den Sonnenheiligtümern der V. Dynastie beschäftigt, verweist darauf, dass bereits zu Beginn des 20. Jahrhunderts der persönliche Vorteil die Bedeutung der geschichtlichen Reste überwog.[53]

Oft stellte ich mir die Frage, warum der durchschnittliche moderne Ägypter so wenig über die pharaonische Vergangenheit des Landes weiß. Schulklassen besuchen massenhaft die historischen Stätten, aber Selfies im Hypostyle vom Karnaktempel sind wichtiger als die Frage nach dem Sinn der komplexen Anlage. Es ist wie in der ganzen Welt, alle Schüler freuen sich über einen Tag Unterrichtsausfall und nehmen selbst bei

---

53 „Besonders umfangreiche Zerstörungen erlitt das obere Heiligtum, als hier offenbar zwischen 1907 und 1913 viele Blöcke in dünne Kalksteinplatten zersägt worden sind, von denen zu Borchardts Zeiten noch eine größere Anzahl herumlag. Eine dicke Schicht Steinmehl kennzeichnete den Umfang der Zerstörung."

30 Grad Mittagshitze einen Gang in die glorreiche Vergangenheit dankbar in Kauf. Dabei suchen sie nach Touristen, welche bereitwillig ein Selfie über sich ergehen lassen oder von ihnen ein Foto machen. Es dauerte eine Zeit, ehe bei mir „der Groschen fiel" und ich erkannte, dass der arabischstämmige Staatsbürger Ägyptens kein Nachfahre der alten Ägypter, sondern ein Araber ist. Nachdem im 7. Jahrhundert n. Chr. die Araber ihre religiös motivierten Feldzüge in Nordafrika begannen, dominieren sie auch in Ägypten. Es waren aber nicht die Nachkommen des Pharaonenstaates, es waren die Menschen auf der anderen Seite des Roten Meeres, aus deren Mitte auch der Prophet Mohammed kam. Aber auch die koptische Minderheit im Land am Nil, welche sich als Christen bezeichnet, sieht sich nicht unbedingt als Beschützer der pharaonischen Hinterlassenschaften.

Die Wissenschaft hat tatsächlich viele ihrer Erkenntnisse aus den Gebieten rund um Luxor und Karnak gewonnen, ebenso kommen viele Erkenntnisse aus den Ausgrabungen von Abydos, Memphis, *Nechen, Necheb*[54] und Sakkâra dazu. Tausende Wissenschaftler und ihre Helfer sind heute dabei, immer neue Funde zu orten, zu sichern, aufzubereiten und den Erkenntnissen der Wissenschaft zuzuführen. Dabei wird oft an Orten gearbeitet, an die sich kein Tourist verirrt. Diese Grabungsarbeiten benötigen viel Zeit und Geld und müssen immer wieder mit internationaler Hilfe in den Monaten bewerkstelligt werden, wo die Hitze einigermaßen erträglich ist. Sie erstrecken sich seit der Mitte des 19. Jahrhunderts vom Delta bis nach Nubien und ein Ende ist nicht abzusehen. Ab und zu erreichen uns dann die spektakulären Nachrichten, dass neue Gräberfunde mit gut erhaltenen Mumien da und dort entdeckt wurden.

Kehren wir zu den Reliefs auf den Tempelwänden zurück. Wenn wir diese betrachten, so sollten wir daran denken, dass früher der Künstler nicht nach eigenem Ermessen seine Kunstwerke

---

54 Der moderne arabische Name ist el Kab.

gestalten konnte, sondern dass es sich ausschließlich um Auftragsarbeiten handelte, die oft bis zu 30 Personen begutachteten, bevor das Kunstwerk vollendet war. Gleich einem modernen technischen Zeichner, wurde kein einziger Strich durchgeführt, welcher nicht vorab von der Obrigkeit genehmigt worden war; sozusagen eine „Pressezensur" besonderer Art. Man kann kaum auf die Entdeckung eines gut erhaltenen historischen Baudenkmals aus dem Alten Reich hoffen, abgesehen von den geheimnisvollen kleinen Pyramiden[55], für dessen Bedeutung es immer noch keine nachvollziehbare Erklärung gibt und den imposanten Grabmalen der Könige aus dem Alten Reich, den Pyramiden Gizeh bis Sakkâra.

Davon ahnt jedoch der Tourist recht wenig, wenn er auf seiner Reise das Land am Nil besucht und sich dabei etwas Zeit für seine Ausflüge zu den Sehenswürdigkeiten von Kairo, Luxor oder bei einer Nilkreuzfahrt nimmt. Hier stößt er mit einer untergegangenen Kultur und einer verlorenen Sprache zusammen, die nicht nur ihm wie ein Rätsel erscheint. Es kann festgestellt werden, dass schon seit der I. Dynastie primitive göttliche Darstellungen in den Stätten *Abdju* oder *Nechen* existierten, die uns heute eher an Kindermalereien als an hochwertige Kunst erinnern. Damit ist aber auch bewiesen, dass aller Anfang schwer ist und die Übung den Meister macht.

Die altägyptische Götterwelt ist vielseitig und alle Namen sich zu merken, ist ein Ding der Unmöglichkeit. Die Reliefs auf den Tempelwänden stellen meistens Opferrituale dar, damit die Hohepriester auch nicht ein bisschen von der Regel abweichen konnten. Es gibt bestimmte Tagesabläufe oder Darstellungen von Festen, von denen es in Ägypten so viele gab, dass sie sogar in einem Kalender festgehalten wurden, einschließlich der

---

55 Die kleine Pyramide von Kola, nördlich von *Nechen*, ist in einem bemerkenswert guten baulichen Zustand (vgl. meinen YouTube-Kanal „aegyptenhans").

zu diesem Anlass notwendigen Opfergabenlisten. Es gibt aber auch Gottheiten, die man aus nachvollziehbaren Gründen nicht darstellen kann, denn der erst durch den Fürsten Antef in der XII. Dynastie zu Ehren gekommene Luftgott *Amun* ist ein Problemfall für die bildende Kunst. Dafür gab es lebende göttliche Tiere, die zwar in einem engen Zusammenhang zu den Göttern stehen, aber keine Götter sind[56]. Der Erkenntnisse nicht genug, es gab Tier- und Pflanzenkulte sowie heilige Gegenstände[57], die fast jede Gottheit in der Hand hält. Diese heiligen Gegenstände sollen in einfacher Art und Weise magische Kräfte[58] dokumentieren und auf den Träger übergehen, zeigten aber auch die Verbundenheit mit der Natur. So hatte jedes Detail seine besondere Aufgabe und war kein schmückendes Beiwerk. Der aufmerksame Besucher wird erfahren, dass es Götter in Menschengestalt und vergöttlichte Menschen gibt. Dennoch basiert alles auf einem ausgeklügelten und in sich geschlossenem System, welches aus der Religionswiege namens *Iunu*[59] bei Memphis kam, eine heilige Stadt[60], die schon in grauer Vorzeit für immer verschwand. Andererseits haben moderne Ausgrabungen im heutigen Kairo bewiesen, dass über Jahrhunderte hinweg Tempel zu Ehren der Götter bis in die griechische Epoche in Heliopolis errichtet wurden. Das ist jedoch nur ein Aspekt aus dem Wirrwarr der jahrtausendealten Geschichte. So sagte einmal ein kop-

---

56 Beispielsweise in Memphis = Apis-Stier

57 WAZ-Zepter, Isis-Knoten, Ânch-Zeichen, Krummstab aber auch Stöcke, die den „Mann an der Spitze" symbolisieren, abgesehen von einem wahren Sammelsurium von Königskronen (kurioserweise tragen heute junge Männer auf dem Land solche Stöcke noch immer).

58 So hat das WAZ-Zepter den Kopf von *Sêth*, der als einer der „beiden Herren" von Ägypten verstanden wurde.

59 Das On der Bibel, in griechischer Zeit als Heliopolis (Sonnenstadt) bezeichnet.

60 Altägyptische Städte waren nicht anderes als eine „Stätte", an welchen Menschen lebten. Sie war (wahrscheinlich, wie es die Hieroglyphe zeigt) mit einer Stadtmauer umgeben, um die Bewohner vor Überfällen zu schützen. Nach der Mythologie soll sie die erste Stätte auf der Erde gewesen sein, die sich aus dem Urwasser erhob.

tischer Geschäftsfreund zu mir: „Wir wissen alles und nichts! Jede neue Entdeckung kann alles, was wir als Wissen bezeichnen, morgen schon verändern!"

Damit hat er wohl recht, aber trotzdem haben wir moderne Menschen ein Problem, die alte Welt zu verstehen und ohne jedes Vorurteil das Vergangene zu betrachten. In einer schnelllebigen Zeit verschwinden viele persönliche Erfahrungen hinter Datenbanken und theoretischen Modellen und die allgemeine Anerkennung der Wahrheit, welche nach Goethe hieß: „Was man schwarz auf weiß besitzt, kann man getrost nach Hause tragen", wird heute mit „Lügenpresse" und „Fake News" ad absurdum geführt. Selbst hohe Repräsentanten von Staaten und Kirche lügen ohne die geringste Reue, weil alle Informationen kurzlebig erscheinen und morgen schon durch Wichtigeres ersetzt werden. In dieser verrückten Zeit kommen Signale der Entschleunigung aus längst vergangenen Zeiten und verkünden eine Philosophie, die gar nicht mehr in unser Verständnis passen will. Gerade Ägypten ist nicht nur durch seine 6000 Jahre währende Vergangenheit eine geschichtliche „Spezialität", auch eine besondere Form der Religion, weitab von den bekannten Weltreligionen und doch von ihr durchdrungen, muss auch noch überflüssigerweise eine Kommunikationsgrundlage aufweisen, die einer Geheimschrift gleicht.

Einen kleinen Einblick erhalte ich, wenn ich koptische Kloster besuche, weil diese sich zwar als christliche Kultur bezeichnen, aber einige kulturelle Elemente aus der Pharaonenzeit in unsere Moderne retteten. Beispielsweise weisen die Klosterneubauten in abgewandelter Form noch immer die riesigen Eingangs- und Nebentore auf, wie sie in alten ägyptischen Tempeln einst das Innere vor den Gefahren der Welt beschützen sollten. Damals aus Holz errichtet, sind sie längst verschwunden, aber eine Vorstellung von deren Mächtigkeit vermitteln die Tore der Koptenkloster noch heute.[61]

____

61 vgl. Bild nächste Seite

So müssen wir uns nicht wundern, wenn Ägypten immer mehr zu Disney World verkommt, weil die Pauschaltouristen den Ursprung der Geschichte nicht erkennen, sondern ein paar schöne Stunden zwischen Frühstück und Mittagessen dazu verwenden, Selfies und Videos für die Daheimgebliebenen als erbauliche Abwechslung in den regnerischen Alltag der Heimat zu senden.

Das ehemalige Reich der Pharaonen hätte mehr als das verdient!

Abbildung 2:
Nebentür eines
koptischen Klosters
(12 Meter hoch)

UNBEKANNTE WESEN AUS EINER FERNEN ZEIT

Wo soll man in der Geschichte eines unbekannten Landes beginnen, wenn sich viele Informationen widersprechen? Schon allein das „Stochern im historischen Nebel" der Könige des Landes Ägypten, Anzahl und Namen ergeben ein abendfüllendes Programm, und bis heute kann niemand behaupten, dass er die richtigen Antworten auf alle Fragen weiß. Die nachträgliche Benennung der längst verblichenen Oberhäupter des/der Landes/Länder ist so fantastisch, dass es keinesfalls dem deutschen Ägyptologen Lepsius als Nachteil anzurechnen ist, dass er Dynastien von Göttern und Halbgöttern in seinem Königsbuch berücksichtigte. Wir bezeichnen heute diesen Vorgang als ägyptische historische Chronologie, welche sich zu Beginn an den sogenannten „Königslisten" orientierte. Weiterhin waren antike Schriften ein guter Leitfaden, um Neues mit Altem zu vergleichen. Ein Beispiel soll anhand des Königsbuches von C. Richard Lepsius aus dem Jahre 1858 bezeugen, wie schwer der Anfang war. Die synoptischen Tafeln der ägyptischen Dynastien beginnen mit den Mythischen Dynastien I. (7 Götter) und II. (12 Götter).

I. Dynastie (7 Götter)		
Zeitreihe der Götter	**Namen**	**Herrschaftszeiten**
	1. Hephaistos	9000
9001	2. Helios	1000
10001	3. Sos	700
10701	4. Kronos	500
11201	5. Osiris	450
12651	6. Typhon (Sêth)	350
12001	7. Horus	300
-12301		**12300**

II. Dynastie (12 Götter)		
Zeitreihe der Götter	**Namen**	**Herrschaftszeiten**
	1. Hermes	280
12301	2. Anubis[62]	200
12584	3. kein Eintrag	180
12701	4. kein Eintrag	100
12961	5. kein Eintrag	120
13061	6. kein Eintrag	100
13181	7. kein Eintrag	120
13401	8. kein Eintrag	100
13501	9. kein Eintrag	100
13601	10. kein Eintrag	100
13701	11. kein Eintrag	100
13801	12. Bitis	70
–13871		**1570**

Nach den uralten Unterlagen folgte in dieser Reihe die Dynastie der 30 Halbgötter[63] in 30 Sothisperioden[64]. Es ist keine Besonderheit in Ägypten, denn in vielen Naturvölkern geht man grundsätzlich von der Herrschaft der Götter in einer nicht näher bezeichneten Vorzeit aus. Diese Annahme erklärt sich wie

---

62 *Anubis* = im Altägyptischen als *Anpu* oder *Inpu* bezeichnet, bedeutet, der „Kronprinz in Binden". Es geht bei dem Namen um die Verhüllung des Kindes durch *Nephthys* für Isis vor der Rache des Vaters. Er wird auch als am Pfahl hängender Balg dargestellt, *Anpu*, in der mythischen Königsliste II von Lepsius wird er die Nummer II.; also nach *Horus*.

63 Gezeugte Kinder mit einem Gott waren nicht so selten in den Königshäusern anzutreffen, denn selbst die Königin *Hat-schepsut* wollte die Tochter von *Amun* sein. Rein konsequent müsste Jesus auch als Halbgott bezeichnet werden, denn seine Mutter Maria empfing nach Bibeltexten das Kind ohne sexuelle Beziehung (unbefleckte Empfängnis) zu ihrem Mann Josef.

64 Die Sothisperiode ist der Zeitraum, den der hellste Stern am Himmel in ca. 1424 Jahren benötigt, um einmal den angewendeten 365-Tage-Kalender im Alten Ägypten zu durchlaufen. Der Aufgang dieses Sterns, auch Sirius, Hundsstern genannt, war für die Menschen von besonderer Wichtigkeit, weil mit ihm das große ägyptische Neujahrsfest kalendarisch verbunden wurde, und den Beginn der Überschwemmung ankündigte.

folgt: Erst lebten die Götter und diese schufen dann die Menschen nach ihrem Ebenbild.

Was soll man denken, wenn in den lokalen Aufzeichnungen von der Herrschaft der Götter und Halbgötter geschrieben steht? Solange man es nicht besser wusste, musste man erst einmal an den Wahrheitsgehalt der Informationen glauben, denn jeder Tag brachte neue Erkenntnisse und irgendwie musste einer den Pflock in den Boden schlagen und einen Punkt fixieren.

Im Nachgang ein Ereignis zu erklären, für das es keine Beweise gibt, ist so lange einfach, bis Fakten „die Geschichte in einem neuen Licht erscheinen lassen". Wir sagen, dass die ägyptischen Schriftzeichen angeblich auf den König *Menes/Nar-Mer*[65] zurückgehen sollen, wir sagen, dass eine „Stadt" gegründet wurde und vergessen dabei, welche Voraussetzungen die Gesellschaft erfüllen muss, um überhaupt Schriftzeichen zu entwickeln und eine Stadt entstehen zu lassen. Eine Bevölkerung, die ausschließlich zu den Jägern und Sammlern, später auch Ackerbauern gehört und einen bescheidenen Handel treibt, welcher aus den Überschüssen der landwirtschaftlichen Produktion stammt, lässt nicht nebenbei eine „feste Stätte mit einer Umfassungsmauer" entstehen, denn eine Mauer stellt eine Verteidigungsanlage dar und benötigt sehr viele materielle Aufwendungen und Arbeitskräfte, die letztlich der Landwirtschaft oder handwerklichen Produktion entzogen werden. Folglich müssen Reichtümer verteidigt oder vor Feinden geschützt werden. Maspero schreibt, indem er sich auf Mesopotamien bezieht, welche „Schätze" Städte beherbergen:

„In frühen Zeiten muss es ähnlich aussehen wie die
Zentralheiligtümer von Chaldfea: ein Hügel aus rohem
Ziegel bildete den Unterbau von den Wohnungen der
Priester und des Hauses des Gottes, der Geschäfte für

---

65 Er lebte in der Frühdynastischen Epoche, ca. 3150–3050 v.Chr., seine Regierungszeit ist unbekannt.

*die Opfergaben, die Schatzkammer und die Wohnungen
zur Reinigung oder zum Opfern, während das Ganze von
einer Zikkurat überragt wurde. Auf anderen benachbarten
Plattformen stiegen der königliche Palast und die Tempel
geringere Gottheiten zum Himmel empor, die über der
Masse privater Behausungen lagen. Die Häuser der
Menschen waren eng um diese stattlichen Bauten errichtet,
auf beiden Seiten der schmalen Fahrspuren. Eine massive
Mauer umgab das Ganze und versperrte den Blick auf alle
Seiten; sie lief sogar am Ufer des Euphrat entlang, aus
Angst vor einer Überraschung und schloss die Bewohner
vom Anblick ihres eigenen Flusses aus.“*

Wir können also eindeutig erkennen, dass Schrift und Städtegründung erst in einer Zeit erfolgen konnten, als das Land eine hohe Organisation besaß, deren ökonomischer Überbau auch ernährt werden konnte. Hatte der Clanchef einen Stock, mit dem er sich verteidigen und seine Macht demonstrieren konnte, so mag er Ersteren vielleicht selbst hergestellt haben, Feuersteinmesser oder Töpferwaren waren bereits eine Spezialisierung im Handwerk und erforderten viel Geschick. Und da stehen wir vor einer wichtigen Erkenntnis: Wer im Gedächtnis der Menschheit bleiben will, muss etwas erschaffen, was eine Beständigkeit aufweist! So eine mythische Figur war in Mesopotamien Gilgamesch[66], der zwei „Leuchttürme der Geschichte“ im Zweistromland von bleibendem Ruhm schuf: die Schrift und die Stadtmauer von Uruk. Es erscheint wie ein Déjà-vu, wenn *Menes/Nar-Mer* angeblich die Schrift in Ägypten erfand und die Stadt Memphis gründete, doch zuvor leitete er den Nil um, damit das Feuchtgebiet durch die Stadt Memphis besiedelt werden konnte. Also kann es gut möglich sein, dass beide Personen nur ein Mythos

---

66 Gilgamesch steht in der sumerischen Königsliste als ein früher König
   von Uruk. Er ließ die Mauer von Uruk etwa um 3000 v. Chr. errichten
   und soll die Schrift erfunden haben.

sind, um einen Vorgang zu erklären, welcher hinter dem grauen
Schleier der Vorzeiten liegt. Durch die Schrift und die großartigen Taten blieben beide Könige in der Geschichte unvergessen.

Griechische Autoren verwiesen darauf, dass es in der Vorzeit
üblich war, Menschen nachträglich einen Namen zu geben, welchen er niemals im wirklichen Leben besaß. Dieser sogenannte
Zusatzname weise auf bestimmte persönliche Attribute hin, wie
wir sie beispielsweise aus der Antike (Alexander der Große) oder
dem Mittealter kennen: der Starke, Löwenherz usw. Diese Zu-
satznamen hat Ägypten hervorragend praktiziert, denn Heinrich Brugsch wies nach, dass die ersten schriftlich erwähnten
Könige über martialische Namen verfügten:

> *„… Somit ist Menes ‚der Beständige‘; Teta ‚der Zerstörer‘,
> Ka-kau ‚der Stier der Stiere‘, Senta ‚der Schreckliche‘, Huni
> ‚der Hauer‘ (im Bergwerk) …“*

Der Name „*Nar-Mer*" ist auch als „schlimmer Wels" zu lesen und
nicht gerade vertrauenserweckend, zumal diese Wasserbewoh-
ner bis zu 3 Metern Länge erreichen und selbst Menschen ver-
schlingen konnten. Es wäre wohl zu kurz gedacht, würde man
sich vorstellen, dass *Nar-Mer* angewiesen hätte, die Schriftzeichen zu erfinden, oder dass er sie gar selbst erfand. Vielmehr
kam es durch die gesellschaftliche Entwicklung zu Verständi-
gungsschwierigkeiten, denen die Schriftzeichen entgegenwir-
ken konnten. Meines Erachtens (M. E.) ging es vorrangig um
dauerhafte Übermittlungsgrundlagen, welche nicht interpretiert werden konnten. Die ersten Schriftzeichen waren Bilder,
die jeder ohne Bildung erkennen konnte. Vielleicht sogar noch
vor den ersten Schriftzeichen entstanden sogenannte „Topf-
marken", welche im Warenaustausch zur Kennzeichnung der
Inhalte in Gefäßen Verwendung fanden, doch war das keine
Hieroglyphenschrift. Verschiedene Experten gehen davon aus,
dass es keine „Vorstufe" der Schrift gab und sie in der I. Dynastie zum Gebrauch entwickelt wurde.

Abbildung 3: Nar-Mer=Palette (Kopie) Seite A

Abbildung 4: Nar-Mer=Palette (Kopie) Seite B

85

Bestimmte Zeichen wurden von der Realität in die Schriftzeichen übertragen. Scharff bildete für einen von ihm 1942 gehaltenen Vortrag in München sieben Schriftzeichengruppen:

1. *Zeichen, die sich auf den Haus-, Tempel-, Grab- und Stadtbau sowie auf Einrichtungsgegenstände beziehen.*
2. *Schiffe.*
3. *Waffen für Kampf und Jagd.*
4. *Geräte des Bauern und Handwerkers; Stäbe und Szepter.*
5. *Gefäße aus Stein und Ton.*
6. *Zeichen, die mit dem Schreiben selbst und mit dem Siegeln zusammenhängen.*
7. *Verschiedene Zeichen.*

Das alles konnte nicht von jedermann erstellt werden und zeigt mir eindeutig, dass hier bereits eine fortgeschrittene Arbeitsteilung vorhanden war, die Stätten voraussetzte, die auch die wissenschaftlichen Grundlagen dafür boten. Bei der Betrachtung der Nar-Mer=Palette aus der I. Dynastie sind schon in den bildlichen Darstellungen die Hieroglyphen sichtbar. Der Tempel wird noch als eine Hütte mit Naturmaterial[67] dargestellt, Häuser sind rechteckige Mauern, Städte[68] werden mit ihrer Umfassungsmauer aufgezeichnet, der Wels in seiner charakteristischen Form usw. Auf der Seite B kann man bereits die Kombination der Schriftzeichen sehen (Nar-Mer-Zeichen vor dem König) und darüber (Nar-Mer-Zeichen im Palast), also er ist der König. Unten rechts wird der König symbolisch als der „starke Stier" gezeigt, wie er die Stadt des Gegners verwüstet. So kann man, wie heute mit Piktogrammen, auch Schriftunkundigen

---

67 Erst kam der Rohrhüttenbau, später wurden die Flechtwerke mit Lehmklumpen ausgefacht und stabilisiert und schließlich Nilschlammziegel.
68 Dieser heute gebräuchliche Begriff ist in jener Zeit noch nicht gerechtfertigt, denn es handelte sich um bewohnte Orte, die mit einer festen Mauer umschlossen waren. Es bleibt offen, ob dieser Wall bereits zu Verteidigungszwecken im Kriegsfall errichtet wurde.

eine Schilderung der Ereignisse geben. Das eine bedingt das andere und so werden die Residenzen mit ihrem Haupttempel zum Zentrum der Wissenschaft. Immer mehr Spezialisten sorgen für Veränderungen auf den Gebieten Steuern, Abgaben, Handel, Religion und auch der Ausbau der Zeremonien und der Wissenschaft schreitet voran. Aber dieser geistig tätige Überbau muss ernährt werden und das wiederum bedingt eine Ertragssteigerung in der Landwirtschaft und Tierzucht. Dazu wurde wieder die Wissenschaft, beispielsweise die Astronomie, benötigt, um den Kalender zu erstellen, die Zeit der Aussaat und der Ernte festzulegen. Wir nutzen noch heute das Sechsersystem[69] aus dem Orient, welches in Ägypten zur Zeitrechnung herangezogen wurde.

Die Schrift war schließlich bis zur II. Dynastie im Land verbreitet und hatte in allen Bereichen ihre Zeichen gefunden. Sie wurde immer konkreter und schon in Unter- und Oberägypten unterschieden, ebenso gab es für verschiedene religiöse Feste unverwechselbare Zeichen, wie für die Götter und deren Kapellen und Attribute. Ich will an dieser Stelle den Punkt abschließen, weil es eine Grundlage der nächsten Entwicklung war, aber keinesfalls Anliegen des Buches, hier noch weiter in die Tiefe zu gehen.

So spiegelte sich in der Schrift das tägliche Leben wider, bis sie immer mehr zu einer „Eliteschrift verkam". Da kann ich mit einem fast aktuellen Beispiel aufwarten. Als ich 2012 durch die Straßen von Ägypten fuhr, sah ich Wahlplakate mit den Gesichtern der Kandidaten, ihren Namen darunter und dann kam, wie sonst bei einem Volk mit vielen Analphabeten, die Abbildung von einem Gewehr, einem Ball, einem Baum, einem Krug usw., damit am Wahltag der Wähler seinen Kandidaten auf dem Wahlzettel wiederfand. Das war für mich äußerst nachvollziehbar. In den Neubaugebieten der ehemaligen DDR waren an jeder

---

69 4 x 6 Stunden hat der Tag; 360 Tage das Jahr plus 5 Tage Epagomenen; auf Griechisch „die Nachfolgenden" usw.

Haustür kindgerechte Symbole angebracht, damit die Kleinen den Weg in das richtige Haus fanden. So hat sich die Bildschrift bis in die Moderne erhalten.

Mit der Wissenschaft kam die Spaltung in das Land. In der wort-wörtlichen Bedeutung „Wissen schaffen" wäre es nicht zum Problem geworden, doch gleichzeitig kam dadurch das Geheimnis[70] in die Welt. Wer mehr weiß als die anderen, ist klar im Vorteil, noch besser: Wer mehr und früher etwas weiß, als alle anderen, besitzt Macht! So können wir uns gut vorstellen, dass die so-genannten Weltweisheiten, solange sie jedermann zugänglich waren, nicht für Ungleichheit sorgten. Erst mit der Erkenntnis über die Naturgesetze und deren praktischen Erscheinungs-formen wurde die Grundlage der Manipulation im Interesse der Herrschenden geschaffen. Solche Geheimnisse werden wir später noch viele finden, wie die stets verschlossene Bundesla-de, das Allerheiligste in den Tempeln mit dem verschlossenen Naos, die wundersamen Mythen, die zur Geschichte umgedeu-tet wurden und somit vieles erklären sollten, wofür es bisher keine schlüssige Antwort gab. Zwischen den Anfängen und der Moderne liegen ca. 7000 Jahre, welche eine Grundlage schu-fen, die weder schriftlich noch architektonisch erfasst werden kann. Das trifft für die ägyptische Götterwelt genauso zu wie für die anderen Kulturkreise mit ihren himmlischen Geistern und Erscheinungen, denen plötzlich ein fester Platz in der Welt zugewiesen wurde. Ist es ein Wunder, wenn die Wissenschaftler der ersten Stunde im Land am Nil erst einmal alles für möglich hielten? Sie waren die Blinden in der dunklen Nacht und wur-den zu Sehenden mit geschärften Blicken bis zum Horizont. Eine ungeheuer interessante Frage nach der Herkunft der am Nil lebenden Menschen hat zwar die Betroffenen nicht interes-siert, dafür aber die Wissenschaftler. Vielleicht auch durch For-

---

70 Das Wort „Mysteres" soll von den Phöniziern abstammen, welches die Griechen übersetzten und modifizierten.

schungsergebnisse von Petrie, de Morgan, Schweinfurth[71] und Wiedemann, die sich u. a. den Rassen und deren Zuwanderung und Begräbnisritualen mit sehr dramatischen Ergebnissen zuwandten, deren Auswirkungen ich nur ansatzweise an den entsprechenden Stellen streifen will.

Die Machtsysteme sowohl des Staates als auch der Religion haben sich im Laufe der Jahrtausende dem Grunde nach kaum verändert. Neue Rechtssysteme und erstarkte Herrschaftsansprüche erforderten neue Begründungen dafür. Ägypten hat eine besondere Stellung in dieser gesellschaftlichen Entwicklung eingenommen, da hier ein Großreich geschaffen wurde, sich ein einziger Herrscher als der Oberste aller Führer im vereinigten Land etablierte und als starke Macht gegenüber den Nachbarn auftrat, begleitet von einer „Staatsreligion", die jedoch dem Volk erst einmal nähergebracht werden musste. Starke Herrscher brachten dem Land wirtschaftlichen und sozialen Fortschritt, schwache Herrscher führten Großreiche in den Ruin. Damals kämpften die Nationen um durchsetzungsfähige Machtansprüche gegenüber ihren Nachbarn. Die Besiegten lieferten dauerhafte Tribute und Arbeitskräfte an den großen Sieger. Heute sind es Öl- und Gasreserven im Erdboden, die zu Kriegen führen. Handel bringt Wandel und Sklaven bringen Reichtum für den Herrn. Betrachte ich die ganze geschichtliche Entwicklung ohne jedes Vorurteil, erkenne ich, dass die wesentlichen Verhaltensmerkmale der Menschen über Jahrtausende fast gleich geblieben sind. Der Mächtige gab und gibt die politische oder ökonomische Richtung vor und unterstützt seine

---

71 Georg August Schweinfurth wurde am 17. Dezember 1836 in Riga geboren und starb am 19. September 1925 in Berlin als russisch-baltendeutscher Afrikaforscher.

Position mit einer für seine Verhältnisse angepassten Ideologie[72], die man getrost als militärische oder ökonomische Dominanz oder auch Religion bezeichnen kann. Das an den Tag gelegte Verhalten der Menschen kommt nicht von ungefähr, denn auch der moderne Mensch ist ein Produkt seines animalischen Ursprungs und seiner Umwelt. Schon dieser Umstand reicht aus, dass sich Moral und Sitte nur über unendlich lange Erkenntnisprozesse, sehr oft auch unter schmerzhaften Erfahrungen, in das menschliche Gehirn eingebrannt haben.

Machtstreben und der dem Menschen innewohnende Wunsch nach Reichtum waren immer vorhanden; ob die Person die Gelegenheit dazu bekam und ob sie den Ideenreichtum besaß, diese Chance zu ihrem Vorteil zu nutzen, entscheidet sie selbst. Viele gehen davon aus, dass die herrschende Klasse besonders skrupellos mit den ihnen zur Verfügung stehenden Möglichkeiten vorgeht, doch muss der Einzelne erst einmal die Macht erringen, ehe er ein Herrscher wird. Es ist m. E. eine Mär vom ehrlichen, liebevollen und den Versuchungen entsagenden Menschen. Es kam vorerst auf den allgemeinen Reichtum an. Mehr zu besitzen als der andere, mehr Vieh, mehr Frauen, mehr Kinder, mehr fruchtbaren Boden usw., stand für Respekt bei den Artgenossen. Es war aber auch die Grundlage für Unabhängigkeit und Sicherheit in der realen Gemeinschaft. Eine Familie mit

---

72 Ideologie ist eigentlich eine „Ideenlehre", welche eine Weltanschauung vertritt. Wie bereits darauf verwiesen, musste nach der „Vereinigung der beiden Länder" eine neue Weltanschauung entwickelt werden, die den Machtanspruch der herrschenden Klasse begründet. Nach Marx und Engels handelt es sich dabei um „Ideen und Weltbilder, die sich nicht an Evidenz und guten Argumenten orientieren, sondern die darauf abzielen, Machtverhältnisse zu stabilisieren oder zu ändern". Da zu dieser Zeit eine Monarchie in Ägypten vorherrschte, mussten Entscheidungen und Handlungsweisen durch den König oder die Priesterschaft nicht begründet werden. Das sogenannte Zugehörigkeitsgefühl zu einer Gruppe, gab es folglich nur am königlichen Hof und in den Tempeln, und m. E. selbst in den Priesterschaften der einzelnen Tempel existierten widersprüchliche Standpunkte zur Umsetzung der Ideologien.

einer Anzahl von über 100 Personen war ein ernstzunehmender Nachbar. Schon alleine die zahlenmäßige Überlegenheit des Nachbarn ließ die Konflikte sehr schnell zugunsten des Stärkeren beenden. Für das Ansehen gegenüber den anderen Mitgliedern der Gruppe ist in jeder Hinsicht die Machtfrage entscheidend und Autorität sollte nicht unterschätzt werden. Die Schärfung der Sinne und ihre Flexibilität waren besser als materieller Reichtum! Wer zuerst den Löwen sah, konnte sich auf ihn einstellen und er wusste, wer wegläuft, ist Futter für das wilde Tier. Wer ihn zu spät sah und schnellen Fußes vor ihm flüchtete, sah als Letztes in seinem Leben das aufgerissene Löwenmaul und spürte die Krallen der Tatze in seinem Rücken. Die natürliche Selektion hatte aber auch Vorteile, denn es überlebten die Geschickten und Schlauen, kranke, missgebildete[73] und lebensunfähige Personen konnten ihre Gene nicht weitergeben. Es ist nicht ausgeschlossen, dass missgebildete Neugeborene am Weiterleben gehindert wurden. Für diejenigen, welche eine starke Position im System erreichten, sind Gesetze nur für den Schutz ihres einmal erreichten Wohlstandes und ihrer Macht vorhanden. Denn es war schon immer so, der Starke gibt den Ton an und die anderen müssen ihm folgen, gegen ihn kämpfen und gewinnen oder verlieren und sterben. Nachsicht und Humanität? – Fehlanzeige! Damit war auch klar, dass der Schamane unter Umständen mehr Gruppeneinfluss hatte als der Dorfälteste oder er war beides in Personalunion. Magie war die Zauberformel aus einer „unbekannten Welt". Schwarze Magic wurde allerorts gefürchtet und unzählige Fetische sollten davor schützen.

---

73 In der späteren gesellschaftlichen Entwicklung Ägyptens werden jedoch Zwerge sehr beliebt und anderweitig missgebildete Menschen werden sogar als „Kinder des Ptah" bezeichnet und geschützt, wie im Mittelalter die Buckligen, die dem, welcher über ihren Buckel streichen durfte, Glück bringen sollte.

Abbildung 5: Kriegstänze auf einem Relief im Tempel der Hat-schepsut

Es war die Zeit der Zauberer, Magier, Traumdeuter und Seher. Wer sich mit ihnen gut stellte, hatte nichts zu befürchten, wer selbst dieser Gruppe der Auserwählten angehörte, hatte für immer ausgesorgt, bis ein anderer ihm seine Führungsrolle streitig machte. Es war die Zeit vor der Zeit, es war eine Welt, die unterging, als die Geschichte begann. Es gehört nicht viel Fantasie dazu, um zu verstehen, wie das Leben in grauer Vorzeit in Clans vonstattenging, denn was Humanität[74] bedeutet, ist keine Frage der Auslegung. Nur ist es für uns aus heutiger Sicht schwer, den Beweis dafür anzutreten, ob nicht gerade die Vor-

---

74 Humanität bedeutet, „was den Menschen vom Tier unterscheidet".

machtstellung des Menschen daherkommt, dass er dank seiner Intelligenz die tierischen Instinkte und Verhaltensmuster abschaute, übernahm, perfektionierte und zu seinem eigenen Vorteil nutzte. Selbst heute haben wir noch ein Sprichwort aus der Heiligen Schrift, das den Nagel auf den Kopf trifft: „Unter den Blinden ist der Einäugige König!"

Meiner Meinung nach ist es auch kein Wunder, dass besonders die Wildtiere, wie Schlangen, Wildstier, Löwe, Krokodil und das Nilpferd, vom frühen Menschen sowohl mit Bewunderung als auch mit höchster Angst beobachtet wurden. Wer damals seinen Fleischkonsum stillen wollte, musste nicht nur stark wie ein Stier, mutig wie ein Löwe und ausdauernd wie ein Krokodil sein, sondern er musste auch die kämpferische und fürsorgliche Liebe einer Nilpferdmutter empfinden, um seinen Nachwuchs durch diese raue Zeit zu bringen. Dabei bleibt es der Fantasie des Lesers überlassen, welche dieser Tiere damals auf der menschlichen Speisekarte bevorzug wurden.

Es scheint nur ein kleiner Schritt gewesen zu sein, der zwischen Angst und Anerkennung für diese mächtigen Tiere bestand. Die Gruppierung in gute und böse (Tier-)Götter kam erst in einer Zeit, wo Priesterschaften die Religion zum Mittel der Verehrung der „himmlischen Geister", aber auch zur „Lenkung" des Volkes nutzten. In diesem Zusammenhang muss noch nicht einmal der Anbetungswille einer Religion aus unserer heutigen Sicht in diesem Verhalten existiert haben, aber auch Hochachtung und Respekt können der Auslöser einer solchen Entwicklung sein, ebenso die Dankbarkeit, ein ausreichendes Essen für den Clan beschafft zu haben. M. E. war es eine naive und sehr ehrliche Form der Verehrung der Geister in einer lebensfeindlichen Welt, die aus der Vorzeit den Menschen innewohnte. Die Wüste am fernen Horizont machte das Überleben auf Dauer praktisch unmöglich. In der Savanne gab es Möglichkeiten, den Tieren nachzustellen, doch es drohte Ungemach in jener Zeit. Solange alle Menschen als Nomaden durch Savannen und Fruchtland zogen, bestand eine relative Gleichheit im Lebensstandard, da diese von der Strategie und dem Erfolg

beim Jagen und von den fruchthaften Beständen der wilden
Herden abhing. Jüngste Entdeckungen von Tempelanlagen in
Südanatolien veranlassen heute Wissenschaftler noch einmal
darüber nachzudenken, ob nicht nur Sesshafte, sondern auch
Nomadenvölker feste Zentren der Anbetung ihrer Götter besaßen. Dennoch sind sich die Wissenschaftler darüber einig,
dass der Übergang vom Jäger und Sammler zu einer sesshaften
Lebensweise ein dramatischer Prozess war. Jäger konnten sich
auf ihrer Suche nach Beute notwendigerweise zur Konfliktver-
meidung aus dem Weg gehen oder gemeinschaftlich jagen. Ein
einmal sesshaft Gewordener erhob gleichzeitig Anspruch auf
sein nun besetztes Territorium und musste es unter Umständen mit seinem eigenen Leben verteidigen. Es entstand zum
ersten Mal in der Geschichte der Wandel vom freien Gut „Land"
zum „Eigentum an Grund und Boden". Die Sesshaften waren
anderen jahreszeitlichen Bedingungen unterworfen als die Jäger. Der Landmann musste sich an der für ihn neuen Erscheinung der Nilschwemme orientieren, der Jäger wanderte dem
Wild hinterher. Mit fortschreitender Ausbreitung der Sesshaf-
tigkeit kam es zur Landnahme für den Lebensunterhalt auch
in Feuchtgebieten oder Flusstälern. Auch hier war bereits die
Tierwelt vorhanden. Abgesehen von Fischen, die zum Lebensunterhalt beitrugen, lebten dort auch Schlangen und Skorpio-
ne, die Feuchtgebiete für ihr Überleben suchten. Mensch und
Tier wurden nun zu Feinden im Moment der Nahrungssuche,
jetzt ging es um permanente Auseinandersetzungen, denn die
angestammten Lebensräume der Tiere wurden zu Territorien,
auf die der Mensch Anspruch erhob.

Diese Veränderung im gesellschaftlichen Verhalten musste
zwangsläufig zu Macht, Krieg und vermehrtem Eigentum führen. So bildeten sich weltweit immer stärkere Clans heraus, die
über die Voraussetzungen der Machtergreifung verfügten. Macht
und Territorium mussten erhalten bleiben; so kam es zu mächtigen, wohlhabenden Familien, die ihre „Vorteile" von Generation zu Generation weitervererbten und keine „Einmischung"
von außen duldeten. Um ihr Eigentum zu schützen, entstanden

im vorderen Orient befestigte Orte, in welche man sich notfalls bei einem Angriff zurückziehen konnte. Diese mit „festen Mauern" umgebenen Menschenansiedlungen erforderten nun einen Kommandanten, kampferprobt und mit dem Charisma ausgestattet, eine Gruppe von unerfahrenen Menschen auszubilden und siegreich in die Schlacht zu führen, mindestens jedoch diesen Ort erfolgreich zu verteidigen.

Als Manetho[75] später die Könige in 31 Dynastien[76] einordnete, waren es tatsächlich keine anderen als die bisherigen wohlhabenden Familien, welche mit ihren gesamten Sippen die Macht im Lande anstrebten. Sie waren über ihre Stammesgrenzen hinausgewachsen und traten in das Land hinein, um es sich mit aller Gewalt anzueignen. Die bisherigen Scharmützel zwischen den einzelnen Clans erhielten eine neue Qualität, indem es nun nicht mehr nur um Nachbarschaftskonflikte lokalen Ausmaßes ging, sondern hier begann die Gier, das ganze Land zu besitzen und auszubeuten. Diese Kämpfe wurden sehr hart auf Leben und Tod ausgetragen. Manchmal reichte es aus, schwache Nachbarn zur Unterwerfung und nach Mafiamanier zu Abgaben zu zwingen, manchmal mussten die Waffen entscheiden und damit herrschte der Frieden des Friedhofs, so lange es dem Mächtigeren gefiel. Das ist jedoch nur die halbe Wahrheit über die Kräfteverteilung im frühen Land, welches wir heute als Ägypten bezeichnen.

---

75 Altägyptisch: Manethoth (Wahrheit des Thot), Priester in Memphis zur Ptolemäischen Zeit ca. 250 v. Chr., weder Geburts- noch Todesdatum sind überliefert
76 Dynastien = Familienhäuser, Herrscherhäuser

Abbildung 6: Gräber von Nubt in der einstigen Nekropole der Noblen

Ich selbst hielt mich tagelang in dieser Gegend auf, *Naqada*, *Tuch* (Ombos) und *Ballas* sind Orte mitten im „Nirgendwo" auf der Westseite des Nils, deren Besiedlung bis in die vordynastische Zeit als Quellen des Lebens und der Information nachgewiesen wurden. Wir lieben die politische Korrektheit und hören es nicht gerne, dass wir zu unserer heutigen Lebensart über Jahrmillionen hinweg uns aus dem Tierreich emanzipierten, dass wir noch heute animalische Triebe in unserem Verhalten zeigen können, wenn die Gelegenheit uns dazu veranlasst. Das setzt natürlich auch voraus, dass alle Verhaltensweisen, die wir bei hoch entwickelten Tieren beobachten können, auch für unser Leben einmal von Bedeutung waren.

Die Wahrheit bezüglich unserer Vorfahren sieht anders aus, auch wenn sie für unsere Spezies nicht schmeichelhaft erscheint. Gleich den Tieren war der Kannibalismus aus den unterschiedlichsten Gründen weit verbreitet. Dem Toten war es letztlich egal, ob er aus Ehrfurcht, Rache oder Hungersnot die Speisekarte bereicherte. Selbst bei Raubtieren wird der Kannibalismus als eine seltene Ausnahme gesehen, ist aber nicht ausgeschlossen. So ist es nicht verwunderlich, dass Forscher in der alten Welt immer wieder auf Rituale der Menschen stoßen, die zu Ehren ihrer Götter Opfer brachten und nicht zuletzt auch Menschenopfer. Nicht nur die urbanen Völker in Schwarzafrika oder in der Inselwelt des Pazifiks aßen nach beendeten kriegerischen Auseinandersetzungen ihre Feinde auf, um die Kraft dieser Feinde auf sich selbst übergehen zu lassen, auch in Europa finden Forscher immer wieder eindeutige Anzeichen dafür, dass der Glaube an die Götterwelt mit bestialischen Opferhandlungen verbunden war. So können wir mit Fug und Recht voraussetzen, dass im Alten Ägypten sich Gleiches abspielte, obwohl wir glauben wollen, dass gerade der Ägypter ein besonders intelligenter und würdevoller Vertreter der Menschheit war. Wenn auch Autoren annehmen, dass in Inschriften nicht auf Blutfehden hingewiesen wird, beweist das für mich gar nichts. Ich muss mir nur die *Nar-Mer=Palette* anschauen und erkenne sofort das Gegenteil! Hier werden die toten Feinde kopf- und penislos den Göttern angeboten. Offensichtlich ist das 20 Kilogramm schwere Prunkstück als Schminkpalette nicht für die Frisierkommode gedacht, hier geht es um die Dokumentation eines geschichtlichen Ereignisses. Und damit die Sache recht „geschmackvoll" wird, wurde der abgeschnittene Penis den Männern auf den Kopf gelegt oder in den Mund gesteckt. Es weht von dieser Darstellung ein besonderer Hauch von „grauer Vorzeit mit ihren barbarischen Sitten" und der neuen Stellung des Königs zu uns herüber. Wir sollten aufhören, mit unseren heutigen Maßstäben von Moral und Sitte an die Dinge heranzugehen, denn zu der damaligen Zeit waren Barbarei, Vergewaltigung, Versklavung der Besiegten und Kannibalismus m. E. eher an der Tagesordnung als Gnade und edle Rücksichtnahme.

Man sagt, es sei nicht ratsam, den Menschen mit dem Tier zu vergleichen, doch je weiter wir in der Geschichte zurückschreiten, desto mehr Parallelen kann ich entdecken, die sehr wohl der Tierwelt abgeschaut sind. Wer täglich mit wilden Tieren lebt und ihr Verhalten studiert, hat viele Erkenntnisse darüber gewonnen, welche Taktiken anzuwenden sind, um auch in seinem Alltag ausreichend Nahrung für sich und seine Familie zu erjagen. Wer ein Löwenrudel bei seinen Tagesabläufen betrachtet, wird überrascht feststellen, welche Hierarchie in dieser Gruppe existiert und welche ausgefeilte Taktik die Weibchen bei der Jagt anwenden. Der „König der Tiere" selbst tut das, was Männer heute immer noch gern tun: sich vor der Arbeit drücken, die größte Portion Essen einfordern, jede Gelegenheit für ein sexuelles Abenteuer nutzen und den Herrscheranspruch bis auf das Blut verteidigen. Nur wer reiner Abstammung im Löwenrudel ist, hat eine Chance auf Zukunft. Nicht umsonst wird der neue Löwenmann, der den Harem übernimmt, alle Löwenjungen seines Vorgängers totbeißen, um einerseits die Löwinnen wieder trächtig zu machen und andererseits sein reines Blut in der Gruppe zu bewahren. Aber der Kampf um die Macht ist unerbittlich. Der König der Savanne kämpft um die Macht, aber auch er wird eines Tages von jüngeren Rivalen getötet oder, falls er Glück hat, nur davongejagt. Was bei Löwen funktioniert, gilt beispielsweise auch bei den Hyänen, Elefanten oder bei den Pavianen. Innerhalb des Hyänenrudels hat sich eine Herrschaft der weiblichen Tiere als sehr effektiv entwickelt und die Männchen leben entweder in eigenen Gruppen oder streifen bis auf die Paarungszeit solo durch das Land. Bei den Hyänen ist die Entwicklung ganz extrem, denn die „oberste Mutter" gibt den Ton an und die männlichen Tiere stehen am Ende der Hierarchie mit allen daraus resultierenden Konsequenzen. Und wer da glaubt, das kann uns nicht passieren, sollte immer daran denken, dass unsere Chromosomenstränge nur ein kleines bisschen vom Menschenaffen abweichen und mehr Animalisches in uns schlummert, als wir es uns eingestehen wollen.

Es scheint also auch nicht ausgeschlossen, dass in der Urzeit die Frauen mit ihrem sozialen Verhalten die Herrschaft[77] besaßen und alle Hinweise der Geschichte, dass Männer die Herrscher waren, nichts anderes als eine Verschwörungstheorie der männlichen Machthaber darstellt, um Frauen aus den verschiedensten Gründen heraus zu unterdrücken. M. E. wurde die Geschichte im Nachgang so von Wissenschaftlern oder Kirchenmännern umgedeutet, dass Frauen nur für die Fortpflanzung und Hausarbeit[78] gut sind. Deren Begründung zu dieser Theorie findet sich in den christlichen Evangelien immer wieder, wo Frauen als falsche, neugierige, lasterhafte und intrigierende Wesen dargestellt werden, welche bei allem Wohlwollen für den Herrscherjob nicht geeignet sind. Das Thema kannten jedoch auch schon die Hebräer, denn sonst hätte nicht Abrahams Magd Hagar mit Kind Ismael ihr Zelt verlassen müssen, denn Sara platzte das Stirnband bei dem Gedanken, dass der Bastard das gleiche Recht auf Erbschaft erhalten sollte wie ihr eigener Sohn[79].

---

77 Das Matriarchat ist ein Gesellschaftstyp, in dem alle rechtlichen und sozialen Beziehungen über die Abstammung der mütterlichen Linie organisiert sind. Die damit verbundenen religiösen Vorstellungen werden auf eine Große Göttin oder weibliche Ahnen zurückgeführt. Oft gibt es keinen Unterschied, hinsichtlich der zentralen oder königlichen Stellung, die den Müttern oder den Frauen allgemein zugeschrieben wird.

78 Selbst die Göttin *Nephthys* wurde mit „Hausfrau oder Frau im Haus" übersetzt, ist aber auch *Neb-hut* oder *Nebet-hut*, also eine Geburts- und Totengöttin (das kleine Klageweib). In den Pyramidentexten wurde sie auch zur „Göttin des Südens".

79 1. Buch Mose: 21.10 Da sagte sie zu Abraham: Vertreibe diese Magd und ihren Sohn, denn der Sohn dieser Magd soll nicht mit meinem Sohn Erbe werden, mit Isaak! 21.11 Und dieses Wort war sehr übel in Abrahams Augen um seinen Sohn willen. 21.12 Aber Gott sprach zu Abraham: Lass es nicht übel sein in deinen Augen wegen des Jungen und wegen deiner Magd; in allem, was Sara zu dir sagt, höre auf ihre Stimme! Denn nach Isaak soll dir [die] Nachkommenschaft genannt werden. 21.13 Doch auch den Sohn der Magd werde ich zu einer Nation machen, weil er dein Nachkomme ist. 21.14 Und Abraham machte sich früh am Morgen auf, und er nahm Brot und einen Schlauch Wasser und gab es der Hagar, legte es auf ihre Schulter und [gab ihr] das Kind und schickte sie fort. Da ging sie hin und irrte in der Wüste von Beerscheba umher.

Gerade das Alte Testament sieht in den weiblichen Familienmitgliedern den Fortbestand der Familie und Sippe, unverheiratete Mädchen hingegen sind bis auf wenige Ausnahmen tugendlich. Selbst bei dem Thema der Inzucht wird das Positive dargestellt, sodass Lot und seine Töchter den Nachwuchs erfolgreich organisieren. Solche „Stammtischgeschichten" gab es natürlich auch in Ägypten, wo die einsame Ehefrau dem jüngeren Bruder, welcher im Haus eine Besorgung macht, während der ältere noch auf dem Feld arbeitete, erfolglos an die Wäsche gehen wollte. Dass es zu allen Zeiten Unzucht und moralische Entgleisungen gab, ist selbstredend und hat sich bis in unsere Zeit bestens erhalten. Die Schreiber fanden jedoch weniger Interesse an den Geschichten des Volkes, sondern wer hier für die Nachwelt ein literarisches Denkmal erhielt, war hochgeboren oder wurde als das mahnende Gewissen der Moral dargestellt. Dennoch war die Rolle der Frau in der Antike eine andere. Frauen dienten als Priesterinnen, Sängerinnen und Seherinnen und in vielen Ländern ergab sich die Machtverteilung aus dem Stammbaum der Ehefrauen. Sehr oft wurde die Rolle der Gebärerin eines Königs besonders geachtet und geehrt und später in den Göttermythen ausgiebig als liebende Schwestern und unendlich trauernde Klageweiber bis ins kleinste Detail nachgewiesen.

Zweifelsfrei haben im Niltal Menschen ein Zuhause gefunden, aber genau so einleuchtend ist, dass es sich nicht um einen einmaligen „Akt der Platzierung" handelte, sondern permanente Wanderbewegungen für immer neue Überraschungen sorgten. Wenn also Petrie darauf besteht, dass auf der West Bank des Nils bei *Naqada* eine „Neue Rasse"[80] sich aus der Westregion kommend etablierte, welche weder mit den Einheimischen zusammenleben wollte, noch sich mit ihnen „verbrüderte", so mag

---

80 Dieser Begriff ist zwischenzeitlich widerlegt, weil es sich nach Kees um kulturelle Epochen handelt, die fälschlicher Weise als eine Zuwanderung aus lybischen Oasen gedeutet wurden, also nicht nur die bekannten Kulturstufen Nequade I – III.

das wohl öfter geschehen sein, als wir annehmen. Und nur weil es noch keine weiteren derartigen Fundstätten gibt, kann man nicht von einem Einzelfall ausgehen. Die Schwachen wurden verdrängt, ermordet, verjagt oder versklavt und in verschiedenen Fällen entstanden daraus absolut neue Vermischungen von Volksgruppen. Später wird Ägypten auch erkennen, dass der Zufluss von unterschiedlichstem Know-how auf Dauer zum wirtschaftlichen Aufschwung und Wohlstand in der Bevölkerung beiträgt.

Grundsätzlich bin ich davon überzeugt, dass die frühen Menschen am Nil sehr naturverbunden lebten, ja, geradezu die Natur anbeteten als das Wunderwerk der Götter, welche sie durch die Natur ernährten. Für mich stellt sich die frühe Beziehung innerhalb der Götterwelt dieser Menschen sehr nachvollziehbar dar. Will man diesen Standpunkt mit einer atheistischen Grundhaltung diskutieren und geht dabei den Kompromiss ein, dass der Begriff „Natur" gleich dem Begriff „Gott" (*ntr*) gesetzt wird, so besteht die wichtigste Aufgabe der Menschen darin, die intakte „Mutter Natur" zu schützen, was sich in vielen Naturvölkern nachweisen lässt. Es galt vielleicht der Grundsatz: Sterben die Götter, sterben die Menschen. Dieser Standpunkt scheint in vielen Naturvölkern noch heute tief verwurzelt zu sein.

Es war ein langer Prozess der Anpassung und Reformen, der schließlich Ägypten für ein Königreich vorbereitete und eine veränderte Götterwelt schuf. Die wissenschaftlichen und ökonomischen Veränderungen im Land führten zu Irrungen und positivem Wandel. Im Großen und Ganzen blieben die Reichsgötter bis zum Schluss hochverehrt. Selbst *Echn-Aton*, der m. E. zu Unrecht als Ketzer bezeichnet wird, griff alte religiöse Strömungen auf und scheiterte am Widerstand des eigenen Volkes.

Ich muss an dieser Stelle ganz bewusst darauf hinweisen, dass das Drama der Gegenreligion in Form eines Monotheismus bei den Hebräern auf fruchtbaren Boden fiel. Allerdings war auch hier der „eine Gott" nicht genug, weil er das Wesentliche seinem auserwählten Volk versagte: Die Wiederauferstehung und das

Leben nach dem Tod. Wer also glaubt, dass die Frühchristenheit eine neue Religionsgeschichte erfand, wird erstaunt sein, was alles schon in der ägyptischen Religion bestand. Während das christliche „Alte Testament" einen rachsüchtigen und strafenden Gott zeigt, wird im „Neuen Testament", gleich *Osiris*, ein Heiland in die Welt gesandt, der den Menschen den Weg zum „Vater im Himmel" öffnet. So folgte ich dem ägyptischen „Erlöser" auf seinen Spuren im pharaonischen Ägypten und fuhr mit Ali in die heiligste alle Stätten: nach Abydos.

ABDJU – „DER HÜGEL DES HEILIGEN KOPFES"

DIE GESCHICHTE DER STÄTTE VON ABDJU

Im achten Gaubezirk des alten Ägyptens, westlich des Flusses Nil, befand sich einst die kleine Ortschaft *Tini*, welche die Griechen als Thins oder Tanis bezeichneten. Der moderne Ort heißt heute Gira[81] und befindet sich ca. 18 Kilometer Luftlinie nordöstlich von Abydos direkt am Nil. Einst wählten die Bewohner dieser Stadt den kriegerischen Gott Anhur als schützende Gottheit[82] und gleichzeitig wurde in *Abdju* der Gott *Osiris* durch einen hochheiligen Totendienst geehrt. Ein wesentlicher Grund scheint darin zu liegen, dass nach dem Osirismythos sein Kopf als einer der 42 Körperteile am sogenannten Anubisberg begraben liegen soll. Der Name des historischen *Abdju* war die Bezeichnung im alten Ägypten für diesen Ort und der englische Wissenschaftler Herr Professor Petrie hat vor langer Zeit darauf hingewiesen, dass sich dieser Name von diesem Heiligen Kopf ableitet. Frau Murray[83] machte jedoch darauf aufmerksam, dass die Hieroglyphe, nicht Kopf, sondern „*Ab*" als „Emblem" zu lesen sei. Es ist der Kopf auf einem Pfahl und es folgen die Zeichen „*du*", welche „Hügel" bedeuten; sodass das ganze

---

81 Koordinaten = 26°20'11.49" N, 31°53'55.00" O

82 Dieser Kriegsgott, auch Onuris genannt, könnte ein Hinweis auf die große, namentlich nicht genannte Schlacht sein, bei welcher nach Inschriften ungefähr 30.000 Männer getötet wurden und wurde selbst im Tempel *Ramses II.* verehrt.

83 Margaret Alice Murray wurde am 13. Juli 1863 in Indien in der Stadt Kalkutta geboren. Sie starb am 13. November 1963 in Welwyn, Hertfordshire und verbrachte ihr Leben als eine britische Ägyptologin und Anthropologin.

Wort *Ab-dju* bedeutet „Hügel des Emblems" oder „Emblemhügel". Aller Wahrscheinlichkeit nach wurde dieses Emblem wie eine Standarte zu bestimmten Feierlichkeiten vor einer Prozession von Priestern getragen und im Allerheiligsten des Tempels geöffnet, bzw. der Kopf wurde dann von dem Holzpfahl entfernt. Inwieweit in diesem Schaustück sich eine echte Reliquie befand, vielleicht sogar ein mumifizierter menschlicher Kopf, bleibt ein Geheimnis.

Ich möchte darauf verweisen, dass die Priesterschaften im alten Ägypten Bilder, Reliefs und Statuen von Göttern mit anderen Augen sahen, als wir sie heute betrachten. Diese Geheimnisse waren immer vor den Blicken Unbefugter verhüllt. Es waren nicht nur Kunstwerke, denn in ihrer Überzeugung ging der Gott tatsächlich in diese bildlichen Darstellungen ein. Im Normalfall durfte der König und in seiner Vertretungsvollmacht der Hohepriester des Tempels diese Geheimnisse sehen, alle anderen waren davon ausgeschlossen. So konnte die Heilige Verwandlung von Stein in himmlischen Geist durch keinen Zeugen beobachtet werden und wurde dadurch zum Geheimnis.

In stark religiösen Gebieten Europas knien, bekreuzigen oder verweilen betend die Vorübergehenden an Kruzifixen oder Marienstatuen, weil auch sie noch heute davon ausgehen, dass in diesen Bildnissen Jesus oder die Gottesmutter Maria tatsächlich innewohnen. In diesem Zusammenhang würde das bedeuten, dass auch das Emblem als „lebender Teil des *Osiris*" betrachtet wurde. Dazu fällt mir jedoch ein, dass, wenn ich die Beschreibungen der Ägyptologen im Zusammenhang mit den uralten Begräbnisritualen bei den Ahnen betrachte, das Emblem von *Osiris* eine total andere Bedeutung erhält. Wenn es also üblich war, bis zu einem bestimmten Zeitpunkt den Verstorbenen, einschließlich des Häuptlings, erst, nachdem sein Fleisch und seine Haut vom Körper gefallen waren, mit Skelett und Kopf zu begraben, ergibt es einen Sinn, warum im Osirismythos[84] sein Körper in eine große Anzahl einzelner Teile von *Sêth* „zerrissen" wurde. Somit wäre das „Zerreißen" nichts anderes, als dass die einzelnen Knochen eines menschlichen Skeletts, welches, nachdem *Isis* es aufgefunden hatte, im ganzen Land vergraben wurden. Damit hätte *Isis* nur das uralte Ritual durchgeführt, welches im Land am Nil üblich war. Auch die Rolle von *Sêth* wird verständlicher, denn durch seine Handlung zerfiel das Skelett und konnte nicht begraben werden. Das würde in letzter Konsequenz auch bedeuten, dass selbst der Kopf der Könige nach ihrer Trennung zwischen Körper und Kopf wahrscheinlich mit einer großartigen Zeremonie zu Grabe getragen wurde. Kurzum, das Begräbnis von *Osiris* wurde in *Abdju* zu festgelegten Terminen als Zeremonie wahrscheinlich sogar für ein großes Publikum nachgestellt. Dieses würde auch erklären, warum das hochreligiöse *Abdju* gerade den Kopf des toten *Osiris* bekommen hat, weil dieser sowohl im Göttermythos als auch in der Begräbniszeremonie mit einer besonderen geheimnisvollen Kraft ausgestattet war.

Viele geschichtliche und religiöse Überlieferungen beziehen sich auf das heutige kleine Dorf Abydos. Hätte es nicht eine solche hervorragende Vergangenheit, würde es kaum ein Mensch kennen. Könige, Tempel und Mythen haben diesen Ort weltweit bekannt gemacht, selbst wenn manche Geschichte zu fantastisch klingen mag, um wahr zu sein. So gab es vor langer Zeit ein „Gesellschaftsspiel", wie heute noch in Schwarzafrika üblich, dass anlässlich der alljährlichen Pilgerfahrten, welche sich nach der heiligen Stadt in Bewegung setzten, am Zielort ein gnadenlo-

---

84 Alle „Heiligen Bücher" (auch das Alte und Neue Testament) sind nicht aus einem Guss geschrieben, sondern setzen sich aus vielen kleinen Erzählungen zusammen. Später wurden sie aus unterschiedlichen Gründen „redaktionell" bearbeitet und der Experte sieht sehr wohl, dass manche Passagen keinen „bündigen" Übergang zu den anderen Kapitel aufweisen. Niemals wurde der Osirismythos als komplette Papyri gefunden.

ser Stockkampf[85] ausgefochten wurde, wahrscheinlich mit Hunderten Verletzten, angeblich in Erinnerung an die kriegerischen Auseinandersetzungen zwischen Ober- und Unterägypten. Es ist auch nicht ausgeschlossen, dass es sich bei diesen Ritualen um die Aufnahme der Jünglinge in die Gruppe der erwachsenen Krieger handelte. Diese uralten Riten passen sehr gut zur Fruchtbarkeit, denn nur wer in den Stand der Männer aufgenommen wurde, konnte sich eine Frau aussuchen und damit begann der neue Kreislauf des Lebens. In Erweiterung dessen, kann ich mir vorstellen, dass die Nomaden hier scharenweise erschienen und dieser Ort auch als ein Heiratsmarkt fungierte, was eine weitere Bestätigung von Tod und Leben darstellen würde.

Durch die politische Teilung des pharaonischen Reiches in Unter- und Oberägypten und der späteren „Vereinigung der Beiden Länder"[86] zu einem Pharaonenreich gab es unterschiedliche Entwicklungen, welche ihre Auswirkungen in der Kultur und der Kunst noch bis heute erkennen lassen, abgesehen von den geografischen und klimatischen Unterschieden. So ist Oberägypten trocken und warm, Unterägypten hat ein Mittelmeerklima, welches die Erträge der Landwirtschaft begünstigt. Durch das teilweise Wüstenklima in Oberägypten und den ständig aus Westen wehenden Wind in Richtung Nil, war auch der spätere Seti-Tempel in *Abdju* bis zum Dach verschüttet. Der ständig wehende Sand ist ein unerbittlicher Feind der freistehenden Architektur und so musste auf Veranlassung von *Thot-mose III.*[87] eine

---

85 Vielleicht die „harte" Form des Kampfes, welcher in Memphis im Zusammenhang mit der Aufrichtung des Djed-Pfeilers mit Pflanzenstengeln durchgeführt wurde. Eine milde Form davon gibt es noch heute.

86 Es wird immer auf die Vereinigung der beiden Länder durch *Menes* oder *Nar-Mer* hingewiesen, dabei zeigt sich dieser Vereinigungsprozess stets als eine einmalige Angelegenheit. Wahr ist aber auch, dass bis in das Alte Reich hinein ein erbitterter Kampf zwischen Ober- und Unterägypten tobte und der König erneut die Vereinigung vollzog.

87 Seine Regentschaft von 1504–1450 v. Chr. als 5. König der XVIII. Dynastie weist Parallelen zur Regentschaft von *Hat-schepsut* auf.

zweite Reinigung und eine damit verbundene Verschönerung des alten Tempelbaus unter seiner Regierung stattfinden. Eine noch erhaltene Inschrift, welche in Abydos entdeckt wurde, gibt davon Kunde, wie diese Geschichte im historischen Ort weitläufig erzählt wurde. Aber auch diese Aktion sollte nicht ewig vorhalten, sodass unter der Regentschaft von *Seti I.*, rund 150 Jahre später, das Heiligtum derart gelitten hatte, dass der Bau ausgebessert und bei dieser Gelegenheit erweitert werden sollte.

Thot-mose III. war mehr als nur ein König. Durch seine jahrzehntelangen Erfahrungen im Kriegsdienst gelang es ihm, umfangreiche Erkenntnisse in allen damit verbundenen Wissensbereichen zu sammeln und sie erfolgreich umzusetzen. Als weit gereister Feldherr kombinierte er seine Erkenntnisse mit den technischen Möglichkeiten und schuf somit eine Effektivität im Bauwesen wie in der Kriegsführung. Die von ihm veranlassten Veränderungen im Tempelbau einschließlich der gigantischen Schutzmauern um bedeutende Städte und Heiligtümer sollten noch Jahrhunderte später von seinen Nachfolgern dankbar aufgegriffen werden. So veranlasste er, dass ein Tempel immer von innen nach außen wächst, was wir bei dem Tempelbau von *Hat-schepsut* noch nicht erkennen können. In Dear el Bahari ließ *Hat-schepsut* ihren Totentempel gegen die Felswand als einen Terrassentempel bauen, danach kamen die Änderungen in der Architektur.

Es ist fast ein Attribut seiner Regierungszeit, dass er aus Sicherheitsüberlegungen heraus um wichtige Stätten eine riesige Nilschlammziegelmauer errichten ließ, wie in *Abdju* und *Necheb* (el Kab).

DER HISTORISCHE HINTERGRUND

Nur die Benennung einer Grenzregion zur Wüste mit dem arabischen Namen Hara-bat-el-Madfûneh[88] lässt erahnen, was hier einst stand. Noch bevor *Abdju* überhaupt eine Geschichte bekam, war die Stätte ein politisches und religiöses Zentrum wie *Nechen*[89] mit einer sehr großen Nekropole. Dieser Ort *Nechen* in der Nähe von Edfu spielte von alters her eine besondere religiöse Rolle und es gab dort eine Reihe von Herrschergräbern, deren Besitzer nach und nach identifiziert werden konnten[90]. Warum die Mächtigen des Landes plötzlich von *Nechen* in das ca. 250 Kilometer entfernte *Abdju* ihre Grabstätten verlegten, liegt immer noch im Dunkeln der Geschichte[91]. Es ist jedoch nicht ausgeschlossen, dass, wie die Ägypter es bevorzugten, in der Nähe ihrer Geburtsorte begraben zu werden, die Nähe von *Tini* mit ihrer Nekropole *Abdju* bevorzugten. Weiterhin spielt die Verehrung des Gottes *Upuaut*, der die Toten in die ewige Ruhe begleitete, und der Tafelberg, der die Form einer riesigen Mastaba[92] und somit eines *bn-bn*[93] aufweist, hierbei eine unvorstellbar wichtige Rolle. Solche landschaftlichen Besonderheiten hatte *Nechen* nördlich von Edfu nicht zu bieten. Schauen wir uns die Grabkomplexe an, so sind es von der vordynastischen

---

88 Offensichtlich kommt die Bezeichnung Hara-bat = „versunkene" dadurch, dass der Tempel lange Zeit im Sand versunken war, aber auch ein Teil des Tempels in den Hang hinein gebaut wurde.

89 Für Touristen gesperrtes Gebiet, ca. 15 Kilometer nördlich von Edfu.

90 Gräberliste

91 weiterführende Literatur: s. Grundlach, Der Pharao und sein Staat.

92 = Bank

93 Unter *bn-bn* (sprich ben-ben) wird der sogenannte Urhügel verstanden, auf den bei der Erschaffung der Welt der Schöpfergott zu ersten Mal seinen Fuß setzte, als er dem Urmeer entstieg.

Zeit beginnend bis in die II. Dynastie hinein Könige, deren Ruhestätten gefunden wurden. Eine absolute Kuriosität sind die ebenfalls ausgegrabenen Sonnenbarken am Schunet ez-Sebib.[94] Seltsamerweise standen diese aufgereiht wie in einem Hafen mit dem Bug in Richtung Nil. Ägyptologen gehen davon aus, dass diese zwischen 18 bis 27 Meter langen Wasserfahrzeuge aus der I. Dynastie stammen und über eine bemerkenswerte Konstruktion verfügten. Verwunderlich ist aber, dass die Könige nach ihrem Tod zur Vereinigung mit dem Sonnengott in die Nacht aufstiegen, also nach Westen, dafür wäre aber die Richtung der „gestrandeten" Boote falsch. Offensichtlich hatte der König schon für seine Fahrt über den Himmel vorgesorgt oder, auch das wäre eine Möglichkeit, es handelte sich um die Flotte der Totenschiffe, welche den König von *Nechen* nach *Abdju* brachte. Wie auch immer, man erkennt an der Symbolkraft dieser Fundstücke, dass die Inkarnation mit *Râ* nicht bedeutete, dass der König mit ihm in einer Barke fuhr, sondern er neben dem Sonnengott mit eigener Barke verkehrte. Solange es immer wieder Fragen und keine Antworten gibt, kann alles wahr oder alles falsch sein. Es war nicht der erste Fund von Booten neben Begräbnisstätten. Diese uralte Tradition kann der Tourist noch heute neben der Pyramide von Gizeh sehen,[95] wo ein perfekt restauriertes Boot auf den Besucher wartet.

Es muss in diesen Zeiten in der Politik recht turbulent zugegangen sein. Das Königreich von *Nechen* erstreckte sich bis nach *Tini* und aller Wahrscheinlichkeit nach herrschten in Unterägypten chaotische Verhältnisse, die sehr daran zweifeln lassen, dass der „große Menes" die Vereinigung der beiden Länder

---

94 14 Sonnenbarken mit ungebrannten Lehmziegeln verkleidet, wurden durch amerikanische Archäologen unter der Leitung von N. Y. Univ. Dr. David O'Connor im Norden von Abydos gefunden. Aus Gründen der Sicherheit und der Bewahrung vor Verfall wurde die Fundstätte wieder mit Sand verschlossen.

95 Sonnenbarke des Cheops in einem Museumsbau am Fuß der Pyramide.

vollendet hatte. Immer wieder scheinen feindliche Beduinen aus dem Osten eingedrungen zu sein, deren Habhaftwerdung besonders kompliziert war, da sie eher den Kampf der „kleinen Nadelstiche" führten, als sich auf einem Schlachtfeld zu zeigen. Leider werden die Feinde als „Barbaren"[96] bezeichnet, sodass man kaum auf ihre Abstammung schließen kann. Fest steht aber auch, dass die blutigen Auseinandersetzungen mit Unterägypten um die politische Festigung des Landes bis zum letzten König der II. Dynastie *Hor-Sêth Cha-sechemui* anhielten und mehrere Zehntausende Tote verzeichnet sind. Nach Gardiner sollen im Kampf 47209 lybische Feinde gefallen sein. Er übersetzt eine Inschrift mit

„der Kampf und das Niedermachen der Nordleute".

So bleibt ungeklärt, ob es die „Kiebitze"[97] aus Unterägypten waren oder der „Lieblingsfeind" aus Libyen, welcher noch manches Opfer bringen wird. Wenn uns diese hohe Anzahl von Todesopfern auch ungewöhnlich erscheint, zeigen verschiedene Inschriften auch aus Assyrien, dass solche Kampfstätten sehr wohl auch durch Champions[98] als Duelle ausgetragen wurden,

---

96 Bis in die Zeit des Römischen Reichs hinein galt der Begriff der Barbaren als ein Sammelsurium aller Völker außerhalb der Landes- und Reichsgrenzen, deren Sprache man nicht verstand.

97 Der Kiebitz komm aus der Familie der Regenpfeifer und brütet vorzugsweise in den Marschwiesen des Deltas von Unterägypten. Er wurde so zu typischen Feindbild von Oberägypten.

98 Champions sind hochmotivierte und kampferprobte Einzelkämpfer. Ein Bespiel dazu liefert das Alte Testament mit der Geschichte vom ungleichen Kampf Davids gegen Goliath. (2 Sam 21,19): „Und es erhob sich noch ein Krieg bei Gob mit den Philistern. Da erschlug Elhanan, der Sohn Jaïrs aus Bethlehem, den Goliat, den Gatiter; der hatte einen Spieß, dessen Schaft war wie ein Weberbaum. Und es erhob sich noch ein Krieg bei Gat. Da war ein langer Mann, der hatte sechs Finger an seinen Händen und sechs Zehen an seinen Füßen, das sind vierundzwanzig an der Zahl, und auch er war vom Geschlecht der Riesen. Und als er Israel hohnsprach, erschlug ihn Jonatan, der Sohn Schammas, der ein Bruder Davids war."

aber auch die Kampfstätten als reine Schlachtstätten in die Geschichte des Nahen Ostens eingingen.

Doch diese Geschehnisse widersprechen dem Charakter des größten Heiligtums in Ägypten nur anscheinend. *Osiris* mit all seiner Pracht und Herrlichkeit hielt erst später Einzug, als sein Kult von *Djedu* (Busiris) nach *Abdju* in Alten Reich einwanderte. Damit traten Gesetze des Königs in Kraft, die fast einmalig in der Geschichte Ägyptens waren.

„Der Ort ist so heilig", teilt Strabon mit, „dass jeder Lärm, selbst das Spielen der Flöte, verboten ist."

Gerade bei diesem heiligen Ort muss ich sehr stark bei dessen religiöser Entwicklung in den einzelnen Epochen unterscheiden. Aus heutiger Sicht ist alles wie aus einem Guss, dabei wird vergessen, dass der Ort schon mehr als 5000 Jahre nachgewiesen werden kann. Er wurde schon als Begräbnisplatz genutzt, da dachte noch kein Mensch an einen Pyramidenbau in Gizeh, von Luxor und Karnak ganz zu schweigen. Es gibt nicht das Ägypten schlechthin; es entstand aus wilden Horden und entwickelte sich zu einer Kulturnation, von welcher wir heute die Überbleibsel bestaunen. Man glaubte bereits in grauer Vorzeit, dass Teile von *Osiris* tatsächlich an mehreren Stellen in dieser Gegend begraben waren. Aus dem Mythos heraus bildeten König und *Osiris* eine wechselseitige unlösbare Verbindung, sodass der Glaube der Zeitgenossen nicht allzu abwegig erscheint.

Die Verlegung der Begräbnisstätte nach *Abdju* war nicht von langer Dauer, was ebenfalls auf politische Ränkespiele schließen lässt. Wenn man unterstellt, dass bis in die Ära des letzten Tempelbaus Scheintüren[99] ein fester Bestandteil der Ausstattungen

---

99 Scheintüren werden oft als „falsche Türen" bezeichnet. Deren Sinn besteht in dem Glauben, dass nach dem Tod des Menschen sein *ka* ungehindert durch diese Tür das Grab verlassen und in dieses wieder zurückkehren kann.

bezüglich des Totenkults waren, so ist es nicht verwunderlich, dass die Könige mehrere Gräber besaßen, um einerseits ihre herausragende Stellung zu dokumentieren und zum anderen die nächtliche Wanderung der „Geister"[100] zu ermöglichen. Gerade Abydos ist für seinen riesigen Nilschlammziegelbau[101] für diese Zwecke bekannt; es scheint, als wären beide Bauwerke in *Nechen* und *Abdju* zeitgleich errichtet worden. Es wirkt schlüssig, dass der Ort von jeher eine besondere Schlüsselrolle im Totenkult spielte. Dazu kommt, dass sich viele Kunstbauten aus vergangener Zeit unter dem modernen Fruchtland befinden, sodass bis heute weder der vom Nil nach Abydos führende Kanal gefunden wurde[102], noch der heilige See in diesem Areal für wenigstens einen einzigen Tempel, denn Wasser wurde auf jeden Fall massenhaft für alle vorhandenen Einrichtungen und deren Zeremonien benötigt.

Erst wurden die Könige der I. und II. Dynastie hier begraben, dann herrschte eine drastische Veränderung[103] bis zur XII. Dynastie und man besann sich wieder auf diesen heiligen Ort. Nun kamen viele reiche Bewohner aus allen Gegenden Ägyptens nach *Abdju*, um an diesem heiligen Ort begraben zu werden. Es war ihr größter Wunsch, so nahe wie möglich ihren letzten Schlaf bei der Mumie des Beschützergottes der Toten auf Ewigkeit zu verbringen. Auch die Rolle *Osiris'* in der Religion war nun nicht nur als Fruchtbarkeitsgott festgeschrieben, er war nun auch der Herr der Unterwelt, herabgestiegen vom Sternzeichen „Schüt-

---

100 Hier sollten wir vorrangig den *ka* als Geist des Toten sehen und nicht der „wandelnde Leichnam".

101 Mit modernem Namen „Schunet ez-Sebib", seit 2019 für den Tourismus freigegeben, Tickets sind vor dem Tempel des *Osiris* für 15 LE erhältlich. Der Transport zu dem Bauwerk erfolgt unter Polizeibewachung.

102 Eine fast gerade Verbindungsstraße führt vom Nil nach Abydos und ich vermute, dass sie einst der wasserführende Kanal zum Tempel war.

103 Das Alte Reich endete nach einem schwachen, langregiereden und kranken König (*Pepi II.*) und der ausgehöhlten Organisation durch die anmaßenden Gaufürsten in der 1. Zwischenzeit chaotisch. Es war ein Aufstand der Bevölkerung gegen den „faulenden Überbau", und erst im Mittleren Reich wurde das Land neu vereinigt.

ze". Später war die Lage am Anubisberg besonders vorteilhaft, weil sich nun der vermeintliche „Eingang zur Unterwelt" nur knapp zwei Kilometer westlich in einer Schlucht im Bergmassiv nördlich des Anubisbergs befinden sollte.

Wenn in Abydos die Sonne hinter dem Tafelberg versinkt, ist das eine Situation, welche man erleben muss, um die unendlich beeindruckende Atmosphäre vom historischen *Abdju* zu begreifen. Da die Ägypter die westliche Hemisphäre stets als das Land der Toten bezeichneten, erkennt man nach Westen blickend eine riesige Felswand, hinter der die untergehende Sonne in den herrlichsten Rottönen gegen 17 Uhr den Horizont erreicht und sich somit der Sonnengott *Râ* mit seiner Sonnenbarke auf seine Reise durch die 12 Stunden der dunklen Nacht vorbereitet. Die Farbenpracht ist so unvergesslich, dass man sich lebhaft vorstellen kann, dass beim Totenbuch solche Gefühle Einfluss auf dessen Inhalt hatten. Heute bringt kaum ein Einheimischer vor Ort dieser glorreichen Vergangenheit den entsprechenden Respekt entgegen. Sie leben mit der Geschichte und betrachten sie eher als eine Art „Geschäftszweig" für ihre sonst spärlichen Einkünfte. Die Nekropolen und die prächtigen Heiligtümer haben für sie kaum einen Stellenwert; sie haben nicht unbedingt etwas dagegen, lieben sie aber auch nicht. Die alten Götter sind in ihren Augen unwürdig, so benannt zu werden, denn es gibt für sie nur den Einen: Allah.

Die moderne Stadt Gira birgt keine sichtbaren historischen Überreste mehr, aber das hat nichts zu bedeuten, denn auch in Sohag und Assiut im Gouvernement Assiut wurden unlängst unter dem Schwemmland verborgene Siedlungsreste entdeckt. Somit scheint der alte Osiristempel[104] innerhalb der Stadtmauern der alten Stadt *Abdju* und der Bau namens Schunet ez-Sebib ein Zeugnis längst vergangener traditionsreicher Tage zu sein.

---

104 Nicht zu verwechseln mit dem von *Seti I.* erbauten Osiristempel

Zu Zeiten von Ludwig Borchardt[105] wurden solche monumentalen Umfassungsmauern als „Scheinfestungen" angesehen, da sie ähnliche Strukturen wie die Festungen im Süden nach dem 2. Katarakt in Nubien aufwiesen[106]. Wie kompliziert die Erforschung solcher uralten Bauwerke ist, ohne dass es dazu schriftliche Überlieferungen gibt, zeigen die aktuell durchgeführten Grabungsarbeiten in *Nechen*[107] und Abydos[108] ohne dass ein Ende in Sicht wäre. Unmittelbar neben dem alten Osiristempel ließ *Ramses II.* den sogenannten Portaltempel errichten, von welchem die religiösen Prozessionen einen knapp 1.000 Meter langen Weg zum „Grab des *Osiris*"[109] starteten. Tausende Pilger gingen diesen Weg in Tausenden von Jahren und nur die zerbrochenen Reste ihrer Votivgaben liefern den Beweis dafür, dass es sie einmal gab.

---

105 Geboren am 5. Oktober 1863 in Berlin und gestorben am 12. August 1938 in Paris
106 Siehe Borchardt „Ägyptische Festungen"
107 Durchgeführt durch das Britische Museum und Renée Friedman
108 Durchgeführt durch Günter Dreyer
109 Grundsätzlich sollte der Leser bedenken, dass der Platz und das Grab selbst eine umfassende Bedeutung im Alten Ägypten besaßen. Einerseits war es ein monumentaler Bau, also durch seine Materialien und seine Aufgabe auf Dauerhaftigkeit (Monomentalität) hin ausgerichtet, andererseits bestand durch das Grab eine soziale Bindung der Hinterbliebenen zum Verstorbenen. Je nach Macht und Vermögen waren die Gräber als eine Art Grabtempel oder nur schlicht ausgestattet und boten Möglichkeiten der Kommunikation mit dem *ka* des Verstorbenen sowie bauliche Möglichkeiten, die Totenopfer zu hinterlegen. Nachweislich gab es auch Massengräber für arme Menschen.

ABYDOS UND SEIN STELLENWERT IM TOURISMUS

Die Reiseveranstalter von heute bieten Touren, abgesehen vom Roten Meer, als Nilkreuzfahrten oder Kombinationen mit Kairo und Assuan für den modernen Touristen an[110]. Kairo mit dem letzten der einst vorhandenen sieben Weltwunder kann sich glücklich preisen, denn die Pyramiden von Gizeh sind weltbekannt. So nach und nach öffneten sich auch weitere touristische Highlights, die jedoch nur von denen als solche erkannt werden, die sich mit der ägyptischen Geschichte näher auseinandersetzen. Als der ägyptische Tourismus vor der Revolution noch in vollen Zügen weltweit genossen wurde, war es bei Nilkreuzfahrten geradezu ein Muss, die Tempel von Dendera und Abydos in das Reiseprogramm mit einzuplanen. Wer es ganz kolossal wollte, ging in Kairo auf ein Nilkreuzfahrtschiff und konnte von dort aus bis nach Assuan auf dem Nil hinauffahren, auf den Nassersee überwechseln, wo er den Tempel von Kalabscha und den gigantischen Tempel von Abu-Simbel erleben konnte. Der Tempel von Abu-Simbel steht seit 1979 auf der Weltkulturerbeliste der UNESCO und wurde in den Sechzigerjahren vor den steigenden Fluten des Nassersees durch internationale Zusammenarbeit gerettet.

Abydos in Oberägypten ist heute für den Touristen etwas umständlich zu erreichen. Als der Tourismus vor der Lehman-Brothers-Pleite und der Revolution boomte, fuhren mehrmals in der Woche mehrere Kreuzfahrschiffe nach Dendera und von dort aus war es eine Halbtagestour, um den Osiristempel von Abydos zu besuchen. Von Dendera bis nach Abydos brauchte ein klimatisier-

---

110 Durch die Zeiten der Pandemie kam es zu einer Unterbrechung dieser Angebote und es ist ratsam, sich auf jeden Fall nach Stationen der Reise zu erkundigen.

ter Reisebus in der Regel zwei Stunden in eine Richtung und man konnte den „Louvre von Ägypten" im Osiristempel mit seinen ausgezeichneten farblichen Darstellungen bewundern. Wenn man die historischen Fotos sieht, wie der heilige Tempel im Laufe der Jahrtausende zerstört wurde, so kann man das kaum glauben, wenn man ihn heute sieht. Es gibt in Abydos zwei Tempel[111], die der Tourist besuchen kann, wobei weitere unter dem Wüstensand schlummern und irgendwann an das Tageslicht geholt werden.

Da es vor 2006 in der Nähe von Assiut bewaffnete Anschläge auf Nil-Kreuzfahrtschiffe gegeben hatte, sodass die „Große Nilkreuzfahrt"[112] bis auf Weiteres eingestellt wurde, legten die ägyptischen Staatsorgane besondere Vorsicht beim Schutz der Touristen an den Tag. Mehrere Milizionäre mit Maschinenpistolen bewaffnet waren somit an verschiedenen Posten der Flusskreuzfahrtschiffe platziert, um einen möglichen Überfall auf touristische Einrichtungen zu unterbinden. Ich empfand in diesen Situationen niemals Angst oder Misstrauen gegenüber den Staatsorganen, denn etwas Besseres, als von bewaffneten Eskorten begleitet zu werden, kann einem Touristen in Ägypten tatsächlich nicht passieren ... und das sollte ich später noch oft erleben.

Wer also einen Tagesausflug nach Abydos plant, sollte sich viel Zeit nehmen und zuvor einige Informationen in Form eines Reiseführers in sich aufnehmen, er wird es nicht bereuen. Die Reiseleiter selbst haben nur in wenigen Fällen Interesse daran, den Besuchern Details zu erklären und spulen mehr oder minder ihre jahrelang gelernten Sprüche ab. Das bedeutet nicht, dass eine organisierte Reise sinnlos wäre, nur wird der interessierte Besucher bald feststellen, dass viele wertvolle Erkenntnisse nur dann in seinem Bewusstsein hängen bleiben, wenn er die Muse und die technischen Ausrüstungen bei sich hat, um alle Eindrücke in diesem Ort aufzunehmen und zu genießen.

---

111 Die Eintrittskarte von 100 LE umfasst den Tempel des *Seti I.* und den von seinem Sohn *Ramses II.* (Stand 2022);
112 Von Kairo bis Assuan

WIE ICH NACH ABYDOS KAM

Als ich das erste Mal nach Abydos kam, besuchte ich den Tempel mit einer Reisegruppe. Obwohl sich der Reiseleiter große Mühe gab, uns den Osiristempel von *Seti I.* zu erklären, sind Tempelbesuche dahingehend von einer hervorragenden Erfrischung, dass sie gegen die brennende Mittagssonne durch die herrschaftlichen Hallen einen hervorragenden Ersatz bieten. Die bei solchen Pauschalreisen aufeinanderfolgenden Besuche in den Tempeln sind wie eine Art Fernsehserie, mit leichten Veränderungen in den Episoden. Ich war mir an diesem Tag bewusst, dass künftige Besuche nicht mehr in einer Gruppe stattfinden sollten, sondern dass ich meine Ausflüge persönlich so planen würde, dass ich dabei auch die Zeit berücksichtigte, welche für eine ausgiebige Betrachtung dieser historischen Besonderheiten notwendig war. Mein erster Besuch im Tempel von Karnak dauerte insgesamt 6 Stunden vor Ort und ich sah noch nicht einmal alle Details der riesengroßen Anlage.

Mein Taxifahrer Ali, der mich in solchen Situationen stets vor dem Tempel absetzt und wir vereinbaren, dass ich ihn über Handy mitteile, wann er mich abholen soll, konnte gar nicht verstehen, dass ein Mensch so viele Stunden im Tempel verbringen kann. So nahm ich mir vor, mit Ali nach Abydos zu reisen. Diese erste Reise mit meinem Taxifahrer zu diesem hochinteressanten Ort fand nach der Lehman-Brothers-Pleite statt, wo in Ägypten die Welt des Tourismus zwar einen Tiefschlag erlitt, aber man in Luxor noch sehr gut vom Tourismus leben konnte. Die Zeit verging und ich dachte immer wieder an den wunderbaren Ort in Oberägypten. Zwischendurch hatte die Revolution in Nordafrika, die als der sogenannte „arabische Frühling“ in die Geschichte einging, tatsächlich aber die bisher armen Völker noch ärmer machte, Einzug gehalten und nach und nach verblassten die Hoffnungen auf Demokratie nach westlichem Vorbild und ein besseres Leben bei den Menschen. Als sich im Frühjahr 2011 die angebliche Normalität wieder einstellte, die aus einem wirtschaftlichen Chaos bestand, wo abgesehen von Lebensmitteln selbst mein Taxifahrer stundenlang auf Benzin an den überfüllten Tankstellen warten musste, glaubten viele Ägypter an die Rückkehr des Propheten. Und es kam auch einer, nur dass er keine echten Fähigkeiten besaß, um einen arabischen Staat gegen bestehende Herrschaftsstrukturen zu führen. Alle meine Bekannten in Luxor lobten Mister Mursi, weil er in Amerika studiert hatte, soziale Netzwerke in Kairo schuf, erst nicht kandidieren wollte, schließlich aber doch[113], aber das Wichtigste für sie war: Er war ein gläubiger Muslim!

Mein Ali versuchte aus allem das Beste zu machen. Nur dass die Touristen ausblieben und somit seine Einnahmequelle mit einem Mal verschwand, konnte er nicht verhindern. Vor der Revolution verdiente er pro Tag etwa 30 Euro, musste aber alle betrieblichen Kosten noch davon abziehen, sodass ihm netto etwa 350 bis 400 Euro im Monat blieben, um seine Familie zu ernähren. Nach der Revolution standen ihm nicht einmal 150 Euro im Monat zur Verfügung. Da ich Ägypten aus geschäftlichen Gründen recht oft besuche, glaubte er, ich könnte seinen Einnahmeverlust durch zusätzliche Aufträge wettmachen. Wie so oft haben die Araber unberechtigt hohe Erwartungshaltungen, und falls sie sich intensiv mit der Situation beschäftigen würden, wäre es unschwer, die unrealistischen Hoffnungen als einen folgenschweren Irrtum zu erkennen. Auf den täglichen Fahrten im Taxi wurde ich aus erster Hand von den Mängeln in Wirtschaft und Politik unterrichtet: Die Preise stiegen langsam, aber sicher an, das Familieneinkommen sank ständig ohne Aussicht auf Besserung. Aber der kommende Prophet Mursi würde schon alles rich-

---

113 Die Präsidentschaftswahl in Ägypten 2012 wurde am 23. und 24. Mai 2012 abgehalten. Mohammed Mursi kandidierte für die islamistische Freiheits- und Gerechtigkeitspartei und gewann die Wahl mit 51,7 Prozent.

ten, denn wenn nicht er, wer dann? Dass es rein ökonomische Probleme im Land waren, die die Teuerungen und den Verfall des Ägyptischen Pfundes hervorriefen, verstanden die meisten nicht, und so war wieder einmal die Regierung an allem schuld.

Es gibt zwei Wege zum Ziel nach Abydos. Die eine Route führt über die Wüstenautobahn von Assuan nach Kairo, wo man über die West Bank von Luxor aus auffahren kann und nach ca. 2 ½ Stunden Abydos erreicht. Diese Strecke ist etwas für Freunde des Urtümlichen. Felsen, Wüsten, tiefe Schluchten wechseln sich permanent ab. Unendlich viele pyramidenförmige Berge, Mastaba ähnliche Tafelberge, wechseln sich ab und man kann erahnen, warum es im Tode den Alten Ägypter zum *bn-bn* hinzog. Die Ostroute geht über Qina, welches zwar nur 63 Kilometer von Luxor entfernt liegt, aber durch mehrere Kontrollposten und Geschwindigkeitsschikanen benötigt man allein bis zur Bezirksstadt schon eine Stunde. Von dort folgen wir der Hauptstraße, immer am Nil entlang, die uns schließlich über Naga-Hammadi[114] bis nach Abydos führt. Diese Route ist im Gegensatz zur Wüstenautobahn zwar sehr interessant, weil sie die Eigenarten des Landes und die Schönheit des Nils zeigt, dennoch benötigt man fast 4 Stunden, um sein Ziel zu erreichen. So fuhren wir wieder nach Abydos, da von meinem letzten Besuch für mich noch einige Dinge im Nebel der Geschichte lagen. Dass diese uralte Stadt das Zentrum des Osiriskultes war, ist nicht nur Wissenschaftlern bekannt, doch interessierten mich die Hintergründe dafür.

Ich hatte schon seit längerer Zeit bemerkt, dass mein Taxifahrer wenig Interesse am Besuch eines Tempels hatte und obwohl ich ihm zusagte, sein Eintrittsgeld zu übernehmen (zur damaligen Zeit kostete das Ticket 30 ägyptische Pfund = ca. 4 Euro),

---

114 In Naga-Hammadi befindet sich eine Staustufe als Staudamm am Nil. Von dort aus sind es rund 650 Kilometer nördlich bis nach Kairo und rund 165 Kilometer südlich bis nach Luxor.

so verzichtete er doch großzügig darauf und zog sich in ein kleines Café zurück, um nach einer Tasse Tee für ein ägyptisches Pfund (ca. 15 Cent) ein kleines Nickerchen im Auto zu genießen. Obwohl ich ihm gerne die Besonderheiten dieses Tempels gezeigt hätte, wich er dem Thema gekonnt aus und somit ging ich allein zum Ticketshop, wo mich bereits auf dem Weg dorthin mehrere Kinder mit reichlich Souvenirs in den Händen begrüßten. Und die, die keine Reiseandenken hatten, streckten mir trotzdem die Hände entgegen mit der ewigen Aufforderung nach Bakschisch. Als ich am Eintrittskartenhäuschen ankam, begrüßte mich der Verkäufer herzlich und bat mich, ihm passendes Geld für den Eintritt zu geben, denn ich wäre der erste Gast und über ausreichendes Wechselgeld verfüge er auch nicht. So rundete ich mit einem Bakschisch den Betrag auf und erhielt meine Eintrittskarte. Die Sonne stand bereits hoch am Himmel und obwohl wir gegen 6 Uhr Luxor verlassen hatten, war es am Zielort bereits Mittagszeit. Nun ging ich zum Tempelbau des Vaters von *Ramses II.*, sehr gespannt auf die neuen Erfahrungen.

Abbildung 7: Sonnenaufgang in Luxor

DER TEMPEL VON SETI I.

DER ÄGYPTISCHE TEMPEL – GOTTESHAUS ODER MUSEUM?

Ich kann jeden Touristen verstehen, der in ein Tempelgebäude geht, sich umschaut und glaubt, alles Wichtige gesehen zu haben. Und doch entgingen ihm viele der wundervollen Ausstattungen. Von so viel Neuigkeiten wird er erdrückt, ist überfordert und noch dazu der Zeitdruck in einer Reisegruppe, er kommt erst im Reisebus wieder zu sich und wird später feststellen, dass er sich kaum an Details erinnern kann.

Für einen kurzen thematischen Abstecher möchte ich auf das Wesen des Tempels zu sprechen kommen, weil dieser dem Interessenten etwas erklären wird, was er wahrscheinlich noch nicht kannte. Diese Bauwerke, manchmal sogar eine riesengroße Anlage, wie beispielsweise der Tempelkomplex von Karnak, stellen symbolisch die Welt und deren ewigen Sonnenlauf dar. Da der Nil vom Süden in Richtung Norden fließt, kreuzte der Sonnengott *Râ* mit seiner Barke täglich den Strom vom Osten das Land der Lebenden, nach dem Westen das Land der Toten. Diese Erscheinungen prägten das Leben der alten Ägypter und sie schufen ein „Weltmodell", das alle kosmischen Gesetze mit dem Ziel verband, Gerechtigkeit und Ordnung an einem Platz zu schaffen. Dieser Platz sollte so perfekt sein, dass die Götter sich geradezu nach ihm sehnten und ohne jedes Zögern die Wohnung auf Erden annehmen würden. So sind alle Tempel dem Prinzip nach gleich in Gliederung und Baustil. Zuerst wurde ein unberührtes Stück Erde mithilfe der Götter[115] gesucht, planiert und mit himmlischem Beistand mit den Bauvorbereitungen begonnen. Entsprechend der technischen Möglichkeiten waren die ersten Tempel kleine „Hütten" aus Naturmaterial, welche immer bequemer und luxuriöser wurden, erst oben offen, später mit einem halbrunden Geflecht abgedeckt. Um dem Gott eine Sicherheit vor den Dämonen der Außenwelt zu gewährleisten, wurden die Konstruktionen aus Naturmaterial oft noch mit „Hörnern oder Stoßzähnen" versehen. Mit der zunehmenden technischen Entwicklung perfektionierten die Menschen die Götterwohnungen, sodass die Tempel, welche wir heute sehen, sozusagen die finalen Ausführungen der Götterwohnungen darstellen. So gibt es ein verschließbares Götterzimmer, als eine Art Schlafzimmer oder Rückzugsraum zu sehen, erst als ein Tabernakel auf einen Granit- oder Calcitblock, später ein aus einem Granitblock gehauener Naos, genannt das Allerheiligste, als quadratischer Raum in dessen Mitte. Hier wohnte der mythische Geist des Hauptgottes. Im praktischen Fall ist es seine Figur, meistens aus Holz, denn sie musste mehrmals am Tag „ein- und ausgepackt" werden. Dazu ein Vorraum für erlesene Gäste, Lagerräume für alle notwendigen Gegenstände des täglichen Lebens, einschließlich der Opfergaben, Speisen, Getränke, Kleidung und der Kosmetik und eine Schatzkammer mit hochwertigen Gegenständen, um das tägliche Ritual durchzuführen. Kurzum, der Gott sollte alles nur vom Besten erhalten, damit er sich wohlfühlte. Wenn wir es heute auch nicht wahrhaben wollen, das pharaonische Ägypten war ein Gottesstaat und alles ordnete sich diesem System unter. Wir stehen heute mit dieser Staatsform nicht auf freundschaftlichem Fuß, doch war auch Europa im tiefsten Mittelalter eben das gleiche Gebilde und die Ketzerverbrennung erinnert mich doch sehr stark an die Verbrennung der Menschen im alten Ägypten, aber davon später.

---

115 Grundsätzlich stand vorher der Gott fest, dem der Tempel geweiht werden sollte.

Abbildung 8: Bauwerk in ehemaliger Tempelform in Assuan

Wer sich in der Fremde wohlfühlen soll, nimmt heute ein paar Bilder „von zu Hause" mit und die alten Ägypter wollten den Göttern ebensolche Erinnerungen an die Zeit geben, als sie ihre „Erschaffung der Welt" vollführten. Es ist also kein Zufall, dass mit der ansteigenden Nilflut die Tempel überflutet wurden, denn am Beginn der Schöpfung war alles auf der Erde durch das Urmeer Nun bedeckt. Die Wohnung des Gottes war jedoch schon vom Erdreich bei der Planung so hoch errichtet, dass, wie beim „ersten Mal", der Gott selbst auf die trockene Erde kam, den sogenannten *bn-bn*. Zu dessen Gedenken schufen die Ägypter den Obelisken, dessen Spitze zuerst von der Morgensonne erhellt wurde, mittags die Barke des *Res* genau über ihm stand und abends die letzten Strahlen der untergehenden Sonne diesen berührten. Wer aufmerksam durch die Tempelanlagen geht, wird die verschiedenen Säulenformen sehen, die stets Pflanzenstiele darstellen und die Kapitelle sind die aufgehenden Blumen und Blütenknospen in mannigfaltiger Art. Pylone sind meist aus Assuan-Granit oder Sandstein und

125

ragen gleich nachgebauten Bergen in den Himmel und die später errichteten Nilschlammziegelmauern sollten das Heiligtum vor äußeren Störungen beschützen. Ebenso schotteten riesige hölzerne Tempeltore das Gesamtheiligtum und die intimsten Räume der Götter ab.

Abbildung 9: Horus-Barke mit Tragestangen und Naos im Hintergrund

Um keine Missverständnisse aufkommen zu lassen, das Haus Gottes war keine Miniaturwelt, sondern lehnte sich in seinem Aufbau und seiner Raumgliederung an die gut ausgestatteten Landhäuser Ägyptens an. Der „Besucher" hatte die Möglichkeit durch das Eingangstor in den offenen Hof zu treten, und wurde dort vom Hausherren empfangen. Alle Feste spielten sich in diesem Freiraum ab und das Haus mit seinen intimen Räumen war für Gäste tabu. Eine Ausnahme bildete der königliche Palast, in welchem auch die Audienz in einem speziellen Raum stattfand. Diese Ausnahme wurde ebenfalls für die Wohnung Gottes eingeräumt, jedoch nur für den Vertreter Gottes auf Erden (König) und dessen Stellvertreter, den Hohepriester, der auch als Erster Prophet galt.

Zog der Hauptgott des Gaus[116] mit seinem Gefolge in diese irdische Wohnung ein, konnte er dem amtierenden Regenten alle die Energie spenden, die für die Erfüllung seiner königlichen Pflichten notwendig waren. Dass dieser göttliche „Mieter" eine all inclusive-Verpflegung von dem Tag an erhielt, wo der zuvor gereinigte und geweihte Tempel ihm übergeben wurde, war ein unabänderliches Gesetz. Da aber jeder König mit Regierungsantritt „eine neue Verbindung zu den Göttern" schuf, musste auch er das Werk seiner Vorgänger fortsetzen. Es war also ein gegenseitiges Geben und Nehmen und noch heute sagt mein Taxifahrer Ali oft zu mir: „Du hilfst mir, ich helfe dir."

Jahrtausende hinweg ist nach Meinung der Wissenschaftler der Glaube an die Götter so perfektioniert worden, dass, auch wenn es heute kaum eine Weltreligion zugeben will, viele Elemente aus dieser Zeit immer noch in religiösen Zeremonien und im Denken weltweit erhalten sind. Die religiöse Traumwelt aus unzähligen Göttern, die letztlich nur den einen wahren Gott mit allen seinen (möglichen) Elementen darstellt, hat die Welt

---

116 Abgegrenztes Gebiet der herrschenden Familien, etwa mit einem Fürstentum gleichzusetzen

und die darin lebenden Menschen unvorstellbar verändert und Leben, Recht, Ordnung, Fantasien und letztlich die Hoffnung auf ein Leben nach dem Tod gebracht.

Die heute noch teilweise sehr gut erhaltenen Tempel[117] und Steinstatuen in Oberägypten spiegeln nicht den Beginn der altägyptischen Kultur wider. Die monumentalen[118] und gleichzeitig kolossalen[119] Bauwerke, welche wir heute als Göttertempel oder sogenannte Häuser-von-Jahr-Millionen, fälschlicherweise als Totentempel bezeichnen, entstanden zu unterschiedlichen Zeiten. Wir sehen heute Gebäudekomplexe, die einst verfielen, erneuert wurden oder als Ruinen ihr Dasein fristen. Manchmal stellen sie einen Mix aus den Bauwerken des Neuen Reiches bis hin zur Zeit der Ptolemäer und der Römer dar und manchmal sind sie nur noch für Eingeweihte ein Fleck in der Landschaft, an welchem man unachtsam vorübergehen würde.

---

117 Es ist wichtig, den altägyptischen Tempel von seinem Umfeld abzugrenzen. Viele Menschen fragen sich, ist das Heiligtum das eigentliche Bauwerk oder das Areal, auf welchem sich mehrere Gebäude und Nebengelasse befanden? Tatsächlich ist der wahre Tempel nur ein kleiner Bezirk im gesamten Areal. So ist die Bezeichnung „Tempelbezirk" für den Karnak-Tempel wahrscheinlich realitätsnäher. Zu den Tempelbezirken gehörten unter anderem Gärten und riesige Versorgungseinrichtungen für die Unterbringung von Vorräten, aber auch die Wohngebäude der Priesterschaften, der Wachen und Verwaltungspriester. Unbestritten ist, dass der Tempelbau eine Wohnung für den Gott war, in welcher er sich niederließ und bewirtet wurde. Im „Allerheiligsten", einer Art „Einraum-Modellwohnung", wurden die täglichen Rituale durch den König oder seinen Stellvertreter ausgeübt. Dabei war der „Gott" eine Figur (wahrscheinlich aus Holz), der die gleiche Zuneigung entgegengebracht wurde wie dem König selbst. Wichtig ist, dass alle Tempel als abgegrenzte Bezirke angesehen wurden, die nur ausgesuchte Persönlichkeiten betreten konnten, und der Einblick in den Tempel wurde durch Tore, Türen und hohe Mauern versperrt, sodass der Gott niemals von Unbefugten erblickt werden konnte und vor allen Gefahren der Außenwelt geschützt wurde.

118 Ein Monument ist aufgrund seines Materials „für die Ewigkeit" gebaut. Hier geht es nicht um Größe, sondern um Dauerhaftigkeit.

119 Ein Koloss beeindruckt durch seine Größe, wie beispielsweise die Memnon-Kolosse auf der West Bank von Luxor.

Weitaus komplizierter ist die Tatsache, dass Ägypten ein Problem hat, welches der Tourist nicht zu erkennen mag: Den religiösen Ursprung aus den Zeiten von Abraham[120] erkennt der Koran genauso an wie das Alte Testament der Christenheit und die jüdische Tora. Also sind Juden und Muslime „Stiefbrüder", deren Gemeinsamkeit durch Abraham entstand. Als muslimisch geprägtes Land sind für die dort lebenden Menschen alle Götter „falsche Götter" außer Allah, und sie dulden die Kopten als Nachbarn, obwohl sie sich als Christen bezeichnen. In diese Gemengelage kommt die internationale Verantwortung, die Stätten einer untergegangenen Hochkultur zu erneuern und zu pflegen, welche ältere religiöse Wurzeln haben, als der hochverehrte Stammvater Abraham aus dem alten Mesopotamien mit seinen eigenen Göttern. Folglich wird hier ein Kulturerbe mit internationaler finanzieller Unterstützung gepflegt, welches dem Grunde nach nicht als eine „gottgeweihte" Örtlichkeit aus heutiger Sicht verstanden wird. Dieser Zwiespalt wird aus meiner Sicht immer offenkundiger, denn das bedeutet, dass mit in der Welt schwindender Religiosität bei gleichzeitiger Polarisierung nur noch der nicht fanatische, religiös geprägte

---

120 Abraham ist der Urvater der jüdisch-christlichen Religion mit Geburtsort Ur, der im Koran ebenfalls verehrt wird, denn er zeugte mit seiner ägyptischen Magd Haga, weil seine eigene Frau bis ins hohe Alter unfruchtbar blieb, einen Sohn, welcher schließlich als Stammvater der späteren Muslime angesehen wird. 21.14 Und Abraham machte sich früh am Morgen auf, und er nahm Brot und einen Schlauch Wasser und gab es der Hagar, legte es auf ihre Schulter und [gab ihr] das Kind und schickte sie fort. Da ging sie hin und irrte in der Wüste von Beerscheba umher. 21.15 Als aber das Wasser im Schlauch zu Ende war, warf sie das Kind unter einen der Sträucher; 21.16 und sie ging und setzte sich gegenüber hin, einen Bogenschuss weit entfernt, denn sie sagte [sich]: Ich kann das Sterben des Kindes nicht ansehen. So setzte sie sich gegenüber hin, erhob ihre Stimme und weinte. 21.17 Gott aber hörte die Stimme des Jungen. Da rief der Engel Gottes der Hagar vom Himmel zu und sprach zu ihr: Was ist dir, Hagar? Fürchte dich nicht! Denn Gott hat auf die Stimme des Jungen gehört, dort wo er ist. 21.18 Steh auf, nimm den Jungen, und fasse ihn mit deiner Hand! Denn ich will ihn zu einer großen Nation machen.

Zeitgenosse die altägyptische Religion versteht und ihr mit gebührendem Respekt begegnet. Hier hat er Zeugnisse einer so absonderlichen und umfangreich dargestellten Geschichte vor sich, dass es um weitaus mehr als um „alte Steine" geht. Wer in die altägyptischen Tempel ohne ein gewisses Hintergrundwissen geht, wird für den Preis von ca. 13 Euro für die Eintrittskarte nur ein paar Erinnerungen von wunderschönen Reliefs und hieroglyphischen Zeichen, die er jedoch nicht deuten kann, im Gedächtnis behalten.

Ich kann bei meiner anfangs gestellten Frage nach Museum oder Gotteshaus nur darauf verweisen, dass, und dabei beziehe ich mich auf die Weltreligionen, ein Gott nicht durch Gesetze „erschaffen oder abgeschafft" werden kann. Wenn auch durch römische Anordnung[121] die Tempel ihren „Betrieb" einstellen mussten, ändert das nichts an der Situation, dass im Glauben der Menschen, die einst dem Gott dienten, dieser für immer existieren wird. Es ist schon sehr verwunderlich, dass Namen wie *Osiris* und *Isis* bis in unsere heutige Zeit weiterleben, die Tempel aber heute als „gottlose" Museen betrachtet werden. Würde ein Muslim eine Moschee als „Haus ohne Gott" ansehen, nur weil sie geschlossen wurde? Da ist wohl den Europäern in Sitte und Ordnung etwas abhandengekommen, wenn der christliche Glaube es gestattet, dass aus Kostengründen christliche Kirchen verkauft, abgerissen oder umgewidmet werden. Doch dabei vergisst der Besucher oft, dass dieser einzige wahre Gott schon vor Christus und Mohammed die Welt erschuf und nichts in der Welt geschieht, auch nicht in der arabischen, was sein Gott nicht in seiner unendlichen Weisheit und Güte beschlossen hat. Kaum ein Besucher denkt wohl daran, dass er sich in einem Gotteshaus befindet und er würde wohl im Petersdom des Vatikans auch keine Polonaise um den Altar organisieren.

---

121 Im Jahre 535/37 ließ Kaiser Justinian I. den letzten noch in „Betrieb" befindlichen Tempel auf der Insel Philae gewaltsam schließen und in ein christliches Gotteshaus umwandeln.

Ich sah nur selten eine Person, die andächtig ein Gebet sprach oder innere Einkehr zeigte.

Leider fehlen Hinweisschilder in ägyptischen Tempeln, dass es sich bei diesen Einrichtungen um Gotteshäuser, wenn auch aus einer fremden Zeit, handelt, deren Bedeutung Achtung gezollt werden sollte, denn wenn man schon an Gott glaubt, so muss man ihm auch das ewige „Leben" zugestehen.

Da fällt mir eine junge Frau ein, die in ihren weißen Jeans am Heiligen See unter einem neu erbauten Kiosk im Schatten und mit geschlossenen Augen auf der Erde saß. Ich setzte mich ebenfalls in den Schatten und wartete, wie die Geschichte weiterging. Nachdem sie mindestens 15 Minuten neben mir verweilte, stand sie danach auf, trank einen Schluck Wasser und … ich sah, dass ihre Hose vom staubigen Lehmboden so schmutzig war, dass sie mindestens noch einmal so lange benötigte, um allen Staub abzuklopfen. Während für mich die Zeit in Luxor keine Rolle spielte, wurde sie immer unwilliger und schaute mich fast strafend an, dass ich in ihrer Nähe auf einem Steinquader ruhig sitzen blieb. Ich bin nicht überzeugt, dass nur der Erdkontakt den Weg zu Gott erschließt.

DAS TEMPELGEBÄUDE

INFORMATIONEN

Um den Osiristempel von *Seti I.* heute zu besichtigen, muss man sich ein Taxi für mindestens 100 Euro[122] (von Luxor aus) mieten und hat damit eine Tagestour ohne Reiseleiter bei einem Taxifahrer gebucht; höhere Preise würde ich nicht bezahlen. Nun macht sich bemerkbar, dass diese Gilde die Geschichte Ägyptens niemals als ihre eigene Geschichte sah; sie wissen kaum etwas über die berühmten Kulturerbschaften. So haben die unternehmungslustigen Touristen ein Ziel: Abydos mit seinen interessanten Tempeln und einer unvorstellbar dramatischen Vergangenheit auf eigene Faust kennenzulernen. Eine besondere Gefahr für Leib und Leben besteht, abgesehen vom fehlenden Versicherungsschutz der Taxifahrer, nicht.

Der moderne Besucher glaubt oft, dass der gesamte Tempelbau „aus einem Guss" besteht, doch normalerweise wachsen Tempel von innen nach außen. Es gibt heute immer noch kleine Tempel in Ägypten, wo nur das Allerheiligste[123] aus einem geschlossenen, überdachten Raum besteht und ein paar Säulen im Freien davor den „Säulensaal" bilden und eine Umfassungsmauer alles

---

122 Tagesausflüge bieten auch alle Reiseveranstalter als geführte Tour an, jedoch meist zum doppelten Preis mit Eintritt und ohne Verpflegung.

123 Das Allerheiligste ist mit dem Tabernakel in den katholischen Kirchen zu vergleichen, in welchem sich eine Figur, wahrscheinlich aus Holz, des Gottes befand, so wie bei den Christen die Hostien als Leib Christus. Der Raum selbst ist der Naos, welcher sehr oft aus einem einzigen Block, meist Granit gehauen wurde.

einschließt. Folglich wurde immer der Säulensaal, welcher unmittelbar hinter dem Eingang steht, als letzter gebaut. Warum *Seti I.* starb, bevor seine beiden Tempel in Qurna und Abydos vollendet waren, liegt im Dunkel der Geschichte.

Abdju besaß einen sehr alten Tempel etwa 1,2 Kilometer nordwestlich vom Tempel des *Seti I.* entfernt. Dieser war der eigentliche Osiristempel, gelegen in Mitten der alten Stadt *Abdju*. Im Lauf der Generationen wurde der Osiriskult mit dem Ahnenkult des Gottes *Chontamenti* vereint, so dass es König *Seti I.* aus dem Neuen Reich offensichtlich für angebracht hielt, dem über alles beliebten Gott *Osiris* einen eigenen Tempel zu widmen. Offensichtlich überschätzte er die ihm auf Erden verbleibende Zeit, denn als er starb, war die hintere Säulenhalle seines neuen Prachtbaus fertiggestellt. Allerdings fehlten in der vorderen Säulenhalle, welche sich unmittelbar vor dem Ausgang befindet, die Dekorationen und Beschriftungen. M. E. waren diese Elemente der Bausubstanz insgesamt bereits vorhanden und sollten nach Osten und Süden erweitert werden. Das bedeutet vielleicht, dass nur in meiner Skizze vom Tempel die blau gefärbten Flächen als Vorgängerbau vorhanden waren, die Tempelerweiterung mehr als 350 Prozent betragen hätte, ganz zu schweigen vom Osireion auf der westlichen Außenseite, sodass man schon von *Seti I.*-Tempel sprechen kann.

Der liebende Sohn musste das Bauwerk nach dem Tode seines Vaters fertigstellen lassen. Dabei ließ er sich in das richtige Licht setzen[124]. Er war ein Aufschneider und ließ keine Gelegenheit aus, um sich in den Vordergrund zu drängen, alles Positive seiner eigenen Person zuzuschreiben und gleich dem ehemaligen amerikanischen Präsidenten Trump, alles als gigantisch, einmalig und als „noch nie dagewesen" zu bezeichnen, was zu-

---

124 *Ramses II.* als der älteste Sohn musste für die Grabstätte seines Vaters sorgen. Bereits im Alten Reich kam es zu Stiftungen auch bei Adligen, die ungeahnte Ausmaße, beispielsweise ganze Städte, im Testament enthielten, um vorgeschriebene Opfergaben dem Toten zu bringen und die Grabanlagen zu erhalten.

mindest für die Größe seiner Sitzstatuen zutrifft. Er wollte von der Nachwelt niemals vergessen werden – und das hat er wahrhaftig erreicht. Kolossalstatuen aus feinstem Alabaster wurden in Memphis gefunden und der Felsentempel von Abu Simbel zeugt ebenfalls von Macht und Größe. Als die Historiker tiefer in die Geschichte von *Ramses II.* eindrangen, erkannten sie seine Prahlereien und seitdem wird dieser König etwas kritischer betrachtet, ohne seine tatsächlichen Verdienste zu schmälern.

Abbildung 10: Typische alte Tempelform Naos,
freier Platz und Umfassungsmauer

Dass sich der ägyptische König *Seti I.* diesen Tempel zu Erweiterungsarbeiten vornahm, zeugt eindeutig von dem hohen Ansehen der Ahnen und des Gottes *Osiris.* Dabei ist die Geschichte viel umfangreicher, als es je ein Reiseführer erklären wird.

Der antike Geograf und Geschichtsschreiber Strabon[125] erzählt von einem Brunnen, der sich in dem Osireion von *Abdju* befand. Er beschreibt:

„… ihn als unter dem Memnonium gelegen; mit niedrigen Gewölbebögen, die aus einem einzigen Stein erbaut sind …",

womit er wahrscheinlich meinte, dass die Steinbalken über die Hallen und Kammern in einer einzigen Spanne gingen. Diese Art, einen Bogen zu bauen, sehe ich später noch im Osiristempel. Es wurde sozusagen ein genügend dicker Balken ausgesucht und später von den Handwerkern so lange von „unten ausgeschlagen", bis ein perfekter Bogen entstand.

Der provisorische Eingang, der heute von der oberen Außenseite der Hintertür des Tempels erfolgt, zeigt eindeutig, dass der wahre Zugang bis heute nicht ermittelt werden konnte, obwohl alle Anzeichen auf eine Passage zwischen diesem unterirdischen Bauwerk und dem Tempel von *Seti I.* hinwiesen, die eher aber der zugeschüttete Graben für den Transport der Granitblöcke darstellt. Es gibt einen Außenzugang von der nördlichen Seite der Wüste her, der durch einen langen, mit Reliefs geschmückten Gang von ca. 150 Metern Länge zum Osireion führt, aber für Besucher geschlossen ist. Was die erwähnte Quelle von Strabon betrifft, könnte es sich dabei um einen Trugschluss handeln, da offensichtlich der untere Teil der unterirdischen Grabkammer unter dem hohen Niveau des Nils liegt oder Grundwasser regelmäßig den Wasserspiegel ansteigen lässt, und der Reisende aus antiken Tagen dachte, dass es sich um eine natürliche Quelle handeln muss. Ebenso muss man sich damit abfinden,

125 Strabon = deutsch ‚der Schielende', lateinisch Strabo; geb. ca. 63 v. Chr. in Amaseia in Pontos; gest. ca. 23 n. Chr. Seine Kenntnisse stammen vielleicht von einer Reise nach Ägypten (25 oder 24 v. Chr.) im Gefolge des neuen römischen Präfekten Aelius Gallus. Sonst ist über sein Leben wenig bekannt.

dass der Osiristempel von *Usertesen I.*[126] durch seinen Baumeister *Mentu-hotep*[127] ausgeführt wurde. Bereits vor 150 Jahren fand man dazu einen Hinweis in einer Denkschrift des Louvre in Paris, welche bereits in der XIII. Dynastie von einem König des Thebanischen Herrscherhauses verfasst wurde. Es war der sonst unbekannte Königs *Râ-cha-n-Ma'at Râ-n-ter*[128]. Heinrich Brugsch zitiert einen Vorsteher des Tempels zu *Abdju* mit Namen Ameni-Seneb, welcher in den Tagen des oben erwähnten Herrschers lebte:

„Es kam zu dem Schreiber des Landesträgers Seneb, ein Sohn des Landschlägers, um mich zu rufen wegen eines Auftrages des Landpflegers. Und ich ging mit ihm und ich fand den Landpfleger, welcher weiter in seinem Amtshaus lebte. Und es gab mir dieser Fürst in meinem Angesicht, in dem er also redete: ‚Du bist beauftragt den Tempel von Abdju zu reinigen und zu eröffnen. Arbeiter sind dir zu diesem Zweck zugeteilt und Tempeldiener des heiligen Bezirks sind bereit in ihren Werkstätten.'

Und ich reinigte alles von unten bis nach oben und die Wände, die alles Innere umgeben. Und die Schriften waren mit Farben gefüllt, mit Sinnbildern und anderes Schmuckwerk ebenso; und so wurde erneuert, was König S-en-wosret I. erbaute."

---

126 Auch als *S-en-wosret* (Bruder der Göttin Wosret), bekannt regierte von 1971–1926 v. Chr.; Hinweis: die Bezeichnung „Bruder" ist im Sinne von „Geliebter" zu verstehen.

127 Er war nicht nur oberster Baumeister, der nach und nach mit verschiedenen Ämtern betraut wurde, denn er war zugleich Rechtsgelehrter und Gesetzgeber, beschäftigte sich mit priesterlichen und göttlichen Dingen und führte sogar nach außen Kriege mit den Nachbarn des Ägyptens. Er ist nicht identisch mit König *Mentu-hotep I.* aus der XI. Dynastie.

128 Da es in der XIII. Dynastie (2. Zwischenzeit) recht unübersichtlich zuging, soll dieser 13 bis 47 Könige gewesen sein.

Somit hätten wir das Missverständnis geklärt, wonach durch
König *Seti I.* ein gesamter Neubau errichtet wurde, abgesehen
von dem südlichen und vielleicht auch westlichen Anbau, welcher tatsächlich von *Ramses' II.* Vater errichtet wurde. Kurioserweise schweigen aber neuere Berichte darüber und orientieren
sich weiter an der Meinung, dass *Seti I.* diesen Tempel gründete. Das Tempelbauwerk von Baumeister Mentu-hotep war also
zumindest noch so intakt, dass man von einem „Untergang des
Tempels" nicht sprechen kann. Es passt aber in die Propagan-
dapolitik der Ramessiden, immer „die Ersten" in allem sein zu
wollen. Wir werden auch später noch sehen, dass die Bezeichnung „Tempel des *Osiris*" nicht ganz der Wahrheit entspricht,
zumindest wurde erst aus ihm ein Tempel für *Osiris* gemacht.
Das Bauwerk wurde außen wieder freigelegt und im Inneren
vom eindringenden Sand der Wüste befreit.

Offensichtlich hatte der Vorgängerbau kaum das Aussehen des heutigen Tempels. Petrie beschrieb bei seinen Ausgrabungsarbeiten in *Chemenu*[129] die wenigen Reste eines Tempels
aus der XII. Dynastie:

> *„Die Idee, die wir so vom Aussehen des Tempels der*
> *XII. Dynastie bekommen, ist sehr anders als die des späteren*
> *Tempels. Es gibt nur kleine Blöcke des sehr umfangreichen*
> *Gebäudes eines Heiligtums und von Lagerräumen flankiert; und*
> *ein großer Hof davor. Dies würde durchaus mit den Umrissen*
> *des Tempels der XII. Dynastie Abdju übereinstimmen; und in*
> *Ermangelung von Bauplänen in diesem Alter gibt es zumindest*
> *eine Vorstellung von der Art, die dann folgte. Es scheint eine*
> *Fortsetzung zu sein des primitiven Schreins und Hofes, wie*
> *gezeigt auf der Palette von Mena."*[130]

---

129 Hermopolis-Magna war der griechische Name für die altägyptische Stadt
    Chemenu als Hauptstadt des 15. oberägyptischen Gaues („Hasengau").
130 Genau diesen Baustil kann man teilweise im Karnak-Tempel wiederfin-
    den, wo südlich des Allerheiligsten kleine Nebengebäude zu erkennen
    sind. Vgl. Bild *Nar-Mer=Palette.*

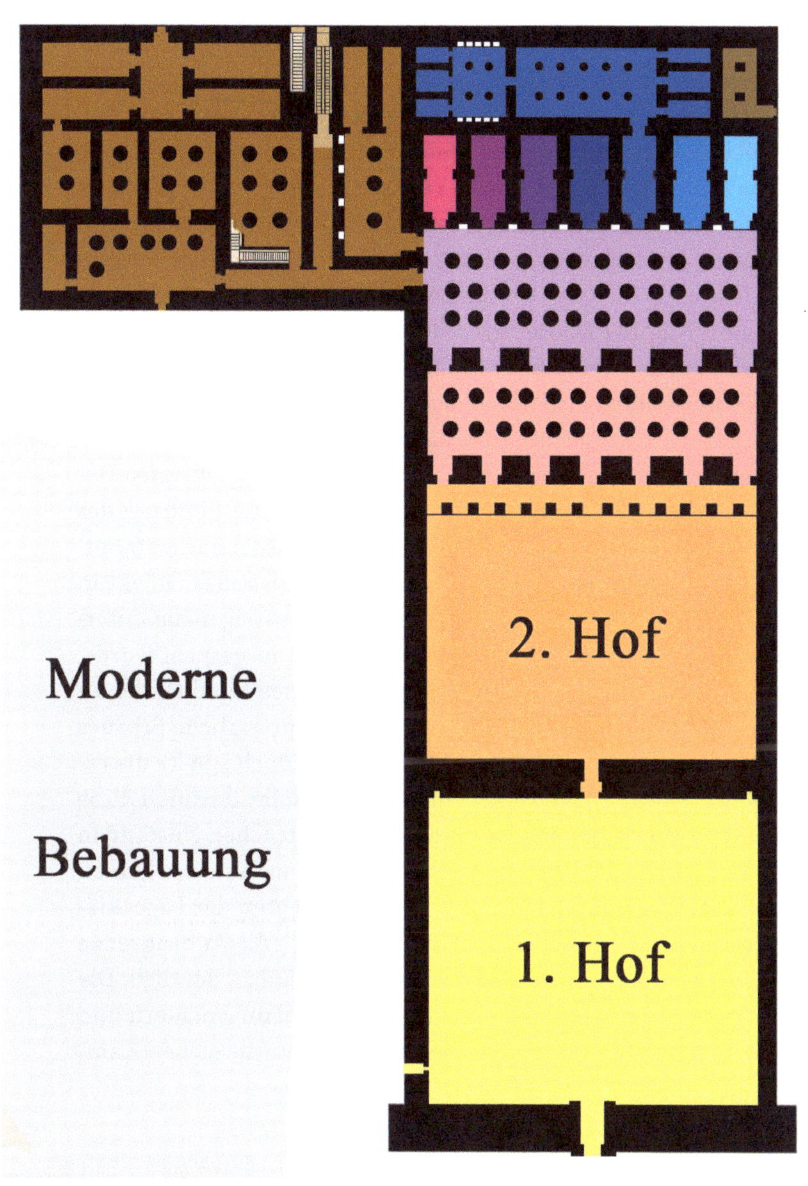

Abbildung 11: Skizze des neuen Osiristempels in Abydos

Wenn sich also Petrie nicht irrte, so waren auch bei dem Vorgängerbau keine Säulenhallen vorhanden, sodass er zwei Säulenhallen in Richtung des „gedachten Ostens" davorsetzen und ungestört seinen südlichen Anbau vollenden konnte. Damit versetzte er den Tempel in das „moderne" Niveau eines Tempeltyps im Neuen Reich. Der erweiterte Tempel des *Osiris*[131] selbst ist gegen einen großen Hang gebaut, doch durch den südlichen Anbau ist der ursprüngliche Hang von der Vorderfront des Tempels nicht mehr zu erkennen und erinnert eher an eine Sanddüne. Selbst Auguste Mariette war ursprünglich der Meinung, dass rund um den Tempel ein Graben gezogen werden muss, damit der angewehte Wüstensand nicht wieder das Gebäude unter sich begraben soll. So wie es der Name für den Platz durch die Einheimischen schon andeutete, war durch die eingestürzten Dächer der Magazine links vom Hauptgebäude der Eindruck des „Versunkenseins"[132] entstanden. Er war umso mehr erstaunt, als er erkannte, dass die Architekten bewusst das Objekt in den Hang gebaut hatten, als wäre er der „Einstieg in die Unterwelt". Warum gerade dieser konkrete Platz ausgesucht wurde, ist m. E. einerseits ein Hinweis auf den nahen Friedhof der alten Könige. Dieses Bauwerk hätte der ursprüngliche Erbauer näher zum Fruchtland errichten können, doch spielte die erhöhte Lage des Baugrunds eine wichtige Rolle, da durch diese Lage von 4,20 Meter über dem durchschnittlichen Nilstand in alten Zeiten die Überschwemmungen normalerweise keinen Schaden anrichten konnten. Beim Betrachten der Lageskizze und des Tempelinneren vor Ort sehe ich die Anbaugrenze zwischen dem Altbau und dem südlichen Anbau deutlich. Die Wanddicke bezeugt die ehemaligen Umfassungsmauern und m. E. kann der alte Vorgängerbau sogar nur die sieben Kam-

---

131 Im Unterschied zu dem Tempel des *Chontamenti*, der später mit *Osiris* vereinigt wurde und auf dem Territorium der alten Stadt liegt. Jedoch muss man die Vorgeschichte dieses „Neubaus" beachten.
132 Im Umfeld wurde dieser Ort von den Einheimischen Arabât-El-Madfûneh genannt.

mern umfasst haben, sodass alle Räume hinter ihnen (Osiris-hallen und Schreine) ein Neubau der Rekonstruktion waren.[133]

Obwohl altägyptische Orte fast ausschließlich am Nil oder an seinen Hauptkanälen errichtet wurden, wie beispielsweise Luxor und Theben, zeigen die Orte Abydos und Dendera ganz deutlich, dass hier der Schwerpunkt in der Sicherung der Nekropolen vor Wassereinbrüchen und Hochwasserständen bestand.

Offensichtlich fühlte sich der große König dazu berufen, nach dem Wirrwarr, welches durch *Echn-Aton* ca. vier Jahrzehnte zuvor verursacht worden war, den alten Göttern Hochachtung zu zollen und sich bei den hochverehrten Ahnen zu entschuldigen. Dieser Vorgang entsprach nicht einer noblen Geste, sondern die Könige waren historisch verpflichtet, die Ahnen ohne Ausnahme zu ehren.

Ich will auf die ausufernde Bezeichnung: „Das Haus von Millionen von Jahren des Königs von Ober- und Unterägypten *Men-Ma'at-Re*, dessen Herz in Abydos zufrieden ist" in der weiteren Beschreibung verzichten, will jedoch darauf verweisen, dass die Bezeichnung „Totentempel" von Experten in dem Zusammenhang nicht gern gesehen wird. Also werde ich als Kompromiss vom sogenannten „Jahrmillionen-Haus" sprechen. Aus welchem Grund der Vorgängerbau errichtet wurde, kann nur durch Erkundung der Lage im freien Feld eruiert werden. Dabei ist uns *Ramses II.* als liebender Sohn auch wenig hilfreich, da er, und das werden wir im nächsten Absatz sehen, hinter seinem Vater nicht nachstehen wollte. Allerdings geschah das Gleiche wie beim Chonstempel in Karnak, dass die Nachfolger von *Seti I.* ihren Aufgaben nicht mit absoluter Leidenschaft nachgingen und die Restarbeiten zogen sich über *Ramses II.*, *Meren-Ptah* und *Ramses III.* bis *Ramses IV.* ewig hin. Gottesfürchtig und prahlerisch wollten sie das Vermächtnis der Ahnen ehren, doch irgendwann wich die Begeisterung der Pflichterfüllung

---

133 vgl. Abschnitt „Die Osirisanlage"

und schlief schließlich ein. Eines konnten sie aber alle: Sie nutzten die Jahrmillionen-Häuser für ihre eigene Popularität. Die Hinweise von Strabon gestatten sogar die Vermutung, dass der Tempel irgendwann aufgegeben wurde und er bereits ein verlassenes Bauwerk vorfand.

Heute liegt der Tempel am westlichen Ortsrand von Abydos. Ein geräumiger Parkplatz bietet Parkmöglichkeiten für viele Touristenbusse und Privatfahrzeuge, doch die Hochzeiten des Tourismus sind vorüber und nur wenige Fahrzeuge bringen Besucher auf die Anlagen des ruhenden Verkehrs. Rund 240 Meter Fußweg bis zum kleinen Ticket-Shop, dann führt der Weg über eine Rampe zum ehemaligen ersten Pylonen, von dem kaum mehr als die mit Gravuren übersäten Kalksteinfundamente zu sehen sind. Rechts verläuft eine Wand, die den Tempel von der moderneren Wohnbebauung trennt, was darunter verborgen ist, bleibt bis auf Weiteres ein Geheimnis. Offensichtlich gab es zur Zeit des Tempelbetriebs dahinter Versorgungseinrichtungen und Magazine, wie beispielsweise im Ramesseum bei Theben West. Auf der Südseite kann man die alte Trennmauer erkennen, in der sich fast auf Höhe des Pylons eine kleine Pforte befand, heute ohne jede Bedeutung. Historisch begründet, kommt der Besucher vom Ersten Hof über eine weitere Rampe mit Treppen zu einer Trennwand, an die sich schließlich der Zweite Hof anschließt. Auf die beiden Flanken sind kolossale Figuren von *Ramses II.* eingraviert, leider fehlen die oberen Teile, sodass man nur die unteren Szenen erkennen kann. Ich liebe altägyptische Tempelbauten und deren Informationen für die Nachwelt. Wenn auch stark ramponiert, kann ich aber hier doch die teilweise erhaltenen Bilder und Namen von 119 Kindern, davon 59 Söhne und 60 Töchter auf der Südseite erkennen. Es hätte nicht viel mehr Raubbau bedurft, und alles wäre für immer verschwunden. Über diesen Tempel hat Strabon geschrieben:

*„... Abdju, wo wir das Osireion sehen, hat einen
wunderschön gebauten Palast, alles aus Stein und die
gleiche Konstruktion, die wir im Labyrinth bemerkt
haben, außer, dass wir diese Vielzahl von Räumen im
letzterem Gebäude nicht sehen. Es enthält eine tief
liegende Quelle, wo man hinabsteigt in das Kellergewölbe,
das von Monolithen von außergewöhnlicher Größe und
Konstruktion gebildet wurde.“*

... und fügt hinzu:

*„Ein Kanal, der vom großen Fluss abgeleitet ist, führt nach
Abdju: An seinen Rändern gibt es ein Holz aus ägyptischem
Akanthus, dem Apollo geweiht. Abdju scheint einst eine
Großstadt gewesen zu sein und die erste nach Theben;
heute ist es nicht mehr als ein kleines Dorf.“*

Wenn ich heute zu der Kalksteinfassade des wunderschön restaurierten[134] Tempelbaus sehe, muss ich schon genau hinschauen, um eine gewaltige Rekonstruktion im oberen Viertel zu erkennen. In akribischer Arbeit haben die Bautrupps in der Neuzeit einen annähernd historischen Bauzustand geschaffen, denn der von Kalksteinräubern geplünderte Tempel hatte teilweise alle Baumaterialien vom Dach bis zu den Fundamenten eingebüßt. Glücklicherweise waren diese Räuber zu faul, den angewehten festen Sand wegzuräumen, sodass alles unterhalb der Sandebene erhalten blieb.

Die Bauherren aus früheren Zeiten verwendeten Steine aus sehr feinem Korn und strahlendem Weiß[135], verzichteten sehr

---

134 Bei genauer Betrachtung kann man sehr deutlich die in der Rekonstruktionsphase hinzugefügten Teile in den Dachregionen erkennen, welche sich dann in den einzelnen Kapellen teilweise bis zwei Meter über dem Erdboden hinziehen.
135 Der sogenannte Tura-Sandstein war einer der besten Sandsteine und wurde unweit von Kairo gebrochen.

oft auf tiefe Fundamente, oft betragen sie nur 1,30 Meter. Als der südliche Anbau den Altbestand aus Sicht *Seti I.* komplettierte, nutzte er auch hier die unwahrscheinliche Tragkraft des Bodens und führte aus der bisherigen Standfestigkeit abgeleitet die geringen Gründungsmaßnahmen fort. Offensichtlich hatte er hervorragende Baumeister, denn bis heute sind die Anbauten überwiegend noch intakt. Wie schon in Karnak festgestellt, sind die Blöcke mittig mit Schwalbenschwänzen aus Sykomorenholz verbunden, an deren Verbindungskraft bis heute sich nichts geändert hat. Diese im Bauwesen üblichen Verbindungen sind beispielsweise auch im Karnak-Tempel vorzufinden.

Es muss ein fantastischer Anblick in der Antike gewesen sein, diese weiße Kalksteinfassade in ihrer Gesamtbreite von 52,10 Metern Länge mit sieben Eingangstüren zu bewundern. Der jetzige Zustand entspricht nicht dem Projekt von *Seti I.* und lässt vergessen, dass *Ramses II.* nach dem Tod seines Vaters sie alle, bis auf die Haupttür zur Gasse von *Amun-Râ*[136] und einer weiteren zu *Osiris* mit Steinblöcken verfüllen ließ und darüber hinaus einen Zugang durch eine kleine Tür im Nordtor gewährte. Um diese triste Fassade aufzulockern, ließ sein Erbe und Thronnachfolger 12 monolithische Kalksteinsäulen davorsetzen, die durch eine Steintraverse an ihrem oberen Ende verbunden wurden. Ich empfinde die gravierten und farbig geschmückten Säulen mit ihren religiösen Szenen mit *Seti I.* und verschiedenen Göttern als sehr ansprechend und im Gegensatz zu den oft „barbarischen" Bildnissen der Zeit *Ramses II.* als ein vollendetes Werk der Künstler. Die Darstellungen sind so mächtig, dass sie über dem Sockel beginnen und bis zur Abbruchkante reichen, sodass man glauben könnte, die Kalksteinräuber befürchteten die strafende Macht der fremden Götter, wenn man diese auch abreißen würde.

---

136 *Amun-Râ*, auch *Amun-Rê* genannt, war der Götterkönig und das Oberhaupt der Triade aus Theben. Er wurde durch Fürst Antef im Haken am Nil zum bedeutenden Gott erhoben.

Abbildung 12: Tempelfassade mit 12 figürlich geschmückten Kalksteinsäulen

Bevor ich aber eintreten will, überlege ich mir noch einmal, dass die siebenschiffige Säulenhalle, wenn sie ausschließlich das Werk von *Seti I.* war, entweder die Fortführung der ersten Säulenhalle eines Vorgängerbaus war oder die sieben Schreine gehörten nur zum „Ur-Tempelbau" und *Seti I.* pflanzte beide Säulenhallen davor und erhob einen Wüstentempel zu einem großen Heiligtum. Aber wo steht das? Mindestens werde ich bald die üblichen Formeln der Erbauung und der daraus entstehenden Huldigungen des Erbauers sehen.

Ich gehe zum Eingang und die Museumswächter werfen einen Blick auf die Eintrittskarten und ermahnen mich, ohne Blitzlicht zu fotografieren und immer wieder ruft einer mir zu: „No video!" Ich trete unberührt in die düsteren Heiligen Hallen des Tempels ein und spüre die angenehme Kühle trotz Tageshitze vor dem Bauwerk. Es weht ein leichtes Lüftchen, welches, und das kann man erst am Ende des Rundgangs feststellen, durch die offene Tür am hinteren Treppenausgang herüberweht. Die Richtung der Säulen verrät sofort, dass hier die Fortführung der Eingangstüren bis zu den Kammern der Gottheiten Berücksichtigung fand. Die Struktur gestattet mir einen Blick bis an das Ende der Kammern, die alle, außer der für *Osiris*, eine Scheintür haben. Das finde ich schon etwas sonderbar, wenn nicht, so denke ich mir, der ganze Tempel zur Anderswelt umgebaut wurde. Doch dann wäre *Osiris* am rechten Ort und benötigte keine Scheintür im Gegensatz zu den anderen Gottheiten, deren *kas* dann ihn besuchen würden; nicht umgekehrt.

DIE SIEBEN KAPELLEN

EINFÜHRUNG

Im geheimnisvollen Dämmerschein erwarten mich die Kapellen für die Gottheiten. Ich fange an zu träumen und stelle mir vor, dass die Prozessionen der Priester alle gleichzeitig mit ihren Barken in den Tempel einzogen, von Gesang und Gebeten begleitet. Der schwere Duft von reinigendem Weihrauch liegt in der Luft. Wer schon einmal in einer koptischen oder orthodoxen Kirche war, weiß, wovon ich rede.

Ich fange von der nördlichen bis zu der südlichen mit der Zuordnung an.

» Die **erste** Kapelle ist dem *Horus* geweiht,
» die **zweite** der *Isis*, Fruchtbarkeitsgöttin und Mutter von *Horus* und Ur-Mutter;
» die **dritte** dem *Osiris*, Fruchtbarkeitsgott, Vater von *Horus* und Ur-Vater;
» die **vierte** dem *Amun-Râ*, der in Theben als der König der Götter verehrt wurde und gleichzeitig die vier Himmelsrichtungen mit ihren den Himmel tragenden Pfeilern vertritt;
» die **fünfte** dem Gott *Harmachis* bzw. *Rê-Harachte*,
» die **sechste** dem Gott *Ptah-Sokar*, Stadtgott von Memphis und nach der ägyptischen Religion der Schöpfergott, was sich schon allein aus der Tatsache ableitet, dass Memphis als die älteste Stadt in Oberägypten gilt, vereinigt mit dem Erdgott *Sokar*;
» die **siebte** für den verstorbenen König *Seti I.* (gleich *Osiris* nach seinem Tod).
» die inoffizielle **achte**, die aber im südlichen Anbau näher beschrieben wird.

Ich will an dieser Stelle darauf verweisen, dass die Alten Ägypter Heilige Zahlen hatten, eine davon war die Sieben. Wenn im Tempel *Seti I.* sieben Kapellen auf mich warten, so erinnert mich das schon an eine Bemerkung von Assmann, der in seinem Buch „Ägyptische Geheimnisse" darauf verweist, dass *Osiris* in der Unterwelt in der siebten Halle der sieben Hallen thront, welche der Tote zu durchschreiten hat, um in die Halle der zwei Wahrheiten oder Halle der Rechtfertigung zu gelangen. Sollten bereits diese Ausführungen des Totenbuches hier beim Bau berücksichtigt worden sein? Ist diese Hallenanordnung ein Modell der Unterwelt, in welches ich mich begeben will? Haben bereits die Könige zuvor, wenn ich meinem Standpunkt treu bleiben will, dass *Seti I.* nur einen Um- und Erweiterungsbau vornahm, diesen Bauplan berücksichtigt? Fragen über Fragen und die Antworten hoffe ich zu finden.

Trete ich in das erste ehemalige Heiligtum ein, so stechen mir beim Blick nach oben zuerst die Deckenelemente ins Auge. Sie erinnern mich an einen geschlossenen Sargdeckel und es würde mich nicht wundern, dass genau dieser Eindruck vom Architekten erzielt werden sollte. Von einer Wandseite bis zur anderen überspannen die Deckenblöcke die Kapelle und haben fast alle eine Länge von ca. 10 Metern und eine Breite von ca. 5,00 bis 5,50 Metern. Die Ägypter hatten sehr wohl die Möglichkeit, flache Blöcke auf die Wände zu legen, um sie danach in der Form auszuschlagen, dass eine flache Rundung entsteht. Ich las in alter Literatur, dass genau diese Deckenform als „Bestattungsbauten" erkannt wurden, denn sie stellen vielleicht auch das Himmelsgewölbe nach. Da wird mir plötzlich klar, dass „Sargdeckel" oder „Himmelsgewölbe" für Tote bestimmt sind und es sich dabei auch hier um die Verehrung „verstorbener Götter" handeln muss. Über diesen Umstand wird kaum geschrieben, denn allein darin würde ein gewaltiger Widerspruch liegen. Ich überlege noch, ein Buch über dieses Problem zu schreiben, denn interessant wäre es schon.

Was ich bei der ersten Kammer noch nicht wissen kann und kein Reiseleiter seiner Gruppe erzählt, erkenne ich bis zur letzten!

Alle Decken sind gewölbt und in allen Kapellen werde ich mir die Wanddekorationen genau anschauen, denn die Decken der meisten Kammern sind beschädigt und wurden später rekonstruiert. Übrigens werde ich am Ende meiner Besichtigung feststellen, dass die künstlerischen Gestaltungen dieser „künstlichen Himmel" nicht alle gleich sind, obwohl das Hauptmotiv aus nachtblauem Himmel mit Sternen besteht und stellt wohl die Himmelsgöttin Nut in ihrer Gesamtheit dar, welche die Verstorbenen Willkommen heißt. Aber nur bei *Osiris* und dem verstorbenen König *Seti I.* wird konkret und namentlich auf den Eigentümer hingewiesen.

Nach dem ersten Eindruck denke ich mir, dass die jeweiligen Bedeutungen der Kammern den Gottheiten angepasst wurden, denn die Rituale verliefen nach einem eisernen System für alle Gottheiten im Prinzip gleich. Das ist m. E. dadurch erklärlich, dass durch diese „historischen" Handlungen den Menschen bewährte Grundlagen geboten werden, an denen sie ihr Leben ausrichten können.

Natürlich verwundert mich das nicht, denn wenn im Karnaktempel von *Seti I.* und *Ramses II.* das sogenannte „tägliche Ritual" an die Wände des großen Säulensaals zum ewigen Gedächtnis eingeschlagen wurde, warum sollte es hier anders sein?[137] Diese sich alltäglich wiederholende Zeremonie war nicht nur eine Pflicht gegenüber den Göttern, denn die Könige erhielten durch diesen Vorgang, so zeigen es immer wieder Bilder und Reliefs, ihr Leben und ihre Macht für den neuen Tag zurück, indem die Götter ihm das Anch-Zeichen an die Nase halten und die Insignien der Macht übergeben. Es ist also für beide Parteien ein überlebenswichtiger Vorgang vor Sonnenaufgang, noch bevor die ersten Strahlen aus dem „Lichtland" den Tempel erreichen. Wahrscheinlich wie beim Tod eines Königs, begann alles wieder neu, als hätte es die Welt zuvor nicht gegeben.

---

137 Noch heute hat der Pfarrer in der katholischen Kirche ein dickes Messbuch in jeder Messe aufgeschlagen, aus welcher er Gebetstexte vorliest, sozusagen die gedruckte Form des täglichen Rituals.

Alle 36 Reliefs sind für die Abläufe in allen sechs gewölbten Kammern ziemlich gleich, nur mit geringem erforderlichem Unterschied, weil Namen und Figuren der Gottheiten sich in jeder Kammer ändern. Eines geht aber eindeutig draus hervor: Der amtierende König sollte in den sechs Kapellen nacheinander das tägliche Ritual feiern. Fein säuberlich sind alle Abläufe der Zeremonien des Königs für jede Kapelle aufgezeichnet und kein Mensch will glauben, dass der König wirklich dafür nach *Abdju* kam, denn die Zeremonien nahmen natürlich sein Hoherpriester vor. Diese „Gebrauchsvorschrift" war für die praktizierenden Priester, damit sie sich an den vorgeschriebenen Ablauf hielten. Minutiös werden jeder Schritt, jede Handlung und auch die Gebete vorgeschrieben[138].

So wie heute die Rufer in den Moscheen des Landes fast noch im Dunkeln der Nacht, bevor die Sonnenstrahlen den Horizont erleuchten, die Gläubigen zum Morgengebet auffordern, ging ein Priester in ebenso tiefer Dunkelheit, in der Hand eine brennende Fackel tragend, zum Allerheiligsten und entfernte das Siegel von der Tür, welches am Vorabend angebracht wurde. Hinter dieser Holztür „schlummerte" über Nacht die Statuette des hochheiligen Gottes. Es gab verschiedene Materialien für die Siegel, auch gesegneter Nilschlamm konnte nachgewiesen werden. Dabei wurde in Mengen Weihrauch geopfert, damit die Luft vor dem Allerheiligsten absolut rein wurde und dabei wurden religiöse Lieder gesungen, welche aber stets den Namen des Gottes enthielten und ihn erwecken sollten: „*Amun-Râ* erwache, *Amun-Râ* erwache, *Amun-Râ* erwache!" Diese Weckrufe erfolgten mehrmals und dabei wurde die Tür langsam und mit Pathos geöffnet. Schließlich wurde die Figur des Gottes aus dem „Schlafraum" herausgenommen und auf das Herzlichste begrüßt. Die

---

138 In meinem Buch „Tempel der toten Götter" vertiefe ich die Rolle der Priester im Tempel.

Umarmung wird auf den Reliefs immer durch das Auflegen der Hand des Königs auf den Gott dargestellt, doch war es eine Umarmung wie unter Verwandten oder besten Freunden.

Der Pionier Mariette hat schon im vorletzten Jahrhundert die Zeremonien, welche als Reliefs auf den Wänden stehen, wie folgt übersetzt[139]:

1. Darstellung:	Der König tritt bei voller Dunkelheit an den versiegelten Tabernakel heran.
2. Darstellung:	das Siegel wird entfernt (Kammer von Amun: hier, um den Ton zu entfernen).
3. Darstellung:	dem göttlichen Uraeus wird ein Räucheropfer dargebracht.
4. Darstellung:	das tägliche Ritual beginnt.
5. und 6. Darstellung:	verschiedene Zeremonien zu Beginn.
7. Darstellung:	der König begrüßt mit beiden Armen den „Gott" auf das Herzlichste.
8. Darstellung:	der Duft mef-t. wird gespendet.
9. Darstellung:	die Nachtkleidung wird entfernt.
10. Darstellung:	es wird die Scham des Gottes bedeckt.
11. Darstellung:	der Gott wird nach der Morgentoilette mit großen Streifen bekleidet.
12. Darstellung:	es wird erneut der Duft mef-t präsentiert.
13. Darstellung:	die Zeichen der Macht, das Zepter Uas, den Haken Hek, die Geißel Neye, werden an Armen und Beinen (des Gottes) angeboten.
14. Darstellung:	dem Gott werden die Federn der Wahrheit auf den Kopf gesetzt.
15. Darstellung:	er erhält Ornamente oder den Kragenboden umgehängt.
16. Darstellung:	dem Gott wird die Halskette angelegt.
17. Darstellung:	Ankleiden (des Gottes) mit lila Streifen.

---

139 gekürzt

18. Darstellung:	Ankleiden (des Gottes) mit grünem Streifen.
19. Darstellung:	Ankleiden (des Gottes) mit weißem Streifen.
20. Darstellung:	der König verlässt in demütiger Haltung rückwärts den Schrein und verwischt seine Spuren.
21. Darstellung:	obere Reihe. Das Siegel (aus dem Türschloss) wird entfernt.
22. Darstellung:	der Riegel der Tür wird zur Seite gezogen.
23. Darstellung:	beide Türen sind geöffnet.
24. Darstellung:	die Herrlichkeit des Gottes wird betrachtet.
25. Darstellung:	dem Gott wird gehuldigt, (sich auf den Bauch legen, um mit den Fingern die Erde zu berühren).
26. Darstellung:	Räucherstäbchen werden durch den König verbrannt.
27. Darstellung:	viermalige Anbetung Gottes bei Einsatz von Räucherstäbchen.
28. Darstellung:	zeigt die viermalige Anbetung der Gottheit.
29. Darstellung:	Reinigung der Stätte, Räucherstäbchen werden auf das Feuer geworfen. Viermal wiederholen.
30. Darstellung:	es wird „eine Handvoll Erde" geopfert.
31. Darstellung:	als Maßnahme zur Reinigung der Luft werden Räucherstäbchen auf das Feuer geworfen (viermal wiederholen).
32. Darstellung:	Maßnahmen, um die Reinigung mit der Vase zu machen unter Verwendung von vier Weihrauchkörnern.
33.–36. Darstellung:	Reinigungsprozedur.

Schon für jemanden, der sich gründlich mit dem Thema des täglichen Rituals beschäftigt, ist es schwer, die Reliefs eindeutig in Übereinstimmung zu bringen, geschweige denn für einen Tourist mit einem zweistündigen Ausflugsprogramm. Nun will ich anhand der Kammern selbst erkunden, was ich sehe und verstehe und tatsächlich erkenne ich die Reliefs in ihrer Bedeutung. Kurzum, es ist eine Zeremonie wie in einer Familie, wo die liebevolle Mutter den Morgen kaum erwarten kann, um ihr geliebtes Kind zu wecken. Sie tritt leise in das Kinderzimmer, geht zum Bettchen des Kindes, streichelt es und nimmt es vorsichtig in ihre Arme. Es wird vorsichtig gewaschen, mit der besten Babycreme eingeschmiert, neu gewickelt und für das Frühstücksfläschchen vorbereitet. Nach dem Essen erhält es seine Kinder-Insignien, wie Schnuller und Klapper und wird den Tag glücklich als das ungekrönte Oberhaupt der Familie verbringen.

Doch im Tempel wird dem Gott das Was-Zepter, der Hek-Krummhaken[140] und die Geißel symbolisch angeboten, weil er nach der Nacht wieder die Macht im Kosmos übernehmen sollte, dann wird dem Gott der Bogenkragen angelegt und die Federn auf das Haupt gesetzt und andere Ornamente werden gereicht, beispielsweise Halsketten u. a. m., je nach Tradition. Manche behaupten, dass diese Stäbe dem Träger eine besondere Kraft verliehen.

Es sei mir der Hinweis gestattet, dass eine menschliche Kleidung in Miniaturformat für die Statuette des Gottes wohl unpraktisch gewesen wäre. So griff man zu bunten Bändern, besonders in den Farben[141] Lila, Grün und Weiß, und legte diese in großer Gründlichkeit über den Gott und verband sie danach. War der Gott soweit für den Tag vorbereitet, wurde viermal das vorgeschriebene Gebet gesprochen und dem Gott durch die Pose des Priesters seine Unterwerfung gezeigt und gehuldigt, indem er sich auf den Bauch legte und die Hände den Boden berührten[142]. Selbst in der katholischen Kirche wird bei der

---

140 Heute in der katholischen Kirche als der Hirtenstab gedeutet.

141 Jeder Christ kennt die unterschiedlichen Farben der Priestergewänder, die anlässlich der Kirchenfeste getragen werden und wird mit Erstaunen feststellen, dass hierbei große Ähnlichkeiten bestehen.

142 Dies war auch die Geste der Menschen, welche den König trafen; nur „gute Freunde", in der Literatur oft als Favoriten bezeichnet, durften auf dem Bauch liegend sein Knie berühren.

Priesterweihe dem Neuling diese Haltung abverlangt, wenn auch manchmal das Sakrament der Ordination nun auch durch Handsalbung oder das Auflegen der Hand des Bischoffs erfolgt.

Nun war die Gottheit bereit, das Frühstück einzunehmen, gleich den Menschen auf der Erde, nur sehr oft üppiger, einschließlich Blumenschmuck, Wein, Most oder auch frischen Wassers. Danach wurde alles wieder abgeräumt, gereinigt und, soweit es möglich war, der „Abfall" im Feuer verbrannt. Bei den Opfergaben wurden als „Mahlzeit" alle Dinge des „täglichen königlichen Lebens" gereicht. Besonders gern gab es „gegrilltes Fleisch" und in manchen Darstellungen gibt es sogar Andeutungen auf Feinde, die geopfert wurden, allerdings weniger anlässlich des täglichen Rituals. Danach wurde der Gott von dem König oder seinem Stellvertreter verlassen und ein anderer Priester musste das Innere des Naos reinigen, damit auch nicht ein Hauch von den zuvor eingetretenen Personen übrig blieb. In einem Relief im Großen Säulensaal des Karnaktempels und ebenso hier vor Ort ist der letzte reinigende Priester dargestellt, wie er rückwärts den Raum verlässt, den Blätterbesen schwingend, denn auch er durfte keine Fußspuren hinterlassen, da ja alles auf einer mystischen, rituellen Ebene ablief.[143]

Diese Reliefs erinnern mich an den österlichen sogenannten „Kreuzweg", den der Priester, in Rom der Heilige Vater, vorschriftsmäßig ablaufen und die vorgeschriebenen Gebete sprechen muss. Im Gegensatz zu den hier vorliegenden Elementen, hat die Katholische Kirche 14 Stationen vorgegeben. Dann fällt mir auf, dass in den Kapellen die Anzahl der Reliefs schwankt. Für *Horus, Isis, Amun-Râ* und *Harmachis* gibt es 36 Reliefs, in der Kapelle von *Ptah* nur 26. Es ist für mich hochinteressant, ob es Unterschiede zu Karnak gibt, aber dafür muss ich die einzelnen Stationen später genau anschauen und vergleichen.

---

143 vergl. dazu auf meinem YouTube Kanal „aegyptenhans": „Das tägliche Ritual"

Abbildung 13: Blick in die Zweite Osirishalle
mit Schreinen im Hintergrund

Anhand der Türlöcher in dem Fußboden kann ich sehr gut erkennen, dass es sich bei den Eingängen um zweiflüglige Holztüren handelte, welche über Nacht den Göttern und ihren heiligen Barken Sicherheit und Ruhe boten. Sie wurden alle in Richtung Ausgang zugezogen und verschlossen. Wenn ich es mir recht überlege, so waren die Tempel gleich einer Festung mit mehreren Sicherheitseinrichtungen versehen, welche bei den Tempeln vor der XVIII. Dynastie fehlten. Da konnten die Gläubigen noch dem Gott nahe kommen, später gab es dafür Gegentempel und bis auf Prozessionen, wo die am Wegesrand Stehenden mehr ahnen als sehen konnten, blieb der Wunsch auf eine spontane Begegnung unerfüllt.

DIE OSIRISANLAGE

Es erscheint mir schon etwas paradox, dass gerade der Hauptweg vom größten Eingangstor zur Kapelle des *Amun-Râ* führt, welches wieder das größte Kapellentor innen darstellt, obwohl es doch der Tempel für *Osiris* sein sollte, aber vielleicht hat auch die frühere Bauweise diese denkwürdige Situation geschaffen. Das würde jedoch bedeuten, dass, bevor der Umbau startete, hier nur einem Hauptgott gehuldigt wurde, vielleicht dem *Chontamenti*, der schließlich dann mit dem *Osiris* vereint wurde. Doch wäre auch wieder so ein verdeckter Streich möglich, den *Ramses* seinem Vater spielen wollte, denn vor der Vermauerung der anderen Eingänge bestand doch eine Art Gleichberechtigung, die nun zugunsten von *Amun-Râ* verändert wurde. Also mach ich einen kleinen Schwenk nach rechts und sehe die Kapellen der Familie *Osiris*. Von außen glaube ich keinen Unterschied zu erkennen, da scheinen alle gleich. Auch zu ihm führte eine Allee mit einem Eingangstor, aber ein bisschen kleiner, als wäre er im Wettstreit nur Zweiter geworden. Was ich überhaupt nicht einordnen kann, ist die kleine Pforte, die *Ramses II.* für den Weg zum *Horus* offen ließ, als müsste man sich in der Dunkelheit zu seiner Liebsten schleichen.

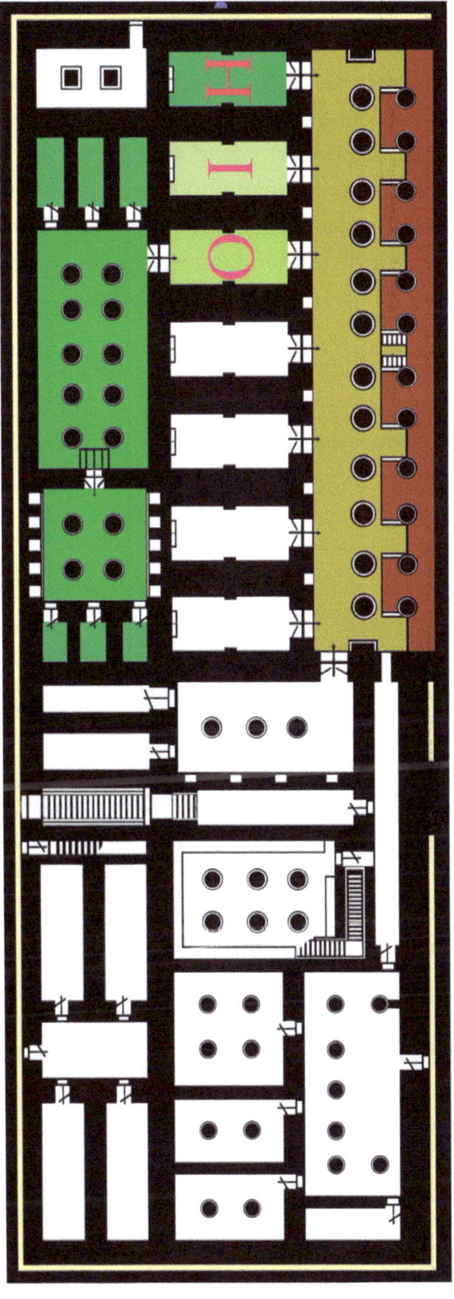

Abbildung 14: Farbige Darstellung der Lage der Kammern für „Familie Osiris“

Ich müsste eigentlich mit der Kapelle anfangen, die ich als erste erreichte, als ich durch den Eingang in Richtung der Allerheiligsten (Plural) schritt. Doch ich werde *Amun-Râ*, dem König der Götter, etwas später die ihm gebührende Ehre erweisen und wende mich zuerst dem „fabelhaften" *Osiris* zu. Nun, er hat abgesehen von allen seinen Namen und Attributen seine Kariere am Himmel als Orion begonnen, falls er nicht schon von den Urahnen verehrt wurde. In den Pyramidentexten sagt der König *Pepi* aus der VI. Dynastie des Alten Reichs:

> *„Osiris kommt als Orion zu ihnen, ... und zu dem seine*
> *Mutter sprach: ,Werde Fleisch'; und sein Vater sagte:*
> *,Sei im Himmel empfangen, sei geboren im Duat',*
> *und der im Himmel empfangen wurde mit Orion,*
> *der im Duat mit Orion geboren wurde. ...*
>
> *,Oh Pepi, du bist, der den großen Stern bringt, der lehnt*
> *sich an Orion, geht in den Himmel mit Orion, Reise im*
> *Duat mit Osiris ... Pepi ist gekommen, und er ehrt Orion;*
> *er stellt Osiris in seinem Ort."* [144]

Wie auch immer dieser Spruch gemeint war, auf jeden Fall bezeugt er, dass die Sterne in früheren Zeiten eine wesentliche Rolle spielten und die Religion hinsichtlich ihrer Aussagen immer weiterentwickelt wurde. Hier in dieser Kapelle ist diese Zeit schon lange vorbei, obwohl ich immer wieder Personen antraf, die in großer Einkehr wahrscheinlich beteten, obwohl über Tausende von Jahren sich seine Attribute verändert haben.

Man kann von dieser Anordnung ableiten, dass er der Hauptgott war, doch Ägyptologen suchten vergebens die Bestätigung dafür. Vielmehr widersprechen die Bilder den danebenstehenden Hi-

---

144 Mit Duat bezeichneten die Alten Ägypter die Sphäre, die der Verstorbene nach seinem Tod betrat.

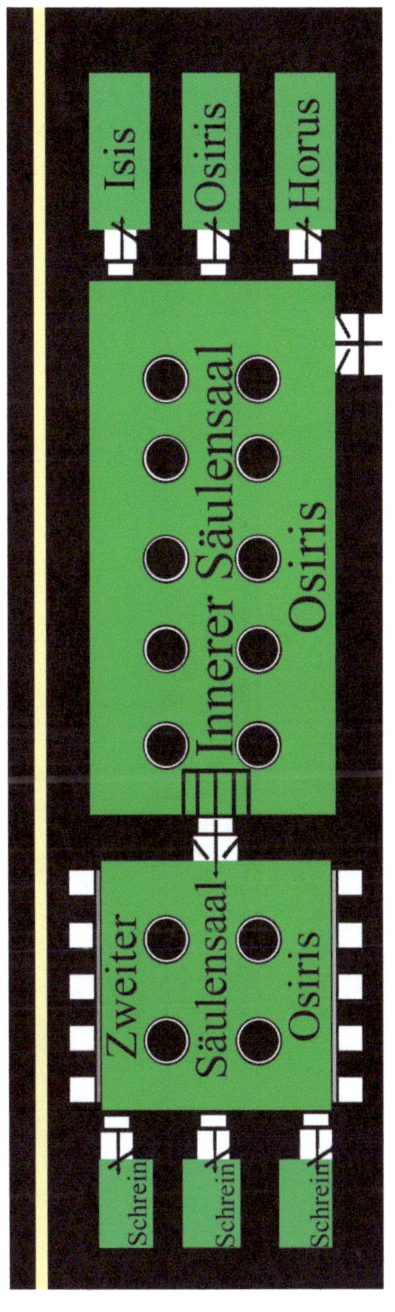

Abbildung 15: Skizze der Osiris-Räume (2 Säulenhallen, 6 Schreine)

eroglyphen, da zwar *Osiris* in allen Farben und Formen auf den Wänden erscheint, aber keine Huldigung an ihn als Stadt-, als Fruchtbarkeits- oder als Unterweltsgott oder was auch immer festzustellen war. Eigentlich stellt *Seti I.* den Totengott *Osiris* dar und so sind auch die Sprüche zu erklären, welche schon vor 100 Jahren die Ägyptologen zur Verzweiflung trieben.

Abbildung 16: Blick in die Kapelle des Osiris (Richtung Säulensaal)

Ein Blick auf meine Skizze lässt mich erkennen, dass alle zusammenhängenden Räume, welche von der Kapelle aus besichtigt werden können, fast dem Platzbedarf aller restlichen Kapellen zusammen entsprechen. *Osiris* hat eine Kapelle von „normaler Größe", obwohl die Scheintür fehlt, mit zwei anschließenden Nebensälen, von denen aus sechs weitere kleine Gemächer (Schreine) von ca. 6,50 x 3,50 Meter zu betreten sind. Hinter mir ist der Schrein des Totengottes, beiderseitig mit Schreinen von Gottheiten flankiert. Sie sind noch sehr gut an den Wänden erhalten, obwohl auch hier die Zerstörung, besonders im Deckenbereich, ihre Spuren hinterließ. Mariette behauptete sogar, dass der Deckenabbruch erst im 19. Jahrhundert stattfand und letztlich wohl zur Kalkgewinnung oder als Baumaterial dienen sollte. Wie in der touristischen Verhaltensweise üblich, wird erst einmal bei einem unübersichtlichen Terrain ein Rundgang absolviert, um dann das, was sinnvoll erscheint, auf fotografische Weise als Urlaubserinnerung zu bewahren. Auf der durchgehenden Achse der zehn-säuligen Halle nach Süden sehe ich schon durch die kleine Säulenhalle mit vier Säulen bis zum Schrein, wobei alle drei aufgrund ihrer Zerstörungen der Reliefs keine Namen haben. Sie sind erheblich kleiner, ca. 3,50 x 2,50 Meter, als die auf der nördlichen Seite. Ich kann also durch die Kapelle des *Osiris* anschließend in acht unterschiedlich große Räume gelangen. Es erscheint mir, als wäre es ein kleines Reich für sich, in welchem der Gott der Unterwelt allein herrscht. Es sind nicht nur die farbenfrohen Reliefs in der Inneren Säulenhalle, die mich begeistern, auch die farbigen Hieroglyphen bereiten dem Auge Freude. Während in der Kapelle die Litaneien, die während des täglichen Rituals durch den Hohepriester oder Vorlesepriester stets wortwörtlich vorgetragen wurden, zu finden sind, gibt es hier eine ungeahnte Vielfalt von künstlerischen Darbietungen. Durch den Deckenabbruch sind die Wände an manchen Stellen nur noch auf geschätzte 20 bis 25 Prozent ihrer ursprünglichen Höhe erhalten, manche fast bis auf die Fundamente ihrer wundervollen Darstellungen beraubt worden.

Abbildung 17: „Das Emblem des Kopfes von Osiris"[145]

So wunderschön in der ersten inneren Säulenhalle die kolorierten Reliefs auch sind, wohl die schönsten im ganzen Tempel, verändert sich der Gesamteindruck in der zweiten Säulenhalle gewaltig. Hier sehe ich, dass die Instandsetzung des Raumes zwar die ganz verlorene Decke zurückbrachte, aber die Rekonstruktion sollte auch nicht verhehlen, dass sie einst ein Opfer der

---

145 Dieses Emblem ist auch auf den Barken in der Kammer des *Osiris* angebracht, aber kaum mehr zu erkennen.

menschlichen Zerstörung wurde. So finde ich den farblich angepassten Beton zwar sehr imponierend, nicht einmal störend, doch die fünf Nischen auf jeder Seite sehen mich mit gähnender Leere an und werden wohl ewig ein Mahnmal der Zerstörung bleiben. Noch schlimmer hat es die drei kleinen Kammern auf der Südseite der zweiten Säulenhalle des *Osiris* getroffen: Kaum mehr als die „Füße" der Reliefs sind erhalten geblieben. Das trifft fast auf alle westlichen Räume zu und dabei ahne ich, dass der Tempel, je näher er an die Wüstenoberfläche reichte, durch Raubbau stark gelitten hat. Mir fällt aber auch auf, obwohl ich mich in den Gemächern von *Osiris* befinde, dass ich ihn in keiner Darstellung als lebenden Gott sehe. Wieder einmal spielt der König *Seti I.* den Gott *Osiris*[146] und das finde ich sehr kurios, weil wahrscheinlich, falls man es tatsächlich so glaubt, wie es der Künstler zeichnete, *Osiris* allen möglichen Göttern Opfergaben bringt, und nur die Hieroglyphen bewahren den Experten vor diesem Irrtum. Dafür finde ich das Emblem vom Kopf des *Osiris*, welches dem Ort *Abdju* den Namen gab. Es ist das einzige Bild, auf dem er ein menschliches Gesicht hat. Genau dieses Emblem sorgte für Verwirrung und trieb die Mutmaßungen bei der Deutung seiner Herkunft ins Unendliche. Wenn alle Götter ihre „eigene und besondere" Darstellung hatten, auch *Osiris* als mumifizierter Gott, wozu wurde er dann noch auf einer Standarte mit einem absolut menschlichen Gesicht dargestellt? Es gibt auch Streit zu der Frage, ob unter seiner Mütze auf seinem Kopf Blut austritt oder vielleicht nur Schweiß? Nur noch einen Gott gibt es, auf den ich noch zu sprechen komme, der in der Darstellung aus der Reihe tanzt: *Ptah*, „der mit dem schönen Gesicht!"

Ich will an dieser Stelle noch einmal auf meine Meinung mit den baulichen Veränderungen hinter den Kapellen zurückkommen. Ich kann mich dabei nur auf die von Ägyptologen durch-

---

146 Nach der ägyptischen Religion wurde jeder König nach seinem Tode zu *Osiris*, später genoss nicht nur der König allein dieses Privileg.

geführten Vermessungen des Tempels berufen, die letztlich auch in meiner Skizze ihren Niederschlag fanden. Also muss ich mich auf die Abmessungen von Mariette und Caulfeild verlassen und da gibt es doch ein paar Ungereimtheiten. Normalerweise weisen die alten Tempelaußenmauern eine Dicke zwischen 2,40 bis 2,50 Meter auf, auch die Mauerstärke der Kammerwände beträgt zwischen 2,30 bis 2,75 Meter; sie passen also irgendwie in das System, denn die Ägypter waren nie „Erbsenzähler", was das Bauen betraf. Doch dann beginnen die Mauern zu schrumpfen und die hintere Fortsetzung der Umfassungsmauer nach den Kapellen hat nur noch eine Dicke von 2,15 Meter. Mir kommt es so vor, als hätte man die Scheintür aus der jetzigen Osiriskapelle herausgebrochen, um einen Durchgang zu den neuerbauten hinteren Räumen von *Osiris* zu schaffen. Ebenso fällt der „Neubau" der Drei-Säulenhalle und der zwei Schreine für *Sokar* und *Nefer-tem*[147] aus der durchlaufenden Linie heraus und bestätigt eher meine Meinung, als dass sie ein Gegenargument darstellt. Weiterhin übersetzt Mariette aus der großen Inschrift vor der Tempelfassade, dass *Seti I.* starb, „... als auch die Rückseite des Tempels noch nicht vollendet war."

Ich glaube fest daran, dass, nachdem die ursprünglichen Gottheiten durch die neuen ersetzt wurden, die Baumaßnahmen nicht nur als südlicher Anbau zu bezeichnen wären, sondern dass hier ganz speziell die „Halle der beiden Wahrheiten"[148] am Tage des Jüngsten Gerichts nachgebildet wurden. Sie sind der letzte Punkt auf dem Weg nach Westen, in die Anderswelt ohne Wiederkehr. Allerdings mussten bei diesem System tatsächlich alte gegen neue Gottheiten ausgetauscht werden, wie beispielsweise *Inpu*, welcher einst *Chontamenti* hieß, *Upuaut* des Nordens und *Upuaut* des Südens. Schließlich waren bis auf *Amun-Râ* von Karnak die Götter schon vor dem Mittleren Reich bekannt. Vielleicht hatte *Osiris*, flankiert von den „Wegweisern in den Wes-

---

147 Rechts neben die Kapelle von König *Seti I.* angebaut
148 auch „Halle (Saal) der vollständigen Wahrheit" benannt

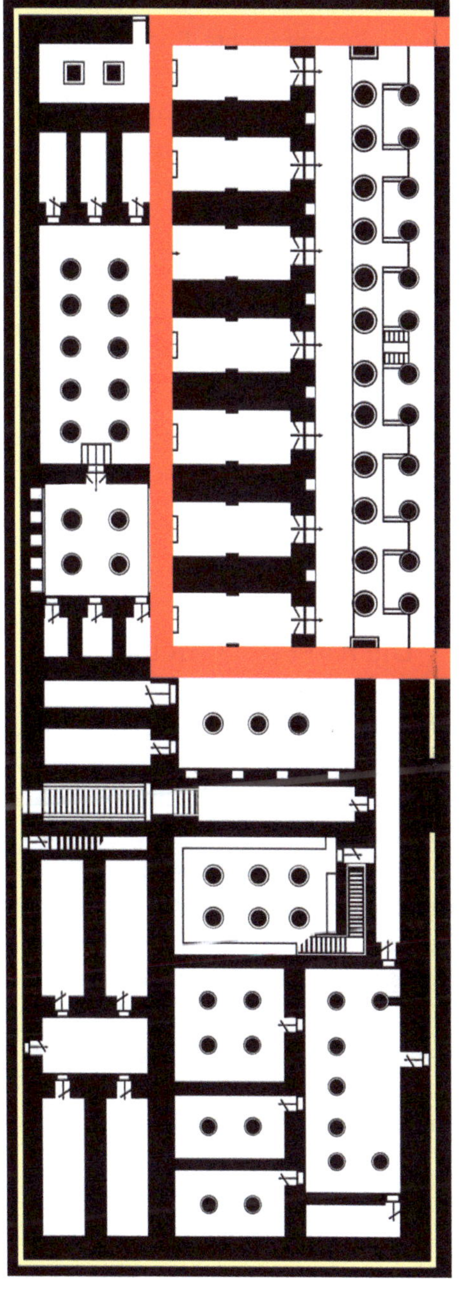

Abbildung 18: Details des Tempelumbaus (rote Linie; alte Tempelmauer)

ten", den beiden *Upuauts*, wirklich die beste Kammer von allen, in der sich nun *Amun-Râ* breitmachte. Doch das System zur Verehrung der Ahnen funktionierte nicht mehr nach dem neuen Bauplan und so wurden die Anbauten das Mittel zum Zweck.

Für mich sind diese Räume der „Louvre Ägyptens" mit seiner hervorragenden Kunst und der Fertigkeit der längst verstorbenen Künstler aus einer anderen Welt, deren Philosophie ich manchmal nicht begreifen kann, obwohl ich mir die größte Mühe dazu gebe.[149] Sie sind aber unsterblich geworden, denn jeder Blick auf ihre Kunstwerke, lässt sie wieder auferstehen.

Kurzum, man sollte als Besucher viel Zeit für den Tempel von *Seti I.* mitbringen, falls man wirklich die Reliefs studieren will. Ich könnte noch 20 Seiten von den wundervollen Reliefs im „Totenreich des *Osiris*" berichten, doch es ist besser, sie gesehen zu haben.

DIE KAPELLE DER ISIS

Die Kapelle der Ur-Mutter *Isis*, der Fruchtbarkeitsgöttin, der Mutter von *Horus*, der besonderen Göttin, welche noch in vielen anderen Göttinnen wiederzufinden ist, trägt dann oft den Namen *„die andere Isis"*. Wenn es bei *Osiris* immer noch verschiedene Varianten gibt, ob Mensch, ob Gott oder vielleicht nur eine Metapher, so liegt bei *Isis*, abgesehen von ihrer Vielfältigkeit, schon eher eine gewisse Eindeutigkeit in der Interpretation vor.

Es ist der ewige Kreislauf des Werdens und Vergehens, in dem Frauen die Welt durch ihre Fruchtbarkeit, weibliche Schönheit und Nachkommenschaft aufrechterhalten. Dabei ist es prinzi-

---

149 Ich empfehle meinen Lesern das Buch „Tempel der toten Götter", in dem
   ich ausführlich auf die Götterwelt eingehen werde.

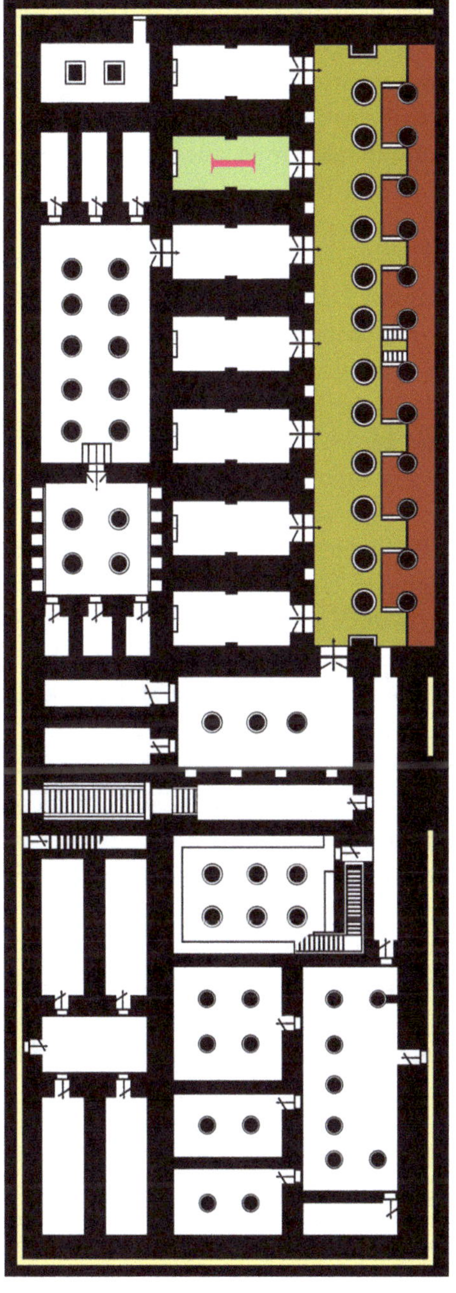

Abbildung 19: Farbige Darstellung der Lage der Isis-Kapelle

piell das Weibliche, denn die Natur macht keinen Unterschied
zwischen Menschen und Tieren. So wird sie oft mit verschiedenen Attributen ausgestattet und sei es die Sonnenscheibe im sie
umgebenden Sistrum artigen Gehörn oder sei es der Geburts-
stuhl auf ihrem Haupt als Krone, alles spiegelt die Fruchtbarkeit von Menschen und Tieren wider.

Sie selbst hat ein menschliches Gesicht, meist eine Geier-
haube auf dem Kopf und stets wurde sie zusammen mit *Osiris*
genannt. Selbst in der Religion zeigt sie über den Tod ihres geliebten Bruders und Ehemanns hinaus Treue und Unzertrenn-
lichkeit. In der Schlüsselszene der unsterblichen Fruchtbarkeit
wird sie selbst als Sperberweibchen mit ihrem Bruder an dessen
Totenbett dargestellt, wo sie ihm im Tode die Befruchtung für
ihren gemeinsamen Sohn *Horus* entlockt[150]. Auch als die zwei
Klageweiber tritt sie gemeinsam mit ihrer Schwester *Nephthys*
im Totenkult in Erscheinung und wird selbst als Bewacherin der
Toten auf Sarkophagen erscheinen.

Hier habe ich in der Kapelle beim Betrachten der Reliefs gemischte Gefühle, denn verschiedene haben ernsthaft gelitten,
andere kann ich als sehr schön farbig gestaltet erkennen, aber
kein Vergleich zu *Osiris* in seinen Räumen.

Die Anordnung der Wandreliefs folgt immer der gleichen
Systematik. Sobald ich diese erkannt habe, kann ich getrost auf
die nächste Aussage schließen. Im Prinzip, und das sollte auch
der Besucher beachten, geht die Betrachtung nach Eintritt in
die Kapelle rechts unten los, wandert zur Scheintür und kommt
auf der anderen Seite wieder zurück. Ist die erste Umrundung
erfolgt, geht die „Lesart" in die zweite nächsthöhere über. Alle
Reliefs in den Kapellen sind in zwei Etagen aufgebaut (durch
rote Streifen gekennzeichnet, Blau ist die Hieroglyphe des Himmels) und folgen stets dem Ablauf entgegen dem Uhrzeiger-

---

150 Hier gibt es sogar eine nachvollziehbare logische Erklärung für den
   Sohn *Horus*, der bekanntlich als Sperber dargestellt wird. Vgl. Beschreibung der Kapelle des *Sokar* und *Nefer-tem*.

sinn um die Kapelle herum. Die Unterbrechung durch Türen oder Scheintüren ist dabei unbedeutend. In der Skizze wurden durch dünne rote Linien die Reliefs abgegrenzt. Hier handelt es sich um eine schematische Darstellung nach den aufwendig hergestellten Zeichnungen von Gardner, welche nur deshalb so gründlich in vier Bänden dargestellt werden konnten, weil der Sponsor Rockefeller Junior ein großes Interesse an diesen Veröffentlichungen zeigte. Kriegsbedingt klafften zwischen der Veröffentlichung des ersten bis zum Erscheinen des vierten Bandes 20 Jahre.

Abbildung 20: Skizzen aus der Kapelle des Horus mit Aufteilungsdarstellung

So eine gleichartige Aktion wäre heute vielleicht gar nicht mehr trotz unvorstellbar technologischen Fortschritts zu finanzieren. Die schmalen Kapellen gestatten dem Besucher selbst mit einer sehr gut ausgestatteten Fototechnik nicht im Geringsten einen ähnlichen Erfolg, da er keine Erlaubnis für Blitzlichtfotografien erhält und, das kenne ich aus eigenen Erfahrungen, Sondergenehmigungen bei der Antikenbehörde nur zu horrenden Preisen zu bekommen sind. Somit können nur Ägyptologen oder Filmteams ähnliche bleibende Werke schaffen.

Wer das Wesen des täglichen Rituals verinnerlicht, kann wie einst die Hohepriester oder der Vorlesepriester dem vorgezeichneten Weg folgen. Leider erkenne ich aber die Touristen, die wie in fast allen Museen nach einem passenden Fotomotiv suchen, einen prüfenden Blick auf die Umgebungsbeleuchtung werfen und so schnell wie sie kamen, diese „Heiligen Hallen" wieder verlassen und in den meisten Fällen bereits wieder vergessen haben, wie der Ort genannt wurde. Unzählige Frauen haben zu *Isis* gebetet, sie um Schutz und Fruchtbarkeit ersucht, kurzum, in allen bedrohlichen Lebenslagen wurde und wird sie noch heute um Beistand und Hilfe angerufen. Ich selbst sah sieben Frauen auf den Steinplatten des Fußbodens der Kapelle sitzend und sie beteten und meditierten zu der Ur-Mutter aus dem alten Ägypten. Die Geschichte hat es bewiesen, dass eine Muttergottheit immer gebraucht wird; und wenn diese im Islam fehlt, gehen eben die Frauen zur altbewährten *Isis*, um ihre Bitten vorzutragen, wie im Totentempel von Medinet Habu, wo sie im „Heiligen See" baden[151], um eine mögliche Unfruchtbarkeit zu heilen.

Ich möchte noch einmal darauf hinweisen, dass die Schreine nicht mit den Kapellen gleichzusetzen sind, denn die Schreine dienten ausschließlich der Anbetung der jeweiligen Gottheit

---

151 Hier wird eine Verbindung zwischen dem toten *Osiris* und der Suche der *Isis* auf dem Heiligen See nach ihm hergestellt; letztlich kann auch über das Urwasser *Nun*, welches die Fruchtbarkeit hervorbrachte, eine Verbindung geschlossen werden.

und in den Kapellen standen die Barken der Gottheiten, deren Tabernakel, wo sie als Nachbildungen wie lebende Wesen behandelt wurden, so wie alles beispielhaft an die Wände eingeschlagen wurde. Wenn ich das System mit der katholischen Kirche vergleichen will, so waren die Schreine nichts anders, als heute die sogenannten Nebenaltäre, während die Kapellen die übergroßen Tabernakel waren, in welche die Gottheiten wohnten und ihren „Dienstwagen" parkten.

DIE KAPELLE DES HORUS

Es wirkt schon etwas befremdlich, wenn ich aus den kolorierten Reliefs von *Osiris* und *Isis* in die farblose Kapelle von *Horus* trete und die wunderschönen Reliefs sehe, aber gleichzeitig erkenne, dass hier der Maler wohl nie seine Kenntnisse umsetzen konnte.

Ein Schelm könnte glauben, die Farben hätten nicht gereicht, nachdem die Räume des *Osiris* und der *Isis* so wundervoll koloriert waren, doch bald werde ich erkennen, dass hier etwas Entscheidendes die Fortführung der künstlerischen Tätigkeit verhindert haben muss. Die Qualität der Wandbildnisse ist unbestritten von der gleich guten Qualität wie zuvor, aber ich erkenne auch, dass sie einst gereinigt, um nicht zu sagen abgewaschen wurden, doch Spuren der Vernichtung sind auch hier erkennbar. Immer wieder sehe ich große dunkle Flecken, einmal mehr, einmal weniger umfassend. Gardner geht davon aus, dass es sich um Brandflecke handelt; doch wie sie entstanden, bleibt wohl für immer ein Geheimnis. Fest steht auf jeden Fall, dass nach Aufgabe der Tempelgebäude diese von Einheimischen als Wohn- und Lagerstätten genutzt wurden und auch die frühe Christenheit barbarische Schäden verursachte.

Auf der Skizze ist auch ein Raum mit zwei Säulen hinter der Horus-Kapelle zu sehen, der nur von außen betreten werden kann. Das ist sehr ungewöhnlich, denn normalerweise sind alle

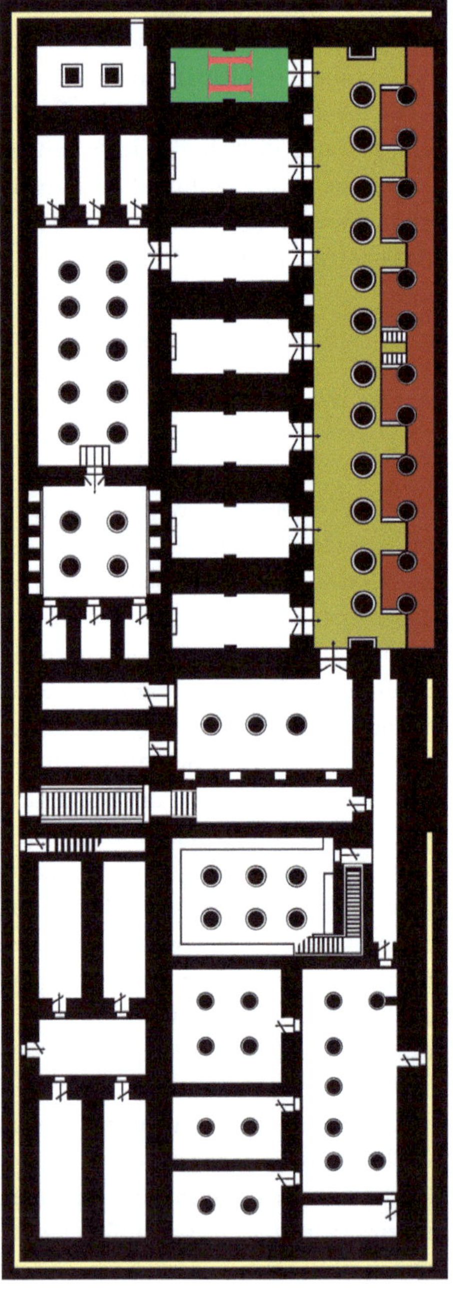

Abbildung 21: Farbige Darstellung der Lage der Horus-Kapelle

Räume innerhalb eines Tempels durch Gänge oder Treppen erreichbar. Er ist weder jemals erklärt worden, noch kann ich ihn betreten. Auf meine Frage an die Museumswächter, warum der Raum für Besucher trotz einer Tür von außen nicht erreichbar ist, schauen sie mich ungläubig an, als würden sie selbst heute das erste Mal davon erfahren. Für *Horus* als den „Rächer seines Vaters" könnte vielleicht eine weitere Kammer vorgesehen gewesen sein, doch das ist alles nur Spekulation, denn offensichtlich gab es sowieso mit der Fertigstellung des Tempels Zeitprobleme, welche niemals direkt von *Ramses II.* zugegeben worden wären. Hier muss ich einen kleinen Haken zu den Pflichten der Hinterbliebenen gegenüber dem Verstorbenen schlagen, und die bestanden unter anderem hauptsächlich im Totenopfer. Somit musste der älteste Sohn in die Pflichten des „Familienoberhauptes" eintreten und mit dieser Pflicht war er ernsthaft betraut. Wo dieses System nicht persönlich umsetzbar war, kam es wahrscheinlich zu den ersten Dienstleistungsverträgen für Grabpflege, bei denen der zuständige Totenpriester (ka-Priester) in seiner Heimatstadt sich vertraglich verpflichtete, den von den Erben oder dem Toten zu Lebzeiten vermachten Grundbesitz oder ähnlichen Vergütungen nach zuvor fest vereinbarten Anlässen, dem *ka*[152] des Toten bestimmte Opfer darzubringen. Diese Win-win-Geschäfte verschaffte der Priesterschaft eine zusätzliche Einnahmequelle und der gutbetuchten Familie ein ruhigeres Leben. Das wird *Ramses II.* später zu spüren bekommen, als er für seinen Vater in *Abdju* diese Methode anwenden wird, aber bald feststellen muss, dass die Priester vor Ort ihn

---

152 *ka* wird als eine von den sogenannten *ka*-Göttern bei der Geburt in den Menschen „eingepflanzte göttliche Eigenschaft" (nicht Seele) angesehen. Es erscheint weit hergeholt, aber der einfachste Vergleich sind die drei Feen Flora, Fauna und Sonnenschein im Märchen Dornröschen, welche der jungen Prinzessin Aurora (Dornröschen), je eine „Gabe" mit auf den Lebensweg geben wollen, Ich lasse bewusst die böse Fee Malefiz weg, da es im alten Ägypten keine „bösen kas" gab. Wichtig: *ka* stirbt nie und bleibt auf der Erde als eine Art „Verbindungsperson zum Verstorbenen" in der Anderswelt zurück.

hinsichtlich der vereinbarten Leistungserbringung betrogen hatten. Die Inschrift gibt zwar nur das Positive wieder, doch tatsächlich musste er eine Drohkulisse aufbauen, denn zusätzliche Einnahmen waren bei der Priesterschaft beliebt, die sich daraus ergebenden Verpflichtungen weniger. So spricht *Ramses II.*:

> *„Wohl an, spricht zu Râ Gut wird es für dich sein, dass ich König bin auf lange Zeit, denn du wirst geehrt werden von einem guten Sohn, der gedenkt seines Vaters. Ich werde [Hüter und] Hort sein für deinen Tempel von Tag zu Tag, in Betracht der Bedürfnisse zu deiner Verehrung in jeder Weise. Wenn ich hören sollte von irgendeinem Schaden, der einzutreten droht, so werde ich Befehl geben, ihn sofort zu beseitigen, in jeder Art und Weise. Du sollst gehalten werden, als ob du noch am Leben wärst. So lange ich regieren werde, soll mein Augenmerk auf deinen Tempel fortdauernd gerichtet sein. Mein Herz schlägt für dich; ich werde dein Hort sein zu Ehren deines Namens. Wenn du auch in der Tiefe, weilst, das Beste, Allerbeste soll dir zu Teil werden, solange ich bin, ich König Ramses.“[153]*

Wenn wir zwischen den Zeilen lesen, bemerken wir kleine Hinweise: *Seti I.* liegt in *Abdju* unter der Erde begraben; schließlich deutet nichts in der Rede darauf hin, dass *Seti I.* im Himmel bei den Göttern angekommen ist. Brugsch ergänzt dann die Übersetzung nur mit *Setis* Hinweis, dass er sich aus der Unterwelt an seinen Sohn wendet. Kurzum, die Rolle des Königs als *Osiris* nach seinem Tode kann auch hiermit verdeutlicht werden und die betrügerische Verhaltensweise der Priesterschaft selbst einem Thronerben gegenüber muss *Ramses* veranlasst haben, seinen Vater nach Theben West zur ewigen Totenruhe umzubetten. So wäre es nicht ausgeschlossen, dass nicht nur die Bauarbeiten sich verzögerten, ganz zu schweigen von den Reliefs und der anschließenden Kolorierung.

---

153 Übersetzung nach Brugsch

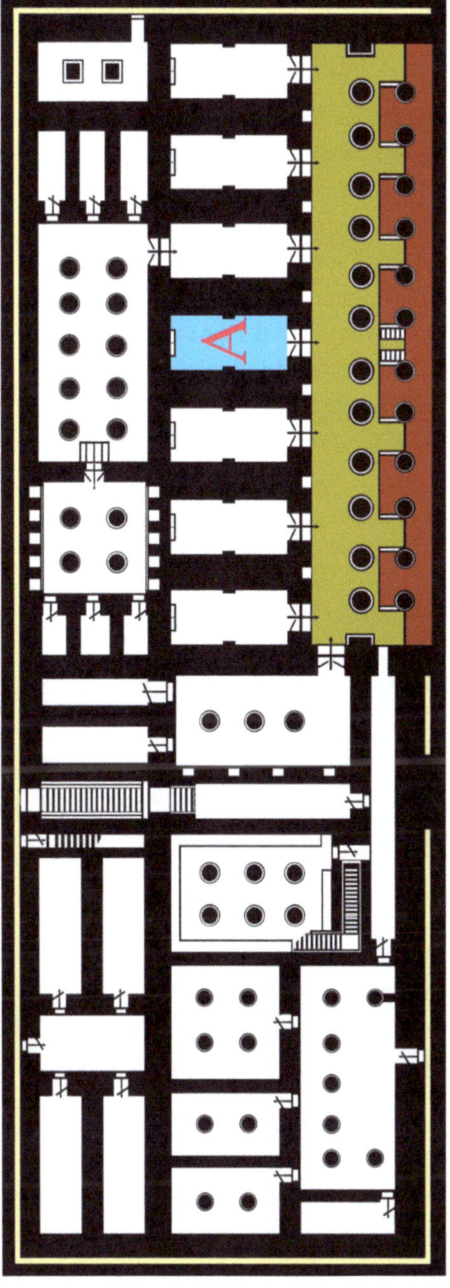

Abbildung 22: Farbige Darstellung der Lage der Amun-Râ-Kapelle

DIE KAPELLE DES AMUN-RÂ

Diese Kapelle ist wider Erwarten augenscheinlich nicht größer als die anderen, denn als König der Götter sollte ihm doch eine größere Ehre zuteilwerden. Allerdings sind die Maße der sieben Kapellen ziemlich gleich (10,60–11,90 x 4,90–5,40 Meter) und hier werde ich von sehr zahlreichen farbigen Reliefs erfreut. Leider stören auch hier die vielen Brandspuren, welche Farben verdunkeln, manchmal sogar unkenntlich gemacht haben. *Amun-Râ* wird in verschiedenen Formen gezeigt, die ich schon aus Karnak kenne, mal mit Krone, mal mit Stirnreifen, mal als *Min* oder *Ka-mu-tef*.

Abbildung 23: Blick in die Amun-Râ-Kapelle in Richtung Scheintür

Irgendetwas ist bei der Scheintür verloren gegangen, denn im Gegensatz zu den anderen Kapellen fehlt der dekorative Schmuck in seiner Intensität und ein Bruch über die ganze Steintür ist eindeutig zu sehen. Über der Amun-Barke sind die Spuren der Renovierung zu erkennen, doch aus unerfindlichen Gründen hörten dann die Maßnahmen auf und der Himmel als Kapellendecke hat sein Leuchten verloren. Dafür gibt es eine Menge farbiger Reliefs, wenn sie auch einer gewissen Monotonie folgen und nicht, wie bei *Osiris* und Familie sich durch Besonderheiten auszeichnen.

Es scheint mir so, als wären die Maler zuerst in dieser Kapelle gewesen, dann in die Räume von *Osiris* gezogen, hätten diese dann farblich fertiggestellt, wären dann weiter zu *Isis* gezogen und schließlich sollte *Horus* an die Reihe kommen, doch da begann der Mangel im System. Vielleicht musste man sogar aus organisatorischen Gründen bei *Amun-Râ* beginnen, weil, falls meine Überlegung stimmt, die Osirisräume noch gar nicht fertig waren. Die zweite Macht im Staat, die Priesterschaft, hatte m. E. mehr Einfluss, als man glauben will und *Ramses* in seiner Hauptstadt war weit entfernt. So dass der König erst nach einer nicht näher bestimmten Zeit nach *Abdju* zurückkehrte (weil ihm zugetragen wurde, dass alle Arbeiten zum Erliegen gekommen waren) und mit harter Hand „aufräumte".

Es gibt auch keine hervorragende Gottheit aus Unterägypten, falls man nicht *Osiris* aus Busiris als den hier verehrten *Osiris* benennen will. Auf den ersten Blick kann man glauben, dass *Ptah* und *Amun* als Schöpfergötter, wenn auch zu unterschiedlichen Zeiten, hier geehrt werden. Doch die göttliche Rolle von *Amun* ist viel umfassender. Wenn der Tourist auch nicht viele der ägyptischen Götter kennt, so weiß er aber, dass im Karnaktempel ein Standbild von *Amun* steht, welches die Gesichtszüge von *Tut-Anch-Amun*[154] trägt.

---

154 Das lebende Antlitz Amuns

Abbildung 24: Amun erfährt durch den König die Morgentoilette.

*Abbildung 25: Ritual Seite 96/97; König spendet Amun
als Min das Parfüm mef-t.*

179

Hier in Abydos geht es um eine ganz andere Bedeutung des Gottes. *Amun* verkörpert, und das kann man sehr gut im Hat-Ḥor=Tempel von el Medina sehen, mit vier Widderköpfen, die in vier verschiedene Richtungen schauen, die vier Winde und er wird dadurch als Gott der Winde und damit als der Herr der vier Weltgegenden gekennzeichnet, abgesehen davon, dass er sowieso schon die Rolle des Götterkönigs übernommen hatte. Seine herausragende Rolle kann man auch in Medinet Habu sehen, wo der kniende *Ramses III.* mit rechts und links stehenden und grüßenden Hundskopfaffen[155] zu sehen ist. Die sogenannten Geister des Ostens und des Westens, die den Sonnenaufgang und den Sonnenuntergang begrüßen. Durch ihr markerschütterndes Geschrei jeden Morgen sprach man ihnen die göttliche Verehrung des *Amun* zu, der gleichzeitig *Amun-Râ*, den Gott der Sonne darstellt.

Der Gott *Amun-Râ* wird immer mit der Doppelfeder dargestellt, manchmal aber auch mit der Sonnenscheibe und gewöhnlichen Widderhörnern. Die Vielfältigkeit des Gottes kannte keine Grenzen: manchmal sogar in Kombination des *Jnpw* (*Upuaut*) als der Eröffner der Pfade des Nordens und des Südens. Kurzum, der ehemalige fast unbekannte Windgott aus der Gegend um Theben hatte sich im Laufe seiner Geschichte so zum universalen Gott erhoben, dass eine Inschrift den Kern der Sache trifft, die von Wiedemann sinngemäß interpretiert wurde:

> *„Du (Amun) bist in den 8 Seelen deiner Götter", d. h. du*
> *zeigst dich in allen Manifestationen der Gottheit,*
> *die du beseelst.*

Nicht zufällig, sondern in voller Absicht der Verehrung gelangt *Amun-Râ* in den Tempel des *Seti I.* Kurzum, ich hatte mehr bei den Reliefs der Kapelle des *Amun-Râ* erwartet, vergaß aber da-

---

155 Mantelpaviane, welche heute nur noch südlich von Ägypten anzutreffen sind (Äthiopien)

bei, dass es sich um das tägliche Ritual handelt und nicht um eine besondere Art der Verehrung. Will der Tourist mehr von diesem Gott erfahren, so muss er Karnak, das alte Theben, besuchen und dort mindestens drei Tage verweilen. Hier ist die Ausbeute zu mager.

DIE KAPELLE DES RÊ-HARACHTE

Der Gott *Harmachis* oder schließlich *Rê-Harachte*[156] ist die aufgehende Sonne im Osten, die jeden Tag aufs Neue die Welt erfreut. Dieses „Erwachen" spielte in ganz Ägypten eine einzigartige Rolle, denn es gab keinen Tempel, in welchem nicht eine Treppe auf das Tempeldach führte, um die Götterstatuetten zum Neujahrsmorgen noch in voller Dunkelheit auf das Dach zu tragen, damit sie die ersten Sonnenstrahlen des neuen Jahres berührten. Auch hier in Abydos habe ich zwar beim Tempel von *Ramses II.* eine solche Treppe gefunden, aber nicht im Totentempel von *Seti I.*, denn die, welche aus dem Korridor herauf auf die Terrasse führt, zeigt nach Westen und da geht bekanntlicherweise die Sonne unter.

Ich muss mir nur vorstellen, dass zu einer Zeit im alten Ägypten, als es in der Nacht stockdunkel war und nur der Mond und die Sterne ein schwaches Licht auf die Erde sandten, die Nacht als voller Schrecken und Magie empfunden wurde. Die Menschen müssen sich gefühlt haben wie ein kleines Kind, welches

---

156 Die Reise der Sonne stellten sich die Ägypter in verschiedenen Lebensabschnitten vor: Morgens war die Sonne, verkörpert durch *Horus* vom Morgenlande, noch klein und jung, mittags war es *Râ* mit seiner Sonnenbarke, abends kam der alte Gott Thum im feuerroten Himmel des Westens an, wo er von seinen Begleitern für die (unterirdische) Fahrt der „Nachtsonne" erwartet wurde. In den Nachtstunden musste er darum kämpfen, dass er am kommenden Morgen wieder zu neuem Leben erwachen konnte. In anderen Darstellungen wird die Sonne von der Himmelsgöttin *Nut* morgens geboren und abends verschluckt.

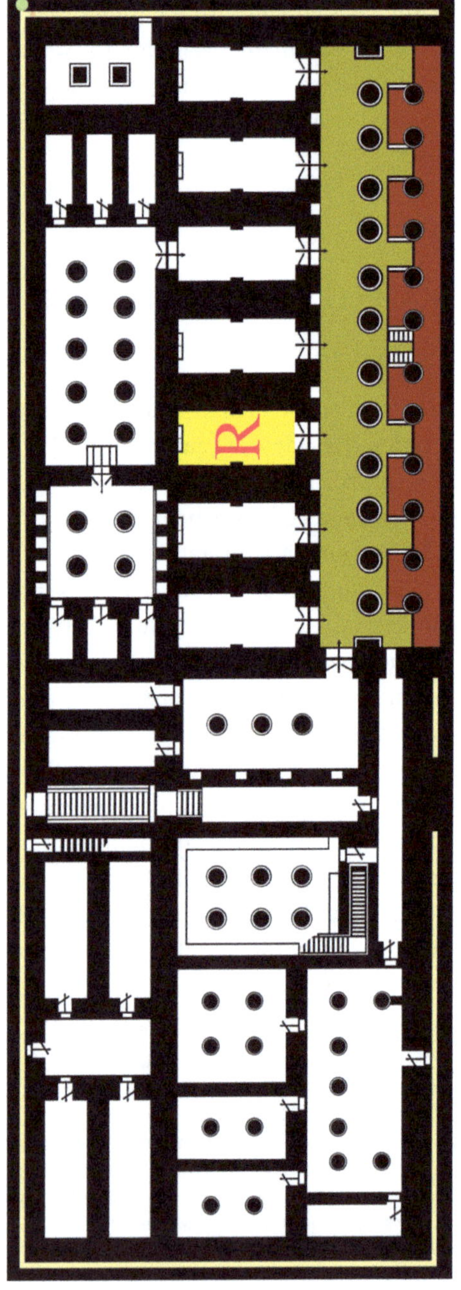

Abbildung 26: Farbige Darstellung der Lage der Rê-Harachte-Kapelle

im dunklen Keller allein seinen Ausgang finden soll. Noch heute kennen wir die Redewendung vom „Licht am Ende des Tunnels", was letztlich auch nur bedeutet, dass das Schlimmste überstanden ist. Welche Erleichterung brachte dann der Sonnenaufgang für alle Menschen am Nil und sie dankten den Gottheiten, dass alles Übel überstanden war.

Die Ausstattung mit Reliefs ist hier ebenso hochwertig wie die von mir zuvor besuchten Kapellen. Der Gott vom Horizonte, der „andere Horus", sieht natürlich seinem „Amtsbruder" *Horus* zum Verwechseln ähnlich, hätte er nicht die Sonnenscheibe auf dem Haupt. Tatsächlich liegt die Bedeutung noch viel tiefer in der Natur verborgen, denn er ist auch *Cheper*[157] und er ist auch *Râ*, der seit Anbeginn der Welt in den Nachtstunden die Unterwelt und das Chaos besiegen muss, um glorreich am Morgen den Tag anzukündigen, damit die Welt weiterexistieren kann.

Das alles hängt unmittelbar mit dem Tod und der Wiederauferstehung zusammen, sodass es eine fast standardmäßige Darstellung ist, die mich erwartet. Dennoch sehe ich hier diesen Gott auch mit menschlichem Gesicht und nicht nur als Sperber. Das beginnt schon am Eingang, wenn ich mir die Innenseite des Türpfostens anschaue. Er erscheint auch wie *Osiris* mit der Krone von Oberägypten und einmal zeigt seine Sonnenscheibe sogar den *Cheper* in Käferform, das typische Zeichen für „der Tod ist überwunden", also in dem Falle ist es die vergangene Nacht, die dem Tag weichen muss. Besonders aufwendig ist wieder seine Barke und zeigt mir, dass auch er in ihr über den Himmel fährt, sodass auch *Horus* mit seinen verschiedenen Attributen hier zu finden ist; dabei schlüpft er sogar in die Rolle des widderköpfigen *Chnum*. Kurzum, es könnte auch die Kapelle des *Horus* sein, würde nicht die Sonnenscheibe auf dem Haupt des Gottes eine Hauptrolle spielen.

---

157 Seine Darstellung ist als Skarabäus (Mistkäfer) bekannt, weil dieser aus Dung (= Tod) neues Leben schaffen kann, indem er im Tierkot seine Eier ablegt.

Abbildung 27: König „umarmt" Gott Rê-Harachte zur Begrüßung.

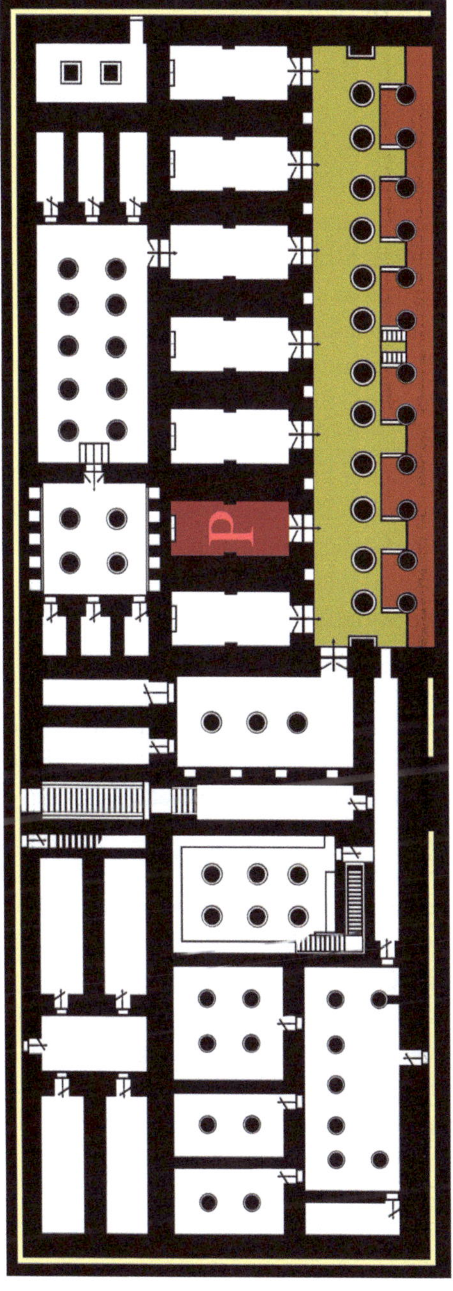

Abbildung 28: Farbige Darstellung der Lage der Ptah-Kapelle

DIE KAPELLE DES PTAH

Der Schöpfergott, der Stadtgott der sagenumwobenen Stadt Memphis, der ältesten Stadt Ägyptens, war hier schon nicht mehr die Nummer 1 in der Religion. *Atum*[158] hatte ihm bereist den Rang abgelaufen, und er wurde mit anderen Götternamen kombiniert. Offensichtlich muss er nichts dagegen gehabt haben, denn sonst hätte er mit seinem heiligen Zorn das ganze Königshaus und die Religionsschmiede von *Innu* vernichten können. Doch gerade er erinnert mich an das Alte Testament, wo in dem ersten Buch Mose die Erschaffung der Welt fast 1:1 übernommen wurde.

Auch hier blieb der Farbpinsel außen vor und das tut mir besonders leid. Gerade der „Architekt", „der mit dem schönen Gesicht", hätte es verdient gehabt, in den herrlichsten Farben der Kunst, selbst in Gold zu erstrahlen. Leider scheinen auch die Besucher nicht viel Zeit für diese tollen farblosen Reliefs mitzubringen, denn die Zeiten der Schwarz-Weiß-Fotografie sind vorüber.

Allerdings haben die Ausstatter dieser Kapelle nicht gerade eine künstlerische Vielfalt bewiesen, denn in der heutigen Zeit würde man das Relief in eine Form gießen und anschließend beliebig viele Kopien erstellen. So sitzt der Schöpfergott in den unteren Darstellungen in einem Schrein aus Naturmaterial und hat einen ebensolchen Thron. In den oberen Reliefs steht er in einem kleinen schmalen Schrein und immer präsentiert er ein bewegungsloses schönes Gesicht, aber wie soll er auch in Mumienbinden eingewickelt mit seinen Zeichen der Macht in seinen Händen etwas anderes tun, als starr die ihm angebotenen Opfer zu akzeptieren. Hätte ich jemals daran gezweifelt, so wird es mir hier wieder eindeutig gezeigt, hier werden die *kas* der Gottheiten verehrt und nicht die Götter selbst.

---

158 *Atum* wird als Weltenherr, Erschaffer des Alls angesehen.

Abbildung 29: Ptah auf dem Thron mit seinen typischen drei Insignien

187

Nun verstehe ich auch, dass manche Experten von einer gewissen Monotonie in der Darstellung der Reliefs innerhalb der Kapellen schreiben. Sicher waren die Künstler nicht unglücklich über die sich ständig wiederholenden Motive, denn es waren nicht ihre eigenen Vorstellungen, die sie hier verwirklichten, von einigen Raffinessen abgesehen, denn die „Obrigkeit" gab ganz konkret die Motive und die Texte vor. Teilweise kann ich noch heute die Farbe der vorgemalten Bilder und Schriften erkennen, die dann vom „Meister" korrigiert wurden und erst wenn die Zustimmung vorlag, begann die Hauptarbeit des Schlagens und Spachtelns. Alle durchgeführten Arbeiten wurden dann noch einmal inspiziert und wenn sie das Wohlwollen der „Obrigkeit", übrigens ein Gremium und keine einzelne Person, fanden, war die Arbeit ein Erfolg. So war also, nebenbei bemerkt, das Ausschlagen der Kartuschen von *Seti I.* in der Säulenhalle zugunsten von *Ramses II.* kein „ungewollter", sondern ein sehr wohl geplanter „Racheakt".

Ich bedauere zutiefst die fehlenden Farben, denn nur einmal habe ich eine Statue des *Ptah* gesehen und da trug er eine blaue Kappe, wie man sie hier auch im Relief sehen kann. Ich hätte zu gern gewusst, ob sie immer im leuchtenden Blau erschien. Ja, die Hochzeit des Schöpfergottes war schon lange vorbei, Memphis war zwar noch die quirlige Metropole, doch die Residenzstadt war nun weitergezogen und hieß *Pi-Ramesse*. Noch immer wurden durch die Könige Monumentalstatuen auch in Memphis errichtet und gerade *Ramses II.* ließ sich da nicht lumpen und setzte sogar das Material Alabaster ein, um bleibende Erinnerungen zu schaffen, aber hier fällt m. E. die Verehrung des Gottes etwas bescheiden aus. So gehe ich in die nächste Kapelle, die dem toten König geweiht wurde.

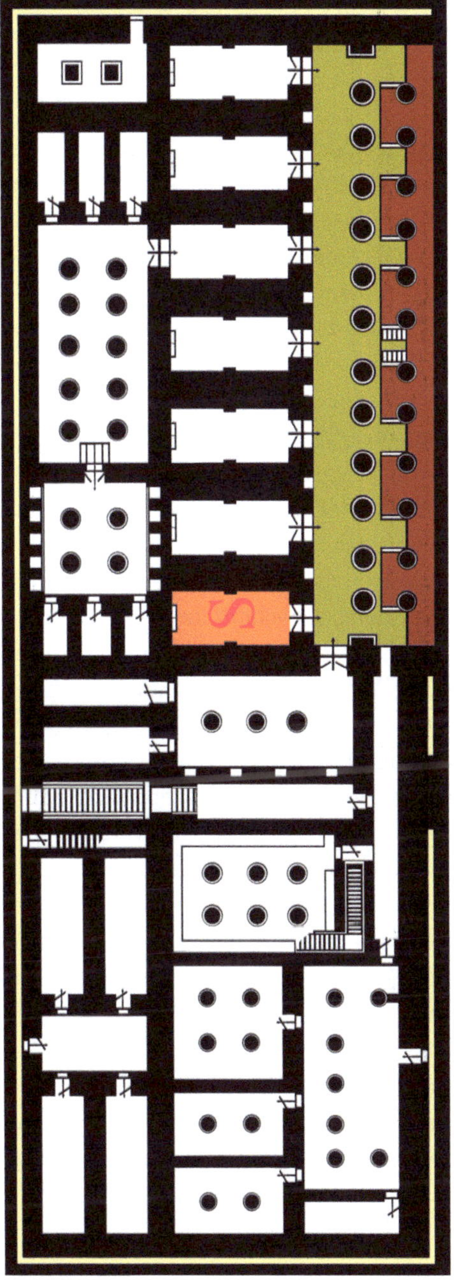

Abbildung 30: Farbige Darstellung der Lage der Kapelle des Königs

DER KÖNIG ALS GOTT
IN DER SIEBTEN KAPELLE

Wir finden in der Geschichte Roms oft Hinweise, dass die Cesaren sich schon zu Lebzeiten zum Gott erhoben und haben auch einen Begriff dafür: Cäsarenwahn! Als ich in diese Kapelle eintrete, habe ich im Gegensatz zu Rom das wahre Überbleibsel eines Mannes, dem man es gar nicht zuschreiben möchte. Ich las oft in der Literatur darüber, dass *Ramses II.* sich zu Lebzeiten zum Gott erhob; doch hier in dieser Kapelle geschieht etwas Seltsames. Ihre Inschriften weisen darauf hin, dass der König ein besonderer Mensch war, ja noch mehr: Er war ein interessanter Mann, Kriegsherr und schuf sich in Karnak, Qurna und *Abdju* Denkmäler für die Ewigkeit. Was seine Abstammung betrifft, kann ich nicht immer glauben, was ich auf den Reliefs sehe. Er würde mit seinem Aussehen heute auf jedem Dating-Portal reißend „weggehen" und Hollywood könnte ihn als „echten James Bond" vermarkten. Also semitischer oder gar indogermanischer Abstammung? Damit muss ich mich später mal beschäftigen!

Dass sich ein König jedoch im Tempel selbst eine eigene Anbetungsstätte zu Lebzeiten schuf, ist schon recht außergewöhnlich. Es war ein ehernes Gesetz, dass der verstorbene König zu *Osiris* wurde, aber das habe ich noch nie so praktisch dargestellt gesehen wie in Abydos. Dass *Seti I.* vor der Fertigstellung des Tempels das Zeitliche segnete, war wohl bei der Planung des Baus nicht abzusehen, oder doch? Woran er starb ist unbekannt, nur muss es unverhofft am 26. Schemu III (18. Mai 1279 v. Chr.) gewesen sein.

Immer dann, wenn eine Herkunft strittig erschien, berief man sich auf den Gott N als seinen Vater, welcher ihn dann mit seiner leiblichen Mutter gezeugt hatte. In seiner Kapelle wird in verschiedenen Szenen der Apotheose[159] seine neue Rolle unter den Göttern eingeführt. Normalerweise war es üblich, dass jeder Verstorbene zu *Osiris* wurde, nun aber, ohne konkret auf den Götternamen einzugehen, wurde er den Göttern gleich. Hier lohnt es sich nicht, viel zu beschreiben, das muss man sehen und die entsprechende Zeit mitbringen, um es zu verstehen. Fest steht, dass die Eltern von *Seti I.* einmal *Ramses I.* und zum anderen die Mutter namens *Satre* waren, seine Ehefrau, die sogenannte Große königliche Gemahlin hieß *Tuja*.

Abbildung 31: Der König Seti I. war der Nachfolger von Ramses I.

---

159 Apotheose bezeichnet ursprünglich die Vergöttlichung, das heißt die Erhebung eines Menschen zu einem Gott oder Halbgott, wird aber auch nur zur Beschreibung einer Verherrlichung oder Verklärung verwendet. Sie ist nicht mit der Theosis (Errettung aus der Unheiligkeit) der christlichen Ostkirchen zu verwechseln.

Allerdings scheint *Ramses II.* ein Problem mit seiner Herkunft gehabt zu haben, denn wenn er auch ein Gott werden wollte, so musste er von göttlichem Geblüt sein. Da gab es anscheinend ein Problem mit seinem Vater *Seti I.*[160] und seinem Großvater *Ramses I.* und es reichte ihm nicht, dass seinem Vater die Ehre der Göttlichkeit (nach seinem Tod) zuteilwurde. Allerdings fehlt noch die ihn stillende Muttergottheit, die hier von den göttlichen Ammen außerhalb der Kammern dargestellt wird. Fast in jedem Tempel Ägyptens gibt es eine solche Szene, welche als Alibi dafür gilt, dass der König göttlicher Abstammung ist. Besonders deutlich ist das im Totentempel der Königin *Hat-schepsut*[161] zu sehen, wo ihre Mutter durch den Gott *Amun-Râ* schwanger wird und sie auch so im Relief erscheint. Ich bin jedes Mal aufs Neue überrascht, wie akribisch die Priesterschaften den Mythos mit der Geschichte verknüpften und nachträglich „Tatsachen" schufen, die keine waren. Da die Herkunft der Familie Ramses nicht ganz durchsichtig erscheint, wollte offensichtlich der Thronfolger eine Bereinigung des Stammbaums vornehmen.

Etwas lässt mir aber trotzdem keine Ruhe: Wer immer diesen Tempel erbaute, es waren nicht die Ramessiden und folglich waren die sieben Kapellen schon immer Bestandteil des Tempels. Ich will an dieser Stelle noch einmal die Bedeutung des Tempels im alten Ägypten hervorheben. Das „Haus (der Statuen) Gottes", so wird es auch in anderen Religionen genannt, sollte den bestimmten Gott, nicht einen beliebigen, auffordern, hier sei-

---

160 *Seti I.* hat es stets vermieden, seine Verehrung von Sêth zu bekunden, die offensichtlich später Probleme brachte, vielmehr bekundete er seine Nähe zu Isis, für einen Mann ungewöhnlich. Er diente unter dem König *Har-em-hab* gleich seinem Vater als Oberst. Kurioserweise verwies er bei seiner Thronbesteigung auf *Amun-Râ* als seinen Vater, der im befahl, den Thorn zu besteigen.

161 Autoren haben unzählige Abhandlungen über diese Königin geschrieben und selbst unter Ägyptologen gab es ernsthafte Auseinandersetzungen um die Deutungshoheit der Lebensgeschichte dieser Frau, so benötigte auch sie ein Alibi für den Herrschaftsantritt und wählte *Amun*, der ihrer Mutter beiwohnte.

ne Residenz aufzuschlagen. Folglich war schon zu Baubeginn der Verwendungszweck klar umrissen. Anders als bei einer modernen Mietwohnung, wo der Eigentümer sich zwar die Mieter aussuchen kann, aber sie erst nach Fertigstellung des Hauses einziehen, spielt beim Tempelbau von der Idee her bereits der künftige Hausherr eine wichtige Rolle und alle anderen Götter sind ihm dabei behilflich. Bauplatzsuche, Vermessung und Bodenaushub, Grundsteinlegung, Tempelreinigung und schließlich die „Schlüsselübergabe" werden zumindest symbolisch vom König im Beisein der göttlichen Helfer mit großem Tamtam durchgeführt. Dennoch werden diese Unstimmigkeiten nicht eher geklärt werden, bis man gezielt danach suchen wird. Soweit ich weiß, ist dieser Teil von Abydos momentan in den Wartemodus versetzt, obwohl die ägyptische Antikenbehörde im Land sehr viele Ausbauarbeiten vorantreibt. Selbst das Osireion, zu welchem ich gleich kommen werde, schlummert vor sich hin ... und ist für Besucher wieder einmal gesperrt.

DIE ZWEI SÄULENSÄLE

Als sich meine Augen an die Dämmerung gewöhnt haben, wirkt der Tempel bedrückend und im Vergleich zu Karnak erscheint alles alt und unbeholfen, geradezu gedrungen und seine Säulen[162] sind ohne Eleganz. Hatte ich noch im Eingangsbereich den Schein des Tageslichtes durch die Tür wahrgenommen, so verbleiben später nur noch die elektrischen Lichter am Boden und es war nicht nur einmal passiert, dass ich auf den unebenen Bodenplatten stolperte. Einerseits ist es interessant, dass der uralte Fußboden hier liegen blieb, andererseits nehmen die herrlichen Wandmalereien die Aufmerksamkeit des Besuchers so in Anspruch, dass man nicht mehr darauf achtet, wohin man tritt. So passieren auch die meisten Besucher die trennende ca. 2,60 m dicke Mauer zwischen dem ersten und zweiten Säulensaal, ohne es überhaupt bewusst wahrzunehmen. Sie besaß einst, gleich den Haupteingängen zweiflüglige Holztore, die den Zugang absperrten. Deren einstige Höhe zu ermitteln, wäre reine Spekulation, aber ich kann mir sehr wohl den dumpfen schlagenden Klang der beiden Flügel beim Schließen vorstellen und den polternden Holzriegel, der den sicheren Abschluss gab. In diesem Moment fällt mir der Neubau eines koptischen Gebäudes ein, dessen Türen ca. 12 Meter hoch, allerdings der Moderne angepasst aus Metall sind. So kolossal denke ich mir sind die hölzernen Eingangstore, mächtig in der Erscheinung, für Götter gebaut.

---

162 Eine Säule wurde aus Kalk- oder Sandstein in mehreren Teilen hergestellt. Die Säulenbasis konnte auch aus Granit sein, rund oder auch acht- oder sechzehneckig. Die sogenannten Säulentrommeln wurden erst an Ort und Stelle zusammengesetzt und über ihr thronte das Kapitell, meist in Würfelform mit Reliefs geschmückt, um die Traversen zu stützen, die die Decke hielten.

Die moderne sparsame elektrische Beleuchtung ist grundsätzlich auf den Bereich in der Nähe des Fußbodens gerichtet oder gezielt auf einzelne Besonderheiten und wer nach oben schauen will, muss oft seine Sinne schärfen, um auch diese eindrucksvollen Bilder wahrzunehmen. Diese geheimnisvolle und diffuse Beleuchtung, welche durch Deckenöffnungen oder Eingangstüren eindringt, ist ein System des altägyptischen Tempelbaus. Es gibt jedoch auch andere Tempel, in welche gar kein Tageslicht eindrang.

Ich stelle mir für einen Moment vor, es gäbe kein elektrisches Licht, nur Fackeln und den ewigen Geruch nach offenem Feuer. Irgendwo hatten die Architekten auch Lüftungslöcher in die Decken eingebaut, denn es muss immer einen leichten Brandgeruch gegeben haben, der in der Nähe der Götter nur durch Weihrauch gereinigt werden konnte. Langsam finde ich die in der Anordnung des Säulensystems liegende Symmetrie heraus und kann erahnen, wie elegant die siebenschiffige Säulenhalle durch das eindringende Tageslicht der sieben Eingangstore bis zu den sieben Götterschreinen in einem geheimnisvollen Dämmerschein lag, bevor *Ramses II.* die ihn störenden Eingänge versperren ließ. Trotzdem bleibt für mich die Frage nach dem Warum dieser nachträglichen Baumaßnahme, denn „bei Lichte betrachtet", gab es einen Haupteingang zum Gott *Amun-Râ* und einen etwas kleineren zum Stadt- und Totengott *Osiris*, abgesehen von der Pforte zu *Horus*. Es gibt von Nord nach Süd 24 Säulen in zwei Reihen mit Lotusblüten-Kapitellen, in Vierergruppen lösen sie perfekt das Problem der Trennung zwischen den Wegen, die von manchen Ägyptologen auch Alleen genannt werden, und ans Ziel führen, nämlich den separaten Kapellen für sechs Gottheiten und einen König.

Schnell kann der Besucher den Durchblick im Dämmerschein des Tempels verlieren, wenn er nicht systematisch seinen Rundgang fortsetzt. Die geführten Gruppen durch Reiseleiter stehen sowieso stets unter Zeitdruck und müssen sich, abgesehen von einer abschließenden „Freizeitrunde", an ihn und seine Erklärungen heften. Da die Tempel immer von innen nach

Abbildung 32: Säulensäle im Tempel

außen „wachsen", ist das Allerheiligste stets der erste Bau, der entsteht, dann folgen die Säulenhallen, der Hof und am Schluss die Umfassungsmauer mit einem Pylonen. Selten wird davon erzählt, dass *Ramses II.* den noch nicht restlos rekonstruierten Tempel ausschmücken musste, weil *Seti I.* so unverhofft starb, und die Gunst der Gelegenheit nutzte, sich ins rechte Licht zu setzen und die bereits eingravierten Kartuschen seines Vaters ausschlagen[163] ließ und dafür seine einsetzte. Wie schon angesprochen, betrieb sein Sohn und Thronerbe einen riesengroßen Aufwand an Sprüchen, die die Weisheit und die Tugend des Sohnes beweisen sollten, doch wo sind die Hymnen und Geschichten über seinen Vater geblieben? Bei flüchtigem Hinsehen, könnte man glauben es sei der Totentempel von *Ramses*, denn er ließ wahrscheinlich auch die schon vereinbarten Hinweise auf *Seti I.* entfernen oder gar nicht erst anbringen und sorgte dafür, dass sein Name in diesem Tempel unsterblich wurde. Hier ging er also systematisch vor, änderte die Fassade ab und den anschließenden Säulensaal zu seinen Gunsten gravieren. Dafür besticht die Farbintensität aller Fresken und Gravuren aus der Seti-Epoche in meisterhafter Schönheit. Mir erscheinen die farbigen Bildnisse im ersten Säulensaal fast brutal und in Eile angefertigt. Da muss ich an Karnak denken, wo ich auch die Qualität dieser Ära immer als sehr merkwürdig empfand. Sie sind nicht immer leicht zu erkennen, da die Säulen oft den Blick an die Wände mit den teilweise farbigen Reliefs versperren. Nur wer wirklich die entsprechende Zeit mitbringt, kann die „bautechnischen Kleinigkeiten" erkennen, wie die unterschiedliche Fußbodenhöhe des Ersten und des Zweiten Säulensaals, die breitere Gasse zur Kapelle des *Amun-Râ*, weil er eben der König der Götter in dieser Zeit war. Kaum einer sieht den Größenunterschied zwischen den Eingangstoren von *Amun-Râ* und *Osiris*, wenn er nicht Gasse

---

163 Solche Handlungen sind besonders grenzwertig, weil nach dem ägyptischen religiösen Glauben gerade der in der Kartusche stehende Name ein Bestandteil des „ewigen Lebens" darstellt.

für Gasse die Hallen betrachtet. So sehe ich, dass die Eingangstore nicht die volle Wandhöhe ausreizen, vielleicht damit die Cavettogesimse[164] über den Toren einschließlich der geflügelten Sonnenscheibe von *Horus Behedeti*[165] genügend Platz erhielten. Da will ich noch gar nicht von den mit wunderschönen Reliefs geschmückten Säulen sprechen, die immer wieder die Götter ankündigen, zu denen die Wege führen und welche den König immer wieder aufs Neue lieben („geliebt von NN."). Beispielsweise sind die Figuren der Säulenreliefs nicht nur zur Dekoration eingraviert, sie sehen alle in Richtung Westen. Entweder schwebte den Künstlern der Blick in Richtung Anubisberg oder zu den Kammern vor, die für die Gottheiten bestimmt waren. Auch hier gibt es eine strenge Gliederung der Alleen. Die Hauptalleen führen zu den Göttern, dann folgt eine Zwischenallee usw. Wenn ich genau hinschaue, sehe ich, dass die Zwischengassen vom Nirgendwo ins Nirgendwo führen und nur am westlichen Ende erwartet mich stets eine kleine Nische mit bunten Reliefs statt einer Eingangstür.

Den Ausführungen des Reiseleiters lauschen und gleichzeitig im Lageplan die Situation nachzuverfolgen, falls man einen hat, ist fast unmöglich, denn man möchte nicht unhöflich sein. Wer hier dem Tempel einen Besuch abstattet, kann selbst nach Stunden noch Neues und Interessantes entdecken. Für mich persönlich dauert ein Tempelbesuch stets mehrere Stunden und davon kann mein Fahrer Ali ein Klagelied singen.

Stünde am Ende eines „normalen Tempels" das Allerheiligste, so wäre es eine Kammer, hier sind es jedoch sieben Kapellen, die für die Heiligen Barken nach der Prozession gedacht waren, obwohl, und das werde ich später feststellen, ein besonderer Bar-

---

164 Ein Cavetto ist ein kleiner Teil eines Kreises, der an unzähligen Stellen in altägyptischen Tempeln die oberen Enden der Wände abschlossen, oft wunderbar farbig gestaltet. Im Italienischen steht es für „Aushöhlung", im Lateinischen für „hohl".

165 „Der aus beheded", als der *Horus* aus Edfu, welches früher auch *mesen* oder *behedet* genannt wurde.

kenraum im südlichen Anbau besteht. Aber wer war denn nun der Gott, dem unter anderen Umständen das Allerheiligste gegolten hätte? Wir sagen heute, es wäre *Osiris* gewesen, aber da geht das Drama schon los! *Osiris* war wie ein bunter Blumenstrauß, eine Blume schöner als die andere, doch wer würde sich sieben Blumensträuße auf die Festtagstafel stellen und dann behaupten, nur der eine Strauß sei der wichtigste und schönste?

Alle religiösen Zentren haben Triaden, doch hier ging man offensichtlich davon aus, dass „jeder" die Heilige Familie kennt. Noch kurioser ist der Umstand, dass der tote König sich in den Rang eines Gottes erhob und neben den sechs anderen ebenfalls eine Kapelle für sich beanspruchte und somit gottgleich wurde. Ich will hier den Leser nicht langweilen, um alle Gastgötter aufzuzählen, die im Tempel ein und aus gingen. Es ist nicht ausgeschlossen, dass wie in Theben West von Karnak aus, sich Prozessionen zum Tempel des Ur-Amun in Gang setzten, um bei Feierlichkeiten den Göttern vor Ort zu huldigen, oder ganz einfach: einen freundschaftlichen Besuch abstatteten, so wie wir es noch heute tun, um die Verwandtschaft oder Freunde zu besuchen. Also sollte kein Gott vernachlässigt werden und es war immer gut, einen mehr als einen zu wenig zu ehren.

Hier gibt es aber eine Menge Gastgötter für jeden der Heiligen Gottheiten, sodass man schon fast von einem Kongress sprechen kann. Es ergibt sich dabei die Frage, warum die Gastgötter so in Mode kamen? Nun, die einfache Antwort wäre, damit sich die sesshaften Götter nicht langweilen[166], kam der Besuch oft und „war schließlich gekommen, um zu bleiben!" Gastgötter besaßen keine separaten Kapellen oder andere Räume, sie waren sozusagen durch die Scheintüren angekommen, blieben unbestimmte Zeit und gingen wieder durch die Türen zurück in ihre eigene Welt. Aber sicher wäre das eine nachvollziehbare,

---

166 In den offenen indischen Tempeln werden die Statuetten der Gottheiten sogar vor den Tempel getragen und Priester verschaffen ihnen Kurzweil, indem sie beispielsweise bespaßt und geschaukelt werde.

aber nicht exakte Erklärung, denn die Könige waren auf ihr eigenes Wohl im Leben und danach bedacht. Also nach dem Motto: viel hilft viel, konnten nicht genug Gastgötter ihren Tempeln innewohnen, denn sie erhofften sich alle nur erdenkliche Unterstützung auch dieser Geister für ein langes, sorgenfreies, siegreiches und glückliches Leben auf Erden und ihren besonderen Beistand beim letzten Gang in die Ewigkeit! Nur die ökonomischen Zwänge hinderten sie daran, dass nicht alle Götter Ägyptens in allen Tempeln dieses Landes anzutreffen waren.

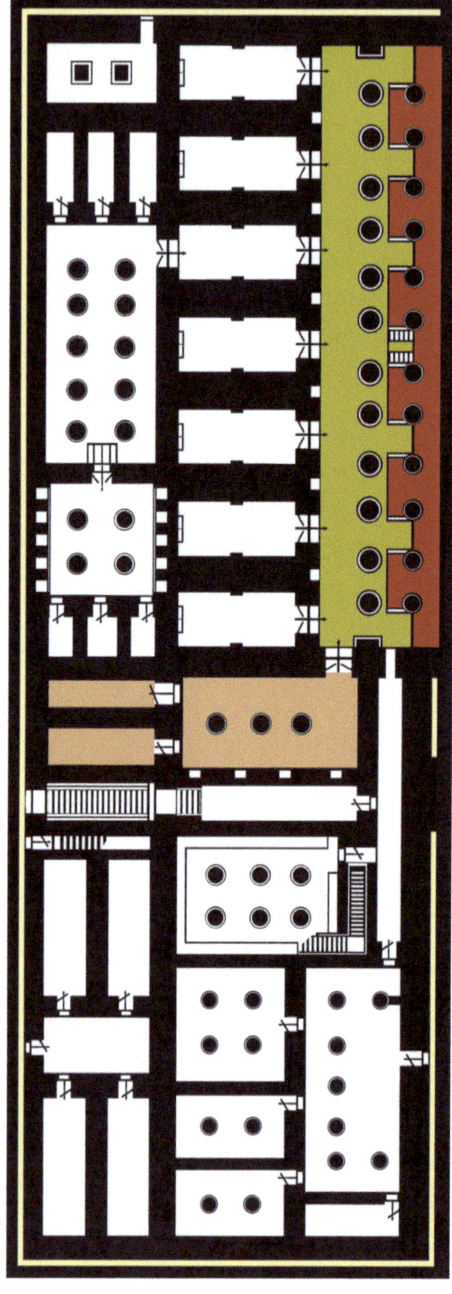

Abbildung 33: Darstellung der Kapelle von Nefer-tem und Ptah-Sokar

SETIS SÜDFLÜGELANBAU

DIE KAPELLE DES NEFER-TEM
UND PTAH-SOKAR

Osiris, *Isis*, *Rê-Harachte*[167] und *Horus* sind die Götter, welche das Leben im Flusse halten, manche periodisch, manche permanent. Es geht dem Grunde nach um das Sterben und Wiedererwachen. M.E. fehlt hier noch in der Reihe für den Erdgott *Sokar* eine eigene Kapelle, der gemeinsam mit *Ptah* in Memphis geehrt wurde und genau in die Richtung hineinpasst. Sie haben nun nach dem Umbau an der Seite von *Seti I.* eine gemeinsame Kapelle erhalten, doch soweit ich mir vorstellen kann, war bei der ersten Baumaßnahme noch keine „Vereinigung der beiden Götter" erfolgt. Dann könnte aufgrund des Alters dieses Baus der Tempel mit der altehrwürdigen Rolle des „Ahnenkultes" verbunden gewesen sein. *Ramses* hatte zwar die besten Gründe dafür, sich der wohlwollenden Gunst aller wichtigen Götter im ganzen Land zu versichern. Sieben Kapellen entsprechen einer Aufforderung an sieben Götter, hier Einzug zu halten. Das weicht von der allgemeinen Regel ab, einem einzigen Gott die Unterwerfung des Königs zu versichern und das würde auch die Anwesenheit von *Amun-Râ* erklären, doch damit konnte er maximal zwei Kapellen neu besetzen. Für Ägypter war es kein Problem, Wände, Säulen und Kolossalstatuen zu okkupieren, wa-

---

167 Bevor es zur Verschmelzung mit *Râ/Rê* kam, hier der Horus vom Horizont (= *Ḥor-em-achet*), meist jedoch als *Harachte* bezeichnet. Die Namensverschmelzung als sogenannte „Bindestrichgötter" ist sehr kompliziert und kann in der Fachliteratur nachgeschlagen werden.

Abbildung 34: Gott Nefer-tem war ein Mitglied der Memphitischen Triade

rum also auch nicht die Wände der Kapellen so zu verändern, dass nur der absolute Spezi diesen Wandel sah. Da es sowieso um das dogmatische tägliche Ritual ging, konnten im einfachsten Fall nur die Figuren und Namen ausgetauscht werden. Wurde auf Verlangen von *Ramses II.* der Gott *Sêth* „ausgeladen", weil er aus dessen Sicht zu sehr „familiären Charakter" im Leben seiner Vorfahren trug und für die neue Strategie ein Hindernis für seine königliche Stellung war? Fest steht, dass dieser wichtige Gott, für den selbst Tempel[168] errichtet wurden, zeitweise kaum eine Erwähnung fand, doch später wieder populär wurde. Der Hass gegen *Sêth* war politisch motiviert, obwohl wir doch zwischenzeitlich wissen, dass Ordnung und Chaos für immer in die Welt gehören und wenn wir diesen philosophischen Zusammenhang verstehen, so die Erfinder der Mythen erst recht.

Will ich meinem Gedanken an den alten Tempel der Ahnen und seinen Umbau durch König *Seti I.* treu bleiben und die Gründe dafür aufzählen, muss ich auch die folgende Kapelle als einen Anbau zum alten Bau sehen. Irgendwie war *Sokar*, der Erdgott und alte Kampfgefährte von *Ptah* aus Memphis, wieder in Mode gekommen, sodass ihm zu Ehren die Kammern angebaut wurden. Während *Sokar* eine uralte Erdgottheit war, gehörten zur Triade von Memphis neben *Ptah* seine Gefährtin *Sechmet* und der Dritte im Bunde war *Nefer-tem*, die „Lotusblüte an der Nase des *Râ*". Er war der Gott der gut riechenden Salben und Düfte, dennoch waren seine Darstellungsweisen sehr zwiespältig. Einmal in Menschengestalt, dann wieder als Menschenkörper mit Löwenkopf oder gar ganz in Löwengestalt. In vielen Darstellungen wächst ihm eine Lotusblüte auf dem Kopf, und wenn er dann noch die Löwin darstellt, wird es etwas abartig. War Gott *Sokar*, welcher immer in Form eines Sperbers dargestellt wurde, einst in der frühen Zeit der Fruchtbarkeitsgott, zu dessen Ehren

---

168 Tempel des Gottes *Sêth* in Ombos (*Tuch*), Oberägypten, dessen Fundamente heute kaum erkennbar sind.

sogar an seinem Festtag Umzüge um die Mauern von Memphis
verbrieft sind und Blutopfer nicht ausgeschlossen waren, durch
die das Land fruchtbar werden sollte, so verschwand er still und
leise in der Versenkung und kam erst wieder im Neuen Reich zu
ehren. Offensichtlich wurde er in diesem Tempel aber als Totengott verehrt, dessen Rolle bereits seit den Begräbnissen in
Sakkâra[169] bekundet wird, als sich dort angeblich der Eingang
zur Anderswelt befunden haben soll. Gerade *Nefer-tem* war für
die Salbenküchen in den Tempeln eine unbedingte Notwendigkeit. Für das tägliche Ritual, für Begräbnisse u. a. m. wurden
immense Mengen an wohlriechenden Salben und Parfüms benötigt und nicht jeder Tempel durfte nach eigenem Ermessen
diese wertvollen Produkte herstellen. Edfu war beispielsweise
für seine Salben bekannt und belieferte ganz Ägypten, so wie
el Kab, das alte *Necheb*, mit Natron und Leinen zur Reinigung
der Tempel und Mumifizierung beitrug.

Dass die Wand an der linken Seite der Seti-Kapelle eine bauliche Veränderung erfuhr, kann ich sehen, wenn ich direkt an
die Wand herangehe. Offensichtlich hat man diese Götter bei
der Wohnraumvergabe in die neue Anlage umquartiert und
musste dafür einen neuen Kapellenkomplex schaffen. Kurioserweise verfügen diese Kapellen über keine Scheintüren und
die Reliefs für das tägliche Ritual fehlen auch. Mir erscheint
das Areal wie eine verkleinerte Ausgabe von den Osirishallen,
was, falls er als der Totengott hier auftrat, nur allzu gut nachvollziehbar wäre. Und schließlich sind die Schreine hinter dem
kleinen Drei-Säulensaal etwas zu unterschiedlich im Größen-
verhältnis entstanden und auch der erste Raum hat nur an einer Seite vier Nischen.

Interessant sind die Reliefs trotzdem, denn gerade hier, an einer
Stelle, wo ich es nicht erwarte, sehe ich die weltbekannten Abbildungen, wo *Osiris* auf der Totenbahre liegt und noch durch die

---

169 Sakkâra war der Friedhof für die Stadt Memphis.

Befruchtung von *Isis* neues Leben spendet. Bei den alten Ägyptern, abgesehen davon, dass diese Bilder nicht für ein Publikum gedacht waren, ging es nicht um Sexualität, sondern um einen ganz normalen Vorgang in der Natur; das Alte stirbt, das Neue erwacht, die Welt existiert weiter. So ist es auch gewöhnungsbedürftig, wenn besonders in der Kapelle des *Amun-Râ* der König den Penis von *Min-Râ* oder *Ka-mu-tef* mit Weihrauch „verwöhnt" und im Text darauf verwiesen wird, dass „seine Herrlichkeit" bestaunt wird. Hier geht es keinesfalls um die Größe des Penis, sondern um die unbeschreibliche Kraft der Natur.

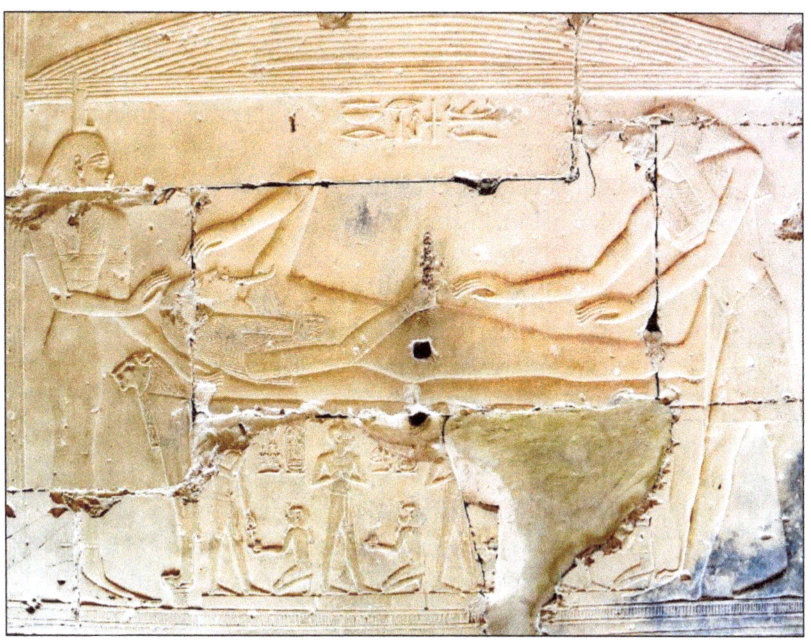

Abbildung 35: Sterbender Osiris spendet Fruchtbarkeit.

Diese Art der Huldigung, wenn auch in leichter Abwandlung, wiesen auch Hauseingänge im untergegangenen Pompei aus, wo Frauen den aktiven Phallus ihrer Männer priesen. Offensichtlich sahen das die nachfolgenden Religionen ganz anders, denn zu oft sehe ich die mutwilligen Verstümmelungen auf Reliefs, bis zur Ausschlagung der Genitalien, um mit Magie diese abgebildeten Wesen an einem Weiterleben, gleich welcher Art, zu hindern. Und dann sehe ich noch in der hintersten Ecke des Schreins eine hockende Figur, die offensichtlich gerade einem Kind das Leben schenken wird. Damit hat sich der Kreis des Lebens geschlossen und ich kann meinen Weg fortsetzen.

DIE WEITEREN RÄUME

Während die Kammern der verehrten Götter in das Erdreich hineinragen, musste am Ende des Tempels ein Korridor mit einer anschließenden Treppe in Richtung Westen wieder ans Licht führen. Allein der Umstand, dass die Heiligtümer im Erdreich eingebaut wurden, ist m. E. ein Hinweis auf die Verehrung der verstorbenen Ahnen.

Wer sich heute über Graffiti an den Hauswänden ärgert, kann bei genauer Betrachtung im Treppenhaus die „Schmierfinken" der Antike erkennen. Damals wie heute wollten Menschen für die Nachwelt ein ewiges Zeichen setzen: „Ich war hier!" Im Laufe der Jahrtausende muss es viele Besucher in *Abdju* gegeben haben, da es einerseits Pilger zur Begräbnisstätte des Gottes *Osiris* waren, aber auch Handlungsreisende, welche über die Karawanenwege die Stadt erreichten und sich für die glücklich überstandene Reise bedanken wollten und bei dieser Gelegenheit ihre „Unterschrift" hinterließen. Aber man sollte dabei bedenken, dass nicht jeder Mensch Zutritt zum Tempel bekam. Es wäre deshalb überlegenswert, ob diese Graffiti nicht erst nach Aufgabe des Tempels angebracht wurden. Es steht auch fest, dass die frühen Christen fast ausschließlich in die ägyptischen Tempel einzogen und diese nun ihrem neuen Gott umwidmeten. Auch sie hinterließen Kreuze und sogar Inschriften auf den Wänden künden von der neuen Religion.

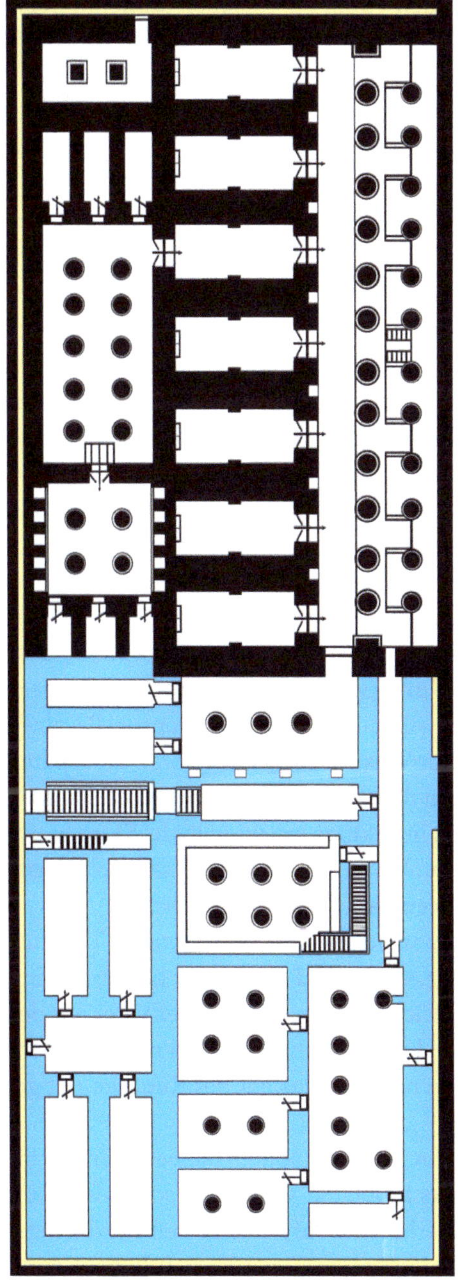

Abbildung 36: Südanbau mit Barkenstation und Wirtschaftsräumen

Wenn ich an den Türen der Kapellen immer in Richtung Süden entlanggehe, erreiche ich den Korridor, der von dem zweiten Säulensaal links abzweigt und in Richtung Süden führt. Natürlich ist es mehr als nur eine einfache Orientierung, im dunklen Tempel die Himmelsrichtungen zu erkennen; und wieder leistet mir die Karte einen guten Dienst. Es ist nur ein Gang zu erkennen, die Länge und Breite eines Korridors, der zwischen der letzten und der vorletzten Säulenreihe im Halbdunkeln beginnt. Durch eine kleine Tür betrete ich den sogenannten Tempelanbau mit seinen Räumen und zwei Korridoren. Ägyptische Tempel haben die Art, dass sie immer irgendwie schiefe Wände oder schräge Fußböden aufweisen, aber keinesfalls eine Symmetrie wie die Häuser der Moderne. Erst erhebt sich der Korridor, auch genannt „Korridor der Könige", kaum merklich, dann kommt ein Anstieg von mehr als einem Meter, vielleicht auch 1,50 Metern. Seinen Namen erhielt er deshalb, weil den Ahnen als königliche Vorfahren hier *Seti I.* eine besondere Darstellung in dem Tempel von Abydos gewidmet hat. Für die Wissenschaftler bildete diese hochberühmte Königstafel von Abydos mit den Namen von 76 Königen, bis zurück zum Gründer des Reiches *Menes*, eine hochwillkommene Informationsquelle, obwohl diese wieder einmal mit Vorsicht zu genießen war. Erst später zeigten sich die Lücken in den Ahnenreihen, und weitere Entdeckungen von Königslisten in Sakkâra brachten mehr Klarheit. Damit hat er bewusst oder unbewusst bewiesen, dass er in diesem Tempel die Ahnen und weniger *Osiris* verehren wollte.

Dann kann man sehen, wie *Seti I.* seinem Thronerben die Zusammenhänge erklärt und dieser sagt bei der Zeremonie ein Gedicht auf, vielleicht singt er es auch. Der Vater mit dem Weihrauchbrenner in der Hand und der Sohn mit Papyri in je einer Hand erscheinen mir, und das hat der Künstler gut getroffen, sehr andächtig.

Staunend kann ich davor stehen bleiben, nur macht das Fotografieren etwas Probleme, wegen des schmalen Gangs kann ich keine Totale erhalten. Dafür bleibt Zeit für die Betrachtungen. Doch leider ist Zeit das, was der geführten Gruppe fehlt.

So bleibt ihr nur ein kurzer Blick, vielleicht ein paar Fotos und schon geht es in Richtung Tageslicht weiter.

In Laufrichtung rechts sehe ich eine Opferszene mit dem König und seinem Thronfolger. Er schreitet mit dem Prinzen, der durch die Chonslocke[170] noch als Kind dargestellt ist, und beide bringen dem Gott *Harmachis* Weihrauchopfer und viele andere Gaben. Die Bildhauer leisteten eine gute Arbeit, in denen sie immer den Personen mit der tragenden Rolle etwas in die Hand gaben. Ein zusammengefaltetes Tuch war, wenn auch nicht hier, eines der beliebtesten Gegenstände, mit welchen Könige posierten, damit die Muskeln richtig zur Geltung kamen.

Abbildung 37: Im Schlachthaus der Opfergaben (Medinet Habu)

---

170 Die langen Haare der männlichen Kinder wurden in eine sogenannte Chonslocke gebunden, eine typische Frisur im Neuen Reich.

Daneben ist ein Relief mit einem Wassergefäß für ein Opfer, in der linken Hand wieder die Vorlage zur Rede, und dann sagt auch die Kleidung vieles aus. Hier hat der Sohn schon nicht mehr seine Chonslocke, er ist bereits zu Fürsten aufgestiegen und wird auch so dargestellt. Überhaupt kann es sein, dass Ramses persönlich die Anweisung zur Darstellung dieses Reliefs gab, denn er trägt das Panterfell eines Priesters und eine Art vorgehängte Schürze[171], die wir auf dem vorherigen Relief beim König sehen. Sobald eine Person sich mit Kartuschen ausweist, wird die Sache ernst, denn beispielsweise im Tempel der *Hat-Hor* von Dendera sind viele Kartuschen unbeschriftet, weil offensichtlich der Nachfolger noch nicht feststand.

Wie in allen Tempeln üblich, gab es auch hier ein Schlachthaus. Führen wir uns die riesigen Ländereien vor Augen und die täglichen Opfer an die Götter, die Prozessionen zu den Gräbern, wo auch geopfert wurde, dann kann man nur schwach erahnen, dass hier ständig essbare Tiere aller Art gehalten und geopfert wurden. Es darf auch nicht vergessen werden, dass die gesamte Priesterschaft von den Opfern leben musste und wenn es auch so scheint, als wäre alles für die Götter bestimmt, stelle ich es mir eher so vor, dass der rituelle Segen für die Speisen durch die Götter erhofft wurde und dann wanderten die essbaren Opfer in die Mägen der Gottesdiener. Rinder waren besonders beliebt, da wie heute, das Rind ein edles Fleisch auf den Tisch des Hauses brachte. Aber auch wie beim Weihnachtsbraten wurde Geflügel nicht verschmäht und wenn man glaubt, dass nur das Beste vom Tier Verwendung fand, muss man sich nur die Reliefs genau anschauen. Diese Reliefs wurden sicher oft kopiert, denn hier ging es um das System und nicht um Authentizität. Wer nicht bis nach Abdos kommt, kann sich in Medinet Habu ebenfalls in einem Schlachthaus rechts im Säulensaal ein solches Relief anschauen. Gleich einem Comic sehen wir die Zu-

---

171 Noch heute tragen die Logen-Mitglieder eine sogenannte „Schürze für den Mann".

führung, die Schlachtung der Tiere und die daraus hergestellten Opfergaben. Besonderer Leckerbissen war der Vorderschenkel des Rindes und die Weihrauchbrenner verraten wieder den Moment des Heiligen Opfers. Für den Außenstehenden ist es nicht einfach, die Hintergründe für die Tierauswahl zu verstehen, denn tatsächlich ging es nicht um einen Festbraten während der Opferzeremonie, sondern auch die „Stellvertreter" des *Sêth* wurden an seiner statt verbrannt, zumindest getötet. Diese Gravuren sind als „Standardausstattung" überall in den Tempeln zu sehen und sind bis auf wenige Ausnahmen in allen Vorgängen entschlüsselt. In diesem Zusammenhang möchte ich ausdrücklich darauf hinweisen, dass diese mythischen Opfervorgänge entmaterialisiert wurden, denn der immaterielle *ka* des Gottes holte ein immaterielles Mahl zu dem immateriellen Gott, zurück blieben nur die materiellen Elemente, welche für das Ritual bedeutungslos wurden. Dieses System spielte sich im ganzen Land bei den Opferhandlungen in den Tempeln ab. Damit sprachen sich die Priester vom Vorwurf der Bereicherung frei, welche anschließend nach der Zeremonie die Opfer selbst verzehrten. Sie betrogen die Götter nicht um die Opfergaben, denn es waren nur die materiellen Hüllen, welche für Lebende aber nicht für geistige Wesen genießbar waren. Damit konnte auch ein Teil der Vergütung für die Priesterschaft erfüllt werden.

Ich muss sehr oft schmunzeln, wenn die Museumswächter in Erwartung eines kleinen Bakschischs einen besonderen Eifer an den Tag legen. Das ist besonders in Karnak verbreitet, hier hingegen wollen sie helfen und den wenigen Touristen einige gute Fotomotive anbieten. So führt mich der Mann in einen Raum, der ein Barkenzimmer darstellt, obwohl doch die Barken ursprünglich in den Kapellen standen. Der Raum ist sehr gut überlegt konstruiert (ca. 15 x 10 Meter) mit einer Treppe zum Dach hinauf und ich frage mich, wie wohl die Priester mit ihren Barken hier hineinrangierten, denn die winklige Treppe selbst ist höchstens 1,80 Meter breit und der Ausgang zum Korridor ist auch nicht breiter. Aus einer Tür von 1,80 Metern im rechten Winkel in einen 2,00 Meter breiten Korridor zu gelangen, würde nicht mal ein Pkw Smart mit Einparkhilfe schaffen. So stelle ich mir vor, dass es eine Maßnahme der Rationalisierung war, nicht mehr durch den ganzen Tempel mit den großen Barken zu ziehen, zumal wenn es nach Westen ging, sondern durch die neue Station war der Ausgang nach dem Anubisberg in wenigen Schritten erreicht und ich ahne, dass es hier nicht wie in Karnak um Flussbarken bei den bombastischen Großveranstaltungen ging. Auf ca. 50 cm breiten Steinbänken standen einst die Barken und wurden hier für Veranstaltungen geschmückt. Allerdings handelte es sich um tragbare Barken, die schnell auseinander- oder zusammengebaut werden konnten. Sie dienten den zeremoniellen Handlungen innerhalb oder in der Umgebung des Tempels. An den Wänden sind immer die bombastischen Prozessionen dargestellt, doch Wahrheit und Darstellung müssen nicht immer übereinstimmen. Natürlich ist das Barkenzimmer mit wunderbaren Reliefs geschmückt, auf denen sehr große Barken auf den Betrachter herabblicken. Ich kenne diesen Ort und ich kenne altägyptische Treppenaufgänge, die keine genormten Stufen haben, weil sie in große Blöcke geschlagen wurden, und weiß, dass in keinem Tempel jemals eine solche große Barke durch solche engen und winkligen Aufgänge gepasst hätte. Seltsamerweise erscheint es mir, als wären die Menschen immer wieder auf dieselbe Stelle beim Treppensteigen getreten, als wollten sie keine Spuren hinterlassen. Wäre der Barkenraum ohne eine abschließende Decke gebaut worden, könnte ich mir für große Barken eine Art Hubbühne vorstellen, aber über dem Barkenraum lagen wahrscheinlich die Wohnräume der Priester. Auf jeden Fall mussten die Bediensteten nicht mehr den Tempel verlassen, wenn sie aus ihren Wohnzellen zum Gebet eilten, aber ebenso hatten sie die Freiheit, ohne das Heiligtum zu betreten, persönliche Dinge zu erledigen.

So muss ich wohl oder übel ohne eine befriedigende Antwort auf meine Überlegungen weitergehen und als ich den Korridor erreiche und ihn weiter beschreiten will, sehe ich einen anderen Museumswächter, der vor sich hindösend an der Ecke steht, freundlich grüßt und leise nach einem Bakschisch fragt.

Ich drücke ihm ein paar kleine Scheine in die Hand und zeige ihm, dass ich die angrenzenden Räume sehen möchte, doch er schüttelt den Kopf und sagt nur „unready" (unfertig). Trotzdem führt er mich in einen dunklen Raum und als sich meine Augen an diese Dämmerung gewöhnt haben, sehe ich, dass in keiner dieser Kammern die Baumaßnahmen beendet wurden. Nun schalte ich die Taschenlampenfunktion meines Handys an, die mir ein ausreichendes Licht spendet. Sofort sticht mir ein Relief ins Auge, auf welchem Ramses als König vor seinem Vater steht. Ich kann nur das Relief fotografieren, um es mir später näher zu betrachten. Ich komme mir, das muss ich zu meiner Schande gestehen, eher wie ein Paparazzo vor, der nackte Prominente am Pool belauscht. Die meisten Wände sind von Rauch und Dreck verschmutzt. Der Wächter hebt die Schultern und deutet an, dass er es mir ja bereits draußen sagte. Vielleicht mit etwas mehr Licht könnte ich manches sehen, aber wie würden wohl die Wächter am Eingang schauen, wenn ich mit einem Strahler bewaffnet hier ankäme, wo mir schon so eindringlich das Aufnehmen eines Videos und Fotografieren mit Blitzlicht untersagt wurde.

Abbildung 38: Blick in den Barkenraum

So schön diese kulturellen Erbschaften auch auf den Touristen wirken mögen, können wir uns nicht im Entferntesten vorstellen, welche Dynamik und welches Organisationstalent notwendig waren, um einen Tempelbetrieb dieses Ausmaßes über Jahrhunderte hinweg zu versorgen. Offensichtlich hatte König *Seti I.* erkannt, dass dem Objekt der Begierde viele Wirtschaftseinheiten fehlten, die eine Erweiterung des Tempelbetriebs gestatten konnten. Somit erklärt sich vielleicht der südliche Anbau an den Tempel, der für eine Besichtigung durch die Touristen leider verschlossen bleibt. Ich erhielt einen kurzen Einblick, kann mir aber im Kopfkino den muffigen Geruch der eingesperrten Tiere, den Lärm im Schlachthaus, wenn die Tiere ihren letzten Augenblick auf Erden erleben, vorstellen. Da half ihnen auch nicht, dass sie einem himmlischen Zweck geopfert wurden. Wie mag es in den anderen Wirtschaftseinrichtungen zugegangen sein, wo befanden sich die Speicher, wie wir sie im Ramesseum von Theben West sehen können, wo schliefen die Bediensteten des großen Tempels, wo die Priester? Kurzum, die Nebeneinrichtungen für die Umsetzung der vorgeschriebenen Organisationen dieses Großunternehmens sind entweder nördlich unter der modernen Wohnbebauung oder liegen südlich in Richtung der Pyramide von *Ah-mose I.*[172], denn auch dort gibt es viel zu sehen und zu erkunden, aber heute ist mein Programm eindeutig auf Ramses & Co. beschränkt. Normalerweise habe ich alle Zeit dieser Welt, aber ich wollte heute noch mehr erledigen. So gehe ich durch das Treppenhaus in Richtung Licht weiter und komme an eine Treppe mit Stufen, mit einem glatten Streifen auf beiden Seiten. Hier konnten die Nutzer beim Transport schwere Objekte nach oben oder unten schieben, bis sie ihr Ziel erreichten.

---

172 *Ah-mose I.* regierte 1570–1546 v. Chr. Als 1. König in der XVIII. Dynastie. Von seiner errichteten Pyramide ist nur noch ein großer Sandhaufen zu sehen.

DER WESTLICHE AUSSENBEREICH

Obwohl es eine umfangreiche Literatur zu dem Thema Abydos gibt, scheint es mir bis zum heutigen Tag, als wäre zum Beispiel die Verbindung vom Osireion zum Tempel nicht gefunden worden. Würde man die Passage, welche vor über 100 Jahren entdeckt wurde, weiterverfolgen, so endete man höchstwahrscheinlich an den Fundamenten des Tempels. Dafür hat aber Gardner herausgefunden, dass es tatsächlich einen Kanal gab, der in der Achse vom ersten Hof in Richtung West verlief, um die gigantischen Granitblöcke für das Osireion zu transportieren. Nach getaner Arbeit wurde alles wieder zugeschüttet, doch es mangelte an der notwendigen Verdichtung, um darauf das schwere Tempelhauptgebäude für eine halbe Ewigkeit zu stellen. So senkte sich innerhalb der Jahrtausende die Mitte des Baus und ließ Hunderte von Blöcken zerbrechen. Schon aus diesem Grund ist die Suche nach dem Verbindungstunnel zwischen Osireion und Tempel fast sinnlos.

Wenn, wie ich bereits beschrieb, auch die vermeintliche Akkuratesse der alten Ägypter allgemein bei den Tempelbauten zu wünschen übrig ließ, da sie in vielen Fällen gebogene oder schiefe Wände haben und sie trotzdem heute noch stehen, so hat dieses prachtvolle Bauwerk viele Jahrtausende überstanden, selbst als es der umliegenden Bevölkerung als Steinbruch diente. Wir wollen auch nicht vergessen, dass mit dem Untergang des Pharaonenreiches und dem Aufkommen der frühchristlichen Religion diese Gebäude sich hervorragend als Gotteshäuser für einen neuen Gott anboten, sodass besonders durch die Kopten vieles noch Intakte zu ihren Interessen umfunktioniert oder gar abgerissen wurde. Gnadenlos bauten die Frühchristen Wohnräume in die Höfe und lehnten ihre Nilschlammziegelbauten an die Mauern an, schlugen neue Öffnungen als Türen oder Fenster in die Wände, kurzum, sie nahmen alles in Beschlag und richteten sich darin nach ihrer neuen Weltanschauung häuslich ein. In den Augen dieser Menschen waren alle diese Überbleibsel aus der pharaonischen Zeit Stätten der Götzenverehrung und wurden mit allen Mitteln bekämpft.[173]

Wenn auch heute noch die Ägyptologen intensiv in Abydos ihren Grabungsarbeiten nachgehen, so mag es eine Frage des Geldes und der Zeit sein, um vielleicht doch noch den mysteriösen Brunnen von Strabon zu finden. Als Gardener seine Grabungsarbeiten in den Jahren 1925 bis 1926 in Abydos durchführte, stieß er auf „Brunnen" im Vorhof des Tempels, welche sicher hilfreich für dessen Frischwasserbedarf waren, aber insgesamt einschließlich des Osireion nicht gereicht haben dürften.

Den Heiligen See, welcher normalerweise niemals im Innenbereich eines Tempels fehlt, da die Reinlichkeit der Priesterschaft allein schon aus dogmatischen Gründen die mehrmalige Reinigung des Körpers zum obersten Gebot erhob, fand man bisher nicht. Nicht nur für die Reinlichkeit war frisches Wasser erforderlich, denn eine Tempelanlage, welche vielleicht mehr als 15000 Bedienstete zur Blütezeit des Tempels hatte, musste auf jeden Fall mit Trinkwasser versorgt werden und ich kann mir beim besten Willen nicht vorstellen, dass das Brackwasser, welches man heute vor Ort mit gemischten Gefühlen betrachten kann, früher von Menschen für Reinigung oder Nahrungsmittelzubereitung Verwendung fand. Wenn auch an einer Stelle darauf verwiesen wird, dass vom Nil bis zum Tempel ein großer Kanal gebaut worden war, über welchen sogar die Totenschiffe den heiligen Bezirk erreichten, so konnten von ihm keine Spuren aufgefunden werden. Es ist aus verschiedenen Gründen kaum nachvollziehbar, dass er die einzige Wasserquelle für diesen großen Tempelkomplex dargestellt haben soll. Weiterhin, worüber

---

173 Das erste Gebot nach Moses: „Ich bin der Herr, dein Gott. Du sollst keine anderen Götter haben neben mir." Bereits die Hebräer sahen in allen anderen Gottheiten „Götzen", die vernichtet werden mussten, sodass die angeblich von Gott selbst verfassten 10 Gebote, welche Moses erhielt, den Keim der Verwüstung in sich trugen.

kein Reiseleiter berichtet, spielte der Heilige See im Totenbuch eine wesentliche Rolle, da der Tote im letzten Geleit auf seinem Weg in den Westen mit dem Boot über den Nil gebracht oder ersatzweise über den See gefahren wurde. Auch bei den Osiris-Mysterien hatte dieser Ort eine besondere Bedeutung, da *Isis* die Körperteile von *Osiris* beim Fackelschein auf dem See suchte.

Ich verlasse jetzt den Tempel aus der Dunkelheit über die lange Treppe und komme ans Tageslicht genau an der Stelle, wo sich vor mir ca. 50 Meter das Osireion befindet. Als ich oben durch die Tür ins Freie trete, muss ich achtgeben, dass ich nicht stürze, denn wieder haben die Baumeister ein „wahres Wunder" geschaffen: Die Tür ist knapp einen halben Meter höher als der gewachsene Wüstenboden. Nun liegen ein paar Steine im Freien, damit der Besucher nicht das Gleichgewicht verliert. Mich blendet das helle Licht und ich sehe, dass ich mich am westlichen Ende des Tempels befinde, durch dessen Tür neben dem Anbau mir der Zugang zum Osireion mit weitem Blick auf die westlichen Tafelberge gestattet wird. Wenn keine Touristen Abydos besuchen, hat man das Gefühl, alleine auf der Welt zu sein. Selbst der Museumswächter hat es nicht bis auf die Höhe geschafft mir zu folgen, und weit und breit sind auch keine Soldaten zu sehen, welche mit Maschinenpistolen im Anschlag das Beste versuchen, um die Touristen vor irgendwelchem Schaden zu bewahren. Dieser außergewöhnliche Prachtbau ist unterirdisch angelegt, heute nach oben offen und kann über eine steinerne Treppe, falls kein Hochwasser den Weg versperrt, soweit erkundet werden, dass gute Erinnerungsfotos geschossen werden können. Eine weitere Holzstiege gestattet dem Touristen, über das immergrüne Wasser bis in den kleinen Tempel für den Gott *Osiris* zu gelangen. Leider führt das Osireion wieder so viel Wasser, dass es mir nicht möglich ist, über die Holztreppe bis in die unteren Räume zu gelangen, aber das ist wohl so selten, in die Gemächer trockenen Fußes zu gehen, wie ein Vierer im Lotto. Wissenschaftler haben seine Entstehung in die Zeit des Neuen Reiches gesetzt und glauben, dass in ihm Opferhandlungen für den Gott des Totenreiches zelebriert wurden, weil entsprechende Gravuren im Tempel gefunden wurden. Etwas weiter westlich befindet sich ein ehemaliger unterirdischer Zugang, reich mit Reliefs verziert, über den man aus nördlicher Richtung das Osireion betreten konnte. Es ist sehr wahrscheinlich, dass in opulenten Prozessionen hier die Ehrungen des Gottes in der Unterwelt begangen wurden.

Ich schaue mich um und sehe, dass mich weit und breit niemand beobachtet und ich weiß aus der Literatur, dass es in der ehemaligen Umfassungsmauer um diesen Tempel einen westlichen Pylonen aus feinem weißem Kalkstein gab. Auf dem betonharten Sandboden, welcher uneben wie auf einer Baustelle ist, gehe ich ca. 130 Meter in Richtung Westen und sehe tatsächlich im Boden die Fundamente des einstigen Pylonen. Der Rest ist wahrscheinlich auf Nimmerwiedersehen in den Kalkbrennöfen der Region verschwunden, sodass ich mich mit dem zufriedengeben muss, was ich sehe. Der Temenos muss einst ein beeindruckendes Bauwerk gewesen sein, aber hier muss ich mehr erahnen, als ich erkennen kann. Will ich tiefer in die Geheimnisse des Pylonen und die ihn verbindenden Mauern einsteigen, so muss ich schon Google bemühen.[174]

Ich bin in Richtung des Pylonen in der Wüste gegangen und hatte dort mehr erwartet, als ich zu sehen bekam. Als ich meine Analysen über Google fortsetzte, stellte ich jedoch auch fest, dass die Prozession aus dem Tempel von *Seti I.* in Richtung der uralten Friedhöfe aus der I. und II. Dynastie gehen konnte, vielleicht auch zu einer Nekropole, welche bis heute noch nicht erschlossen ist. Ob darunter weitere hochverehrte Ahnen liegen oder ob es nur eine Prozession in Richtung des Anubisbergs war, kann ich nicht beurteilen. Man hatte im kühnen Schwung diesen Tempel dem Totengott *Osiris* zugeschrieben, obwohl wir auch festgestellt haben, dass er als Fruchtbarkeitsgott zwar von alters her bekannt war, seine Funktion in der Anderswelt jedoch erst viel später erhielt, da stand dieser alte Vorgängertempel bereits. So mögen wohl dieses Gebäude, seine 76 Könige auf der Wand und

---

174 Koordinaten: 26°11'01.13" N; 13°55'05.70" O

seine geografische Ausrichtung bestätigen, dass der Tempel eher der Verehrung der uralten Ahnen gedient hat, bevor *Seti I.* ihn in seinem eigenen Interesse für den Totenkult umwidmen ließ. Die Prozessionen verliefen regelmäßig zu den Gräbern der Ahnen, um sie mit geweihtem Wasser zu segnen.[175] Mit Pauken und Trompeten, mit Gesängen, erlesenen Düften, Weihwasserkesseln, Bannern, gleich den Flaggenmasten an den Pylonen, mit gesegneten Figuren der Götter und der Toten zogen sie in die Wüste hinaus, um den hochverehrten Ahnen ihre Dankbarkeit zu erweisen. Ich erlebte auf der West Bank von Luxor in einem koptischen Kloster einen Gottesdienst von vier Stunden Dauer, das Opferfest in einer Moschee in Luxor von gleicher Intensität und ebenso lange sangen und beteten die Gläubigen; vielleicht die Nachfolge der pharaonischen Gottesdienste nur an andere aktuelle Götter?

Ich schaue auf den Kompass und stelle erstmalig fest, dass der geografische Osten der Tempelachse um ca. 15° verfehlt wurde. Da schwant mir, dass die Ausrichtung wohl eher in Richtung Nil erfolgte, also will ich, bevor ich mir ein endgültiges Urteil bilde, den Tempel *Ramses II.* anschauen und schließlich über Google meine Beobachtungen nachprüfen. Allerdings gibt es eine einfache, wenn auch für Ägypten typische Erklärung für die „beabsichtigten Abweichungen": Es werden zwei Formen der Himmelsrichtungen akzeptiert, einmal die lokal-religiöse und zum anderen die magnetische.

Weiter zu gehen hat kaum Sinn, denn einerseits sind die Fundamente des Walls kaum zu erkennen und wenn sie dann nach Osten schwenken und in Richtung der modernen Bebauung verlaufen, haben die Bewohner schon vor langer Zeit durch Abbau von Sebach[176] und Antikenraub ganze Arbeit geleistet.

---

175 Das könnte man mit dem Fest „Allerseelen" der katholischen Kirche vergleichen, wo die Gräber der Verstorbenen mit Weihwasser gesegnet werden.

176 Hier handelt es sich um eine Bezeichnung für die alten sonnengetrockneten Nilschlammziegel, welche auf den lokalen Feldern einen hervorragenden Dünger abgeben.

Vielleicht haben sie auch das „Haus der Flamme" abgerissen, welches angeblich am äußersten Ende des Tempels gegenüber dem Eingang stehen und durch sein Leuchten den Weg zu *Osiris* auf seinem See (in die Unterwelt?) zeigen soll.[177]

Abbildung 39: Unterirdischer Nord-Süd-Zugang zum Osireion (einst Krypta[178])

177 Dieses „Haus der Flamme" existiert in kleiner Form in der katholischen Kirche als das sogenannte ewige Licht noch heute, allerdings soll es aus dem Orient stammen, wo es an Gräbern der Märtyrer brannte. Es wird auf die alttestamentliche Prophezeiung zurückgeführt (Jes 60,19–20 EU) gesehen: „Bei Tag wird nicht mehr die Sonne dein Licht sein, und um die Nacht zu erhellen, scheint dir nicht mehr der Mond, sondern der Herr ist dein ewiges Licht, dein Gott dein strahlender Glanz. Deine Sonne geht nicht mehr unter und dein Mond nimmt nicht mehr ab; denn der Herr ist dein ewiges Licht, zu Ende sind deine Tage der Trauer." Genau genommen geht es ebenfalls um die o. g. Verbindung zur „anderen Welt".

178 Eine Krypta bedeutet nichts anderes als ein vor der Öffentlichkeit verborgener Gang oder ein Gewölbe. Hier wurde für *Osiris* im Neuen Reich ein Raum für heilige Rituale geschaffen, welche speziell an seine Rolle in der Unterwelt erinnern.

GESCHICHTLICHE HINTERGRÜNDE

„Da steh' ich nun, ich armer Tor und bin so klug als wie zuvor!"[179] So könnte ich sagen, denn in der Fachliteratur wird der Tempelbau eindeutig den Ramessiden zugeschrieben und der Sinn des Bauwerks liegt in der Verehrung des Gottes *Osiris*. Wenn also diese Aussage so stimmen sollte, ergibt sich freilich die Frage, warum dann nicht eindeutig die Verehrung erfolgte, und wie in keinem anderen Tempel gibt es 6 Kapellen für 6 verschiedene Götter. Da mag auch nicht die Großraumwohnung von *Osiris* darüber hinwegtäuschen, dass außer der Familie *Osiris* auch noch der Schöpfergott *Ptah*, der König der Götter *Amun-Râ* und als alles übertreffend auch noch der vergöttlichte *Seti I.* ein eigenes „Allerheiligstes" sich errichteten, ganz zu schweigen von dem südlichen Anbau, dessen Funktion bei Beschreibungen des Bauwerks unter den Tisch fällt. Nur habe ich auch Hinweise gelesen, dass der südliche Anbau in der Planungsphase nach Westen erfolgen sollte, um einen freien Durchgang von den Osirishallen zu den Ahnengräbern zu gewährleisten. Meiner Meinung nach hätte nur der Bau des Osireions, welcher dann nachträglich in die Planung aufgenommen wurde, diese Änderung bedingt. Aber warum sollte das geschehen? Sollte *Ramses II.* hier seinem Vater einen letzten Strich durch die Rechnung gemacht haben? Ich kann es nicht beweisen!

Auguste Mariette schrieb im Vorwort seines Buches „Dendereh"[180], dass man einen Tempel erst beurteilen kann, wenn

---

179 Dieses Zitat von Johann Wolfgang von Goethe geht wie folgt weiter: „Heiße Magister, heiße Doktor gar, und ziehe schon an die zehn Jahr' herauf, herab und quer und krumm meine Schüler an der Nase herum – Und sehe, dass wir nichts wissen können!"
180 alte deutsche Schreibweise

man alles, einschließlich der Reliefs bis ins Detail gedeutet und verstanden hat. Leider sehe ich immer wieder, dass einige interessante Dinge in der Literatur (wieder) beschrieben werden, meist schon bekannt, aber Hintergründe werden wenig beleuchtet, weil sie unendliche Recherchezeit benötigen. Hilfe von Universitäten kann man als unbekannter Autor nicht erwarten, denn sie befürchten bei falscher Interpretation ihrer „Hilfen“ einen Imageverlust.

Ich sehe als Besucher diesen Tempel als den Louvre Ägyptens, aufgrund seiner wunderbaren farbigen Bemalungen und Reliefs aus der Bauzeit von *Seti I.* So eine einmalige Farbenpracht in Harmonie mit den Reliefs sah ich noch nie, wobei diese Behauptung nicht für alle Räume gilt. Dabei behalte ich im Hinterkopf die „Rekonstruktionen“ *Ramses II.* nach dem Tode seines Vaters. Man sollte sich vielleicht eine starke Taschenlampe einstecken, um die Veränderungen in der Gravur zu erkennen. Plötzlich sind unter *Ramses II.* künstlerischer Leitung die Gravuren nicht mehr geprägt, sondern hohl. Mariette sieht nicht nur Nachlässigkeit im Handeln, er erkennt sogar eine hasserfüllte Schreibweise der Hieroglyphen, welche links und schlecht eingeschlagen sind. Was waren die Beweggründe für diese Änderungen? War für ihn das Bauwerk mit anderen Augen zu sehen, als es einst sein Vater sah? Hier wird zwar *Osiris* durch die vorhandenen großzügigen Räumlichkeiten für ihn besonders geehrt, doch wird er im Gegensatz zum angebotenen Raum in keiner besonderen Art hervorgehoben.

Es erscheint mir, dass hier ein altes Heiligtum mit der Absicht *Osiris* zu ehren, zugunsten des königlichen Erben von *Seti I.* „zwangsenteignet“ wurde. Um dieses zu verschleiern, gibt es Kompromisse, welche aber nicht in das Gesamtkonzept passen. Vielleicht wurde aus diesem Grund das Osireion geschaffen, denn da konnte man in genialer Weise die hochheiligen Feste für diesen Gott unter der Erde und außerhalb des Tempels feiern. Leider erhalten wir heute von diesem einst unterirdischen Bauwerk eine falsche Vorstellung, da es wie in einem Krater liegend, mit Wasser geflutet, erscheint, aber die wahre Illusion bestand darin, dass die Prozessionen in die Anderswelt hinabstiegen, um den Totengott zu ehren, sozusagen ein Besuch in den „Hallen der beiden Wahrheiten!"

Im südlichen Anbau des Tempels zeigen die Reliefs im Korridor der Könige, auf denen Prinz *Ramses*, obwohl noch Kind, bereits dem Vater bei den heiligen Handlungen assistiert, gewollt, wo der Schwerpunkt gesetzt wurde. In Ägypten war es m. E. immer Mode, den Göttern bildlich einen Vorgang anzuzeigen, der jedoch dadurch zur Geschichte wurde. Die sogenannte Nar-Mer=Palette ist für mich das eindeutige Zeichen, dass der allwissende Gott in der Zeit der kriegerischen Auseinandersetzungen mit den Feinden aus Unterägypten nicht schlief, sondern dass ihm mithilfe der Schminkpalette die „Dankbarkeit des Herrschenden" bei besonderen Festlichkeiten buchstäblich „aufgetragen" und sozusagen für die Ewigkeit in Stein gehauen wurde.

Dass *Ramses* die Fassade des Tempels in *Abdju* nutzte, um seine göttliche Vorhersehung zu dokumentieren, passt zwar zu seinem Wesen, hat aber kaum etwas mit *Osiris* zu tun. Glücklicherweise haben die Pioniere der Ägyptologie alles kopiert, was ihnen wichtig erschien, übersetzt und nach Möglichkeit die damals neumodische Fotografie verwendet. So beruft sich Heinrich Brugsch auf eine stark beschädigte Steinurkunde, welche damals im Museum der alten ägyptischen Sammlungen in Bulaq[181] verwaltet wurde und aus deren 21 langen Zeilen in bester Schrift er seine Meinung ableiten konnte. Er beschreibt, dass nachweisbar die Könige ab der XI. Dynastie bestrebt waren, durch Bauten und Schenkungen an die Tempel von *Abdju* dem großen Gott ihre besondere Verehrung zu beweisen. Heute hat sich das Gelände sehr stark verändert.

---

181 Kunstsammlung in Kairo vor Eröffnung des Ägyptischen Museums

„... an den allgemeinen Totenfesten am 18. und 19.
Thot, sowie an besonderen Festivals für Osiris am 30.
Tybi und die 3. Phamenoth, wurde die heilige Seschem-
Barke des Gottes durch das Gefilde von U-pek, so hieß
der heilige Boden in der Umgebung der Stadt, auf den See
gesetzt, unter geheimnisvollen Bräuchen, und die Feier
‚Wasserfahrt‘ des Gottes in nächtlicher Stille abgehalten.“[182]

Wenn ich die Eindrücke auf mich wirken lasse und die Übersetzung der Gravuren auf der Fassade in meiner Hand betrachte, kann ich mich nicht des Eindrucks erwehren, dass ich auf der richtigen Spur bin. Aus politischen Gründen musste die Vergangenheit der Ramessiden „aufpoliert“ werden, denn der „perfekte“ *Ramses II.* konnte wahrscheinlich nicht mit dem Makel leben, dass sein Großvater *Ramses I.*, ein Kampfgefährte von *Har-em-hab*[183], an die Macht kam, ohne vielleicht königlichen Geblüts zu sein. Brugsch versteigt[184] sich sogar auf den Verdacht, dass er möglicherweise ein Sohn oder Bruder von seinem Vorgänger war, da es eine denkwürdige Inschrift gibt, die beide als Brüder bezeichnen. Bis heute ist relativ wenig über den alten Großvater bekannt, der auch ziemlich schnell zu den Göttern aufstieg. Offensichtlich hatte er als gedienter Soldat für den Gott *Sêth* eine Vorliebe und da er zumindest in Avaris stationiert war, wurde ihm eine Liebe zum von den Hyksos verehrten Gott *Sutech* nachgesagt. Wahrscheinlich liebte er nach dem Chaos, welches

---

182 In diesen mystischen „Spielen“ wurde die Ermordung von *Osiris* und die anschließende Suche der *Isis* nach den restlichen Körperteilen nachgestellt. Dazu wurde nicht der Nil, sondern ein naher See (Heiliger See des Tempels) ausgesucht.

183 *Har-em-hab*, oft auch als *Ḥor-em-heb* bezeichnet, war der 14. und letzte König der XVIII. Dynastie. Er regierte von 1391–1321 v. Chr.

184 „Wenn ich sage der Bruder, so leitet mich zu einer derartig möglichen Annahme das Zeugnis des Gedächtnissteins einer zeitgenössischen Familie, welches unter den Söhnen eines gewissen Ha-Ay, eines ‚Vorstehers der Hieroglyphen-Schneider‘ seines unbekannten Landes, auch die Brüder Ḥor-em-hab und Ramses aufführt.“

Echn-Aton angezettelt hatte, Auaris und die dortige Verehrung von dem Kanaanitisch Baal-Sutech oder *Sêth*, den die Hyksos hohe Ehre erwiesen. Gerade die Hirtenkönige, welche das Land am Nil in arge Bedrängnis brachten, kamen als Lieblingsfeinde noch vor dem „elenden Kusch". Und eines erscheint mir besonders wichtig: Die uralte Verpflichtung der Ahnenverehrung war in diesem speziellen Fall für *Ramses II.* eine Nagelprobe. Ahnenverehrung – ja, Hyksosverehrung – auf keinen Fall! Es reichte schon, dass der Sohn von *Ramses I.* den Namen *Seti* trug. Dennoch lag hier wahrscheinlich die bisherige Missachtung einer von seinem Großvater hochverehrten Gottheit wie ein Stein im Magen: *Sutech*, das Gegenstück von dem ägyptischen Gott *Sêth*! Und, obwohl ich sicher mit meiner Meinung allein dastehe, möchte ich behaupten, dass *Ramses I.* seinen Sohn, den späteren *Seti I.*, mit einer Hyksos-Braut zeugte, denn dafür sieht er zu semitisch aus. Alle folgenden Ramessiden sind sich sehr ähnlich, nur *Seti I.* tanzt aus der Reihe. Ich kann mir lebhaft vorstellen, dass der pfiffige Thronanwärter hier seinen eigenen Weg zur Bereinigung der familiären Unstimmigkeiten schaffen wollte, sobald er an der Macht war.

Es sind die unendlich langen Loblieder auf angeborene Weisheit und göttliche Abstammung, welche man, wenn man schon keine Beweise hatte, immer vorbringen konnte. Außerdem stehen die folgenden Texte gar nicht mit dem Tempel in irgendeiner Beziehung, doch nutzte der Selbstdarsteller jede Gelegenheit, sich für die Nachwelt zu verewigen. So lässt sich Ramses mit den unendlich langen Lobhuldigungen verewigen:

> *„Mich hatte genährt und großgezogen der Herr des Alls selber. Ich war ein Knäblein, ehe ich zur Herrschaft gelangte, da übergab er mir das Land. Ich war noch im Mutterleib, da begrüßten mich ehrfurchtsvoll die Großen. Ich war feierlich eingeführt als ältester Sohn in die Würde eines Thronerben auf dem Stuhl des Erdgottes Geb. Und ich gab meine Weisung als oberster der Leibwächter und der Wagenstreiter. Da zeigte sich mein Vater dem Volke*

öffentlich, ich war als Knabe auf seinen Schoß und er regelte
so: ‚Ich will ihn krönen lassen als König, denn ich will seine
Herrlichkeit schauen derweil ich noch am Leben bin.' [Dann
traten hinzu] die Würdenträger des Hofes um aufzusetzen
die Doppelkrone auf mein Haupt, (und mein Vater sprach),
‚Legt ihm den Königsreis auf seine Stirn!' Also redete er
von mir, während er noch auf Erden weilte: ‚Er stellt die
Ordnung im Land her; er richtet wieder ein [was in Verfall
geraten ist]. Er sorgt für die Bewohner.' So sprach er [mit
gültigem Sinn] in übergroßer Liebe zu mir. Doch ließ er
mich in dem Hause der Weiber und der königlichen Kebsen
(Konkubinen), nach Art der Jungfrauen des Palastes. Er
wählte mir aus, Weiber unter den [Mädchen], welche einen
Lederharnisch (Gurt aus Leder) trugen."[185]

So beweihräucherte er sich auch, dass sein Vater der beste Vater
und er der beste Sohn im Kosmos waren und diesen persönlichen Standpunkt drückte er an der linken Wand des Eingangs,
als „Empfehlung zur Nachahmung" für die Mit- und Nachwelt
aus. *Ramses* gab also zu, dass er nicht nur seinen Vater ehrte,
sondern auch alle Ahnen dieser Verehrung teilhaftig wurden.
Ebenso lässt er durchblicken, dass wenig Aufwand für die Erhaltung der alten Grabstätten bisher betrieben wurde und überall
Verfall drohte. Gehe ich davon aus, dass nach der I. und II. Dynastie es still um *Abdju* geworden war, in der XII. Dynastie neues Leben erwachte und danach wieder Ruhe einzog, so war rein
logisch auch der liebende Sohn nicht so allmächtig, dass er alle
Zerstörung allein bewältigen konnte, zumal es wahr ist, dass
bereits *Thot-mose III.* verschiedene Rekonstruktionen im Land
veranlasste. Allerdings waren Unterschlagungen der Bediensteten an der Tagesordnung und da war es wohl mehr als notwendig, drohende Worte an das Priesteramt zu richten. Hier
ein kurzer Auszug nach Brugsch:

---

185 Übersetzung nach Brugsch

„… Da fand er die Totenhallen der früheren Könige und ihre Gräber, die sich in Abdju befinden, entgegeneilen mit der beginnenden Verödung. Ihre Plätze waren von Grund aus baufällig geworden. [Die Steine waren weggerissen] aus dem Boden, ihre Mauern lagen zusammen gestürzt am Wege, kein Ziegel rastete an dem anderen fest, das Gemach ‚der Wiedergeburt' lag in Schutt dar, nichts war gebaut worden [für den Vater von seinem Sohn], welcher beflissen gewesen wäre für die Erhaltung nach seinen Erwartungen, seitdem ihr Besitzer himmelwärts geflogen war. Kein einziger Sohn hatte das Gedächtnismahl seines Vaters, welcher im Grabe ruhte, erneuert …

… Da war der Tempel Setis. Seine Vorder- und seine Hinterseite[186] waren im Bau begriffen, als er einging in das Himmelreich. Unvollendet war sein Denkmal, nicht aufgestellt die Säulen auf ihren Untersätzen, seine Bildsäule lag auf der Erde, nicht wahr sie gemeißelt nach dem entsprechenden Maße der ‚goldenen Kammer'. Es fehlte an seinen Einkünften. Die Diener des Gotteshauses ohne Unterschied hatten fort genommen was hingebracht war von den Feldern, deren Grenzmarken nicht abgesteckt waren auf dem Lande …"[187]

Die Inschrift der Fassade ist sehr aufschlussreich, wenn auch aus unserer heutigen Sicht nicht immer nachvollziehbar. Sein Vater tat alles nur Erdenkliche, um seinen Sohn so früh wie möglich zum Thronfolger auszubilden und so erscheint er als junger Bursche, bereits genannt *hak*, also Regent, und bald darauf schmückt ihn der Titel *suten*, als sein Vater noch am Leben ist.

---

186 Dieser Hinweis bezieht sich eindeutig auf den Anbau der Osirissäle mit Schreinen.

187 Übersetzung nach Brugsch; auszugsweise wegen der unendlichen Beweihräucherung der Untergebenen gegenüber dem König

Ich sah bereits auf dem Relief im Tempelkorridor, wie *Ramses* seinen Vater bei der Durchführung von religiösen Zeremonien unterstützt. Selbstverständlich darf er den heiligen *Uraeus*[188] nicht tragen, wird aber schon mit den äußeren Zeichen des Königshauses geziert. Ist es Intelligenz oder Hochmuth, *Ramses* sichert sich schon beizeiten Ehren, welche ihm normalerweise erst viel später zustehen würden. Sich zuzubilligen, dass alle Welt schon vor ihm „strammstand", als er noch im Schoß seiner Mutter war, lässt seinen Vater etwas „alt" aussehen. Es scheint so, dass bisher niemand nachweisen konnte, was seinen Vater dazu trieb, seinen Sohn neben ihm auf den Thron als Prinz zu platzieren. Vielleicht beflügelte eine Erbkrankheit oder die ungewisse Herkunft von *Ramses I.* seine Aktionen, damit er neue Voraussetzungen für eine dauerhafte Dynastie schaffen wollte. Es gibt Spekulationen, welche nicht gerade die besten Absichten zu Beginn der Dynastie andeuten, aber andererseits muss man sehen, dass die Wirren aus der Zeit von *Echn-Aton* die heile Welt der ägyptischen Religion auf den Kopf stellten und die, die sie wieder in das rechte Lot brachten, kamen aus der Armee und nicht mehr aus der Priesterschaft, wie es einst üblich war. General *Har-em-hab*, welcher vom Saulus zum Paulus wurde, da er wahrscheinlich seine Dienste am Hof von *Echn-Aton* nach dessen Tod zutiefst bereute, ging mit Feuereifer an die Beseitigung der Hinterlassenschaften des Frevlers. War es eine Konterrevolution, die, angefangen bei *Amen-hotep IV.* begann, seine Familie ausrottete und selbst vor *Tut-Anch-Amun*, der auf Drängen seiner Großmutter *Teje* dem „falschen Glauben" abschwörte, schließlich aber dem Terror doch zum Opfer fiel, damit der Baum mit der Wurzel ausgerissen wurde? Starb der Heilige Vater *Aya* als Letzter der „verhassten Sippe"? Sein Grab neben dem Tal der Könige spricht Bände! Es wurde geschändet, der Sarkophag zerstört, die Wandreliefs dermaßen verstümmelt, dass

---

188 Hier handelt es sich um einen Hinweis auf das sogenannte Schlangendiadem der Königskrone.

er nach altägyptischer Sitte auf keinen Fall in der Anderswelt weiterleben konnte. Wahrscheinlich wird das ein ewiges Geheimnis bleiben, doch ist es schon merkwürdig, dass alle Könige, abgesehen von *Har-em-hab* sehr schnell das Zeitliche während ihrer Regierung segneten und meist unter mysteriösen Umständen starben.

Semench-ka-Râ (Nachfolger *Echn-Aton*)	1336–1334	2 Jahre
Tut-anch-Amun	1334–1325	9 Jahre
Aja	1325–1321	4 Jahre
Ḥor-em-hab	1321–1293	28 Jahre
Ramses I.	1293–1291	2 Jahre
Seti I.	1291–1278	13 Jahre

Kurzum, der Thronerbe hatte die verbriefte Pflicht, sich um die Hinterlassenschaften seines Vaters zu kümmern. Nicht nur die Übernahme der Regierungsgeschäfte war wichtig, der Höhepunkt lag in der Fürsorge für den „langanhaltenden Erfüllungsort"[189]. Schon lange hatten sich die Kinder der Noblen liebend gern die finanzielle und politische Mitgift gegriffen, die Pflichten daraus aber den Reliefs an den Grabwänden oder den „Stiftungen" übertragen, welche durch reiche Geschenke ein Äquivalent für ihre „Aufwendungen" erhielten[190]. So verdrückte sich auch *Ramses II.* und kam später zurück, um den Zustand des Tempels und der Gräber der Vorfahren in Erfahrung zu bringen. Ihn musste fast der Schlag getroffen haben, als er die Verschwendung und Schlampereien in *Abdju* durch die Totenpriester sah. Es sieht so aus, als hätte der Sohn vollmundig alles aus Dankbarkeit für seinen Vater veranlasst, damit dieser seinen „himmlischen Frieden" fand, aber wie bei der Planung

---

189 Irdisches Grab
190 Wie bei dem Mythos von *Horus* als moralisches Vorbild, hat der Erstgeborene der Königsgebärerin sich um das Grab seines Vaters kümmern, Opfer zu bringen und Festlichkeiten für den Verstorbenen zu organisieren hat.

und dem Bau des Flughafen BER in Deutschland ist es besser, die Politik hält sich aus solchen Dingen raus, wenn man nicht mit Feuereifer dahintersteht.

So wie es in Qurna nach dem Tod des Vaters unfertige Bereiche des Doppeltempels für *Seti I.* gibt, fand das Jahrmillionen-Haus in *Abdju* erst im hohen Alter von *Ramses II.* seine Vollendung. Ramses, der alte Kontroll-Freak, hatte alles in seinen Machtbereich gezogen, große Versprechungen zu jeder Zeit gemacht, doch nur zu oft blieb die Kontinuität außen vor, doch in seinen Berichten steht kein Wort der Reue. Vielmehr wurde alles so gedeichselt, dass er selbst bei Niederlagen der Sieger blieb.[191]

Alle diese Verhaltensänderungen müssen sich tief in seinem Herzen abgespielt haben. Er trat als junger Bursche seine Regentschaft an, und vielleicht erkannte er erst jetzt, dass die Vaterfigur nicht dem entsprach, was er in ihm als Kind und später als Jüngling sah. Vielleicht stieß er nun als König in den Tempelbibliotheken auf geheime Unterlagen, die seine bisherige Einstellung erschütterten. Als neuer Herrscher musste er zumindest versuchen den Schein einer heilen Dynastie zu wahren. Er sah sich nur noch selbst im Mittelpunkt des Kosmos, als die Liebe zum verstorbenen Vater geschwunden war, und scheute sich nicht, die Kartuschen des Vorgängers gegen seine eigenen zu ersetzen[192]. Man kann entgegnen, dass die Schlacht von Kadesch ihn an seinen familiären Pflichten hinderte, doch in dem riesigen und reichen Reich des Königs genügte nur ein Wimpernschlag des Pharaos und Köpfe rollten oder Königreiche fielen.

---

191 Ein besonders schöner Fall ist der unrühmliche Ausgang der Schlacht bei Kadesch, bei der er sich eines von ihm „erzwungenen" Friedensvertrages rühmte.

192 Ich gehe nicht davon aus, dass alle diese Änderungen ausschließlich während der Bauphase geschahen, selbst später wären sie einfach zu veranlassen gewesen.

*Abbildung 40: Als „Marktplatz der Rosinen"
im Arabischen genanntes Bauwerk*

SCHUNET EZ-SEBIB – NOCH IMMER EIN RÄTSEL

Als ich wieder vom Wüstenpylon auf die Obere Terrasse auf der Rückseite des Tempels zurückkehrte, fragte ich einen Wächter, der neben der Treppentür stand, wie ich am schnellsten zum Tempel von *Ramses II.* kommen könnte. Er zeigte beflissen in nördliche Richtung und sagte zu mir: „Vier!" Er streckte den Arm immer wieder nach Norden aus und hielt vier Finger in die Luft. Diese Zahl 4 konnte alles bedeuten: 4 Minuten, 4 Kilometer, 400 Meter oder was auch immer. Obwohl die Sonne erbarmungslos vom Himmel herunterschien, machte ich mich mit meinem Rucksack und einer vollen Flasche Mineralwasser auf den Weg und befand mich unbesehen in wenigen Metern auf dem erhöhten Plateau inmitten der Wüste. Hier handelt es sich nicht um die Sanddünen aus den marokkanischen Drehorten für historische Filme, sondern um eine Mischung aus festem Sand, durchsetzt mit Steinen aller möglichen Art und Größe. Man kann diese Wüstenbeschaffenheit mit der Unebenheit einer Baustelle vergleichen, aber der Boden ist so hart, dass der Fuß nicht einen Zentimeter beim Gehen einsinkt. Ab und zu kann ich Hinterlassenschaften der Ausgrabungsarbeiten aus vergangenen Tagen sehen, denn der Aushub wurde nicht immer vollständig zum Auffüllen der Grabungslöcher verwendet. Abgesehen davon, dass der Wind im Laufe der Zeit Plastik- und Papierabfälle in die Wüste geblasen hat und von der barbarischen Hitze, lässt es sich relativ gut laufen. Da das Gelände recht hügelig ist, konnte ich nicht den Horizont sehen und ging mit Freude im Herzen in Richtung Norden, obwohl ich von meinem letzten Besuch wusste, dass der Tempel von *Ramses II.* nur wenige 100 Meter sich auf der rechten Seite meines Weges befand. Es war die Zeit des Mittagsgebetes und weit und breit war weder ein Wächter noch ein Polizist zu sehen. Ich hörte nur das Knirschen des Sandes unter meinen Schuhen und das leise Pfeifen des Windes. Ich stapfte frohen Mutes immer weiter in Richtung Norden, passierte einen provisorischen Unterstand gegen die heiße Sonne für einen nicht vorhandenen Wächter, und freute mich über alles, was ich sah. Als ich die nächste Hügelgruppe, etwa 4 bis 5 Meter hoch, erklommen hatte, sah ich von meinem neuen Ausguck nun in Richtung Norden eine fantastische Mauerkonstruktion uralter Nilschlammziegel und mir wurde in diesem Moment klar: Es gab für mich nur einen Weg dorthin!

Angetrieben von der einmaligen Gelegenheit, etwas unfassbar Schönes zu sehen, stapfte ich weiter den Hang hinunter, über weitere kleine Erhebungen ging meine Eile, bis ich überwältigt dem Nilschlammbauwerk immer näher kam. Abgesehen von ein paar bellenden Hunden, die sich in ihrer Mittagsruhe gestört fühlten, ging ich weiter und kam wieder durch eine kleine Senke auf den nächsten Hügel und schon war dieses höchst mysteriöse Gebäude für mich in fast greifbarer Nähe. Ein Schluck kühlendes Mineralwasser gab mir die notwendige Energie und nach ca. 10 Minuten Fußweg erreichte ich das Objekt meiner Begierde: Schunet ez-Sebib. Flugsand hatte sich vor den Fundamenten angelagert und ich sah eine Möglichkeit, von der Südseite her in das, was man einst eine Götterburg nannte[193], einzutreten. Ich begab mich eine steilere Sandanwehung hinauf, machte Fotos und stieg auf der Innenseite hinab. Erst jetzt an dieser Stelle war ich mir der früheren Bedeutung bewusst und wie ein Wunder begegnete mir im Inneren von der „Götterburg" an diesem Ort ein Goldschakal. Diese sonst so zurückhaltenden Tiere hatten hier einen Vertreter entsandt, welcher keinerlei Scheu zeigte. Schakale sind kleiner als Wölfe, vielleicht so groß wie ein ausgewachsener Fuchs, und ich fand diesen Mo-

---

193 Durch die Mythen, bei welchen einst ein grausamer Kampf zwischen Göttern und Menschen stattfand, war die Annahme der ägyptologischen Pioniere nicht von der Hand zu weisen, zumal die Festungen bei den Katarakten starke Ähnlichkeiten aufwiesen.

ment perfekt. Er kam geradewegs auf mich zu, wir musterten uns beide für wenige Minuten und dann setzte er seinen Weg fort und verschwand durch die westliche Tür der Innenmauer. Wäre diese Begegnung vor ein paar Tausend Jahren erfolgt, hätte ich glauben müssen, ein Gott sei mir erschienen und zeige mir den Weg in die Unterwelt, zumal die Richtung auch stimmte. Ich bedauere nur, dass ich diesen niemals wiederkehrenden Moment nicht mit meiner Kamera festhielt, da ich Sorge hatte, der Bote des Gottes *Upuaut* würde schnell durch meine für ihn ungewohnten Bewegungen davonlaufen.

Abbildung 41: Unterstände gegen die heiße Sonne erinnern an frühe Behausungen.

Abbildung 42: Von dieser Seite näherte ich mich dem geheimnisvollen Bau.

Mir war aus Zeitungsberichten bekannt, dass seit langer Zeit bereits der deutsche Ägyptologe Günter Dreyer in Abydos Ausgrabungen leitete, aber an diesem Tag war weit und breit kein Mensch zu sehen. Somit nahm ich mir entsprechend viel Zeit, um alle Ecken dieses wundervollen Gebäudes genau zu betrachten. Trotz seiner gigantischen und festungsartigen Ausmaße war das Innere, welches von starken Mauern umschlossen war, praktisch leer. Kaum zu erkennen war eine kleine Erhöhung in der nordwestlichen Ecke des Bauwerks. Hier waren bereits Ausgrabungsarbeiten erfolgt und ich nahm an, dass die Erhebung als Tumulus gedient haben könnte, oder auch hier sei es der *bn-bn* gewesen. Als ich in die Runde schaute, sah ich noch ein paar Fundamente in der südöstlichen Ecke, aber ganz andere Strukturen als das Mauerwerk.

Ob dieses Bauwerk in einem spirituellen Zusammenhang mit *Nechen* stand, ist bis heute noch nicht geklärt. Später wird mir ein ägyptischer Geschäftsfreund, der schon ein Leben lang in

Luxor wohnt, die Frage stellen, warum ich dem Schakal nicht nachgelaufen bin, vielleicht hätte er mich an besondere Orte geführt … Das war von ihm eine tolle Idee, doch war ich von den momentanen Eindrücken so überwältigt, dass ich mir diesen Bau lieber gründlich anschauen wollte, um danach meinen Rückweg anzutreten, denn schließlich wollte ich noch zum Tempel von *Ramses II*.

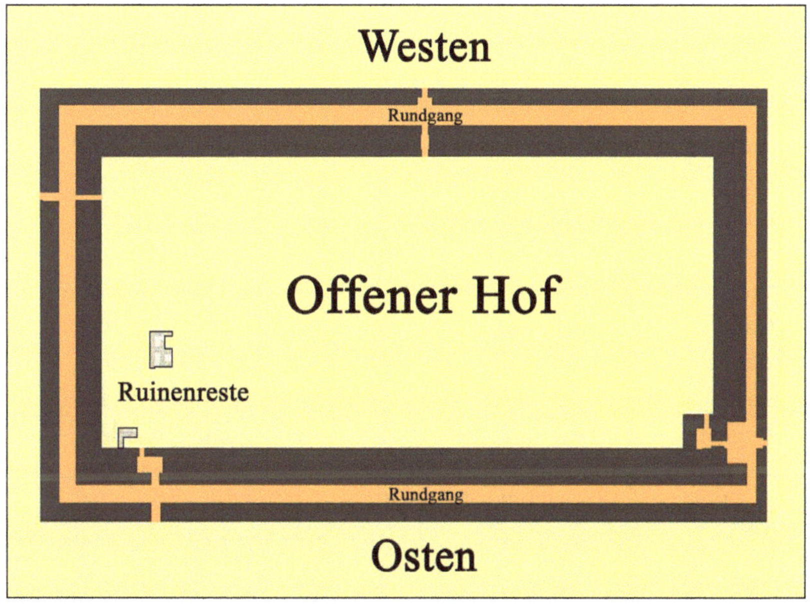

Abbildung 43: Skizze Schunet ez-Sebib Skizze mit Eingängen

Ich kann nicht sagen, wie lange ich mich in diesem uralten Bauwerk aufhielt, denn vor lauter Faszination blieb für mich die Zeit stehen. Dann kehrte ich auf demselben Weg zurück, wie ich gekommen war und ahnte nicht, dass Polizei und Sicherheitsleute bereits nach dem vermissten Deutschen suchten.

Vielleicht ist es aber trotzdem für all diejenigen interessant, welche dort nicht einen Spaziergang auf eigene Gefahr unternehmen dürfen, ein paar Worte zu dem Bauwerk zu schreiben. Wenn man weiß, dass es sich hier im Umfeld um eine unbekannte Anzahl von Gräbern auf einem Friedhof aus der I. und II. Dynastie handelt, so erscheint das zuvor von mir besuchte Bauwerk ein Bestandteil dieser Nekropole zu sein. Mit seinen dunklen Nilschlammziegeln beherrscht dieser massige Klotz aus weiter Ferne die ganze umgebende Ebene. Die Fellachen haben den Namen mit „Marktstätte der Rosinen" in ihrer blumigen Sprache übersetzt, was jedoch wahrscheinlich von der Farbe des Baumaterials herrührt und weder mit der Bedeutung noch seiner Funktion zusammenhängt. Nach den bereits seit dem 19. Jahrhundert bis in die Neuzeit durchgeführten Ausgrabungen zu urteilen, befindet sich das Gelände momentan in dem Zustand eines großen mit Sand gefüllten Hofes, der auf seinen vier Seiten ein hohes mit Durchgängen an verschiedenen Stellen versehenes Mauerwerk umschließt. Es gibt, nach meinen Beobachtungen zu urteilen, eine innere und äußere Umfassungsmauer, zwischen denen ein schmaler Gang verläuft, welcher aber aufgrund seines Bauzustandes und dem angewehten Sand nicht durchgehend beschritten werden kann. Im Hof selbst sollen nach Angaben von Spezialisten zu Beginn der Arbeiten Knochen und Mumienbinden gefunden worden sein, was man bei dem leeren Hof kaum glauben will. Nach den Plänen und Skizzen soll es innerhalb des Hofs auf nördlicher und südlicher Seite Reste von Fundamenten gegeben haben, doch ohne Hinweis auf Nutzung und Erbauer. Es liegen Vermutungen nahe, dass diese Fundstücke aus der arabischen Epoche stammen. Die vier Außenwände der höchsten Umfassungsmauer erhielten als Dekoration lange festungsartige Rillen aus Nilschlammziegeln, wie sie von Festungsbauten aus dem Alten Reich oder vom Gelände der Stufenpyramide in Sakkâra bekannt sind. Einige Wissenschaftler glauben, dass es sich um eine Hommage an die Umfassungsmauern von Memphis handeln könnte, zumal Reste von weißer Tünche an den Außenwänden entdeckt wurden[194]. Doch das hat nicht viel zu bedeuten, denn die meisten Nilschlammziegelmauern wurden nach ihrer Fertigstellung mit weißer Schlempe eingestrichen. Es muss für den Bau ein besonderer Anlass bestanden haben, so viele Menschen für dieses Werk heranzuziehen und zu versorgen, doch ebenso ist sein Alter ein Geheimnis, wie das „Fort" von *Nechen*.

Solche „Rätsel der Geschichte" reizen immer zu Spekulationen. Es ist also kein Wunder, dass die frühen Ägyptologen in dem Charakter des Bauwerks die verschiedensten Anlässe sahen: eine Festung als Militärbasis, um Karawanen aus der Oase El-Charga und Libyen zu kontrollieren, eine Zuchtanstalt für Opfertiere aller Art oder ein Tiergehege für Brandopfer im Zusammenhang mit den umfangreichen königlichen Begräbnissen in der benachbarten Nekropole, sodass Ochsen, Gazellen, Antilopen ihr Leben lassen mussten. Wenn ich an solche Tiergehege denke, beginnt stets mein Kopfkino die riesigen Langhorn-Rinderherden in den amerikanischen Western in Bewegung zu setzen und ich rieche förmlich die Tiere und schmecke den Staub in meinem Mund. Dann komme ich in die Realität zurück und stehe allein in Schunet ez-Sebib und nur der Wind weht um meinen Kopf. Aber auch eine „Königsvilla" bei Besuchen an diesem heiligen Ort, wurde nicht ausgeschlossen. Aufgrund der gefundenen Knochen und Mumienbinden war selbst die so notwendige Mumifizierung, welche aber praktisch ein verachtetes Handwerk war, als eine notwendige Maßnahme für die außerhalb angesiedelten Werkstätten in Betracht gezogen worden. Schließlich kamen nach den Königen genug besorgte Menschen in diese Gegend, weil sie die Nähe zum Reich der Toten und dem Grab des *Osiris* suchten.

---

194 Die Festung, bevor Memphis entstand, wurde als „die weißen Mauern" bezeichnet und scheint die damalige Grenze nach Unterägypten bewacht zu haben.

Abbildung 44: Im Inneren des Bauwerks

Grundsätzlich konnte das Bauwerk für alles genutzt worden sein, denn oberflächlich betrachtet trafen alle Voraussetzungen zu. *Abdju* war später ein Wallfahrts- und Touristenort, aber auch ein Handelsplatz für Waren aller Art für die immer weiter ansteigende Nachfrage. Leider fand man keinerlei Hinweise auf Verteidigung und auch keinerlei Inschriften verweisen auf den Charakter einer Festung oder Kontrollstelle. Die Nutzung für Tierzucht oder Tierhaltung im Zusammenhang mit der immer weiterwachsenden Nekropole und den notwendigen Opfergaben nicht nur bei der Begräbnisfeier der noblen Klientele, sondern auch für alle wiederkehrenden Feste, bei denen es auf den Effekt mehr als auf die Wirksamkeit der Opfer ankam, konnte auch nicht bestätigt werden. Es wurden keine eindeutigen Hinweise darauf gefunden. Die ebenso ins Kalkül gezogenen Mumienwerkstätten sehe ich eher im alten Tempel des *Osiris*, aber nicht in dieser Freilufthalle, deren Sonnenstrahlung und Hitze die Arbeit sicher sehr erschwert hätten. Weit entfernt von der alten Stadt *Abdju* lag der Bau, doch unterirdische Räume, mindestens mit einer Steinüberdachung und Wasser in der Nähe, waren notwendig und das gab es hier beides nicht. Das Ramesseum in Theben West ist das beste Beispiel dafür, dass separierte Anlagen in Tempelnähe sich bewährt hatten.

Für mich sind die Lage und die Konstruktion dahingehend interessant, weil die Prozessionen vom alten Osiristempel[195] auf geradem Weg nach Schunet ez-Sebib verlaufen konnten und nachdem das Gebäude umrundet war, die Prozession wieder zum Ausgangspunkt zurückging. Vielleicht war es Tradition, wie bei der ewigen Stadt Memphis, wo Umzüge um die Stadtmauern zu Ehren des Erdgottes *Sokars* mit lebenden Tieren und Tausenden von Menschen zum Festkalender gehörten. Vielleicht stand auch eine Figur oder nur ein Pfahl mit einem Fetisch auf dem Hof, welcher zu Ehren *Osiris* oder dem Totengott *Upuaut* aufgestellt war, doch ist damit immer noch nicht die Größe der Anlage erklärt. Ebenso könnte man die uralten Überlieferungen der Stockkämpfe von *Abdju* hiermit in Zusammenhang bringen und dann wäre es eine Art Arena gewesen, wo zu Ehren eines bestimmten Anlasses Tausende Jungmänner in den Kämpfen ihre Kräfte gemessen haben. Doch die Zeit hat alle Beweise zerstört. Dass das „Austoben" der jungen Männer selbst unter den Königen „berücksichtigt" wurde, zeigen die Hinweise aus der Literatur des Neuen Reiches.[196]

Die Maße werden mit einer Gesamtlänge des Gebäudes von ca. 131 Metern und einer Breite von ca. 79 Metern angegeben. Ich schaute mir vor Ort die Durchgänge an und sah keinerlei „Durchbrüche" mit veränderten Mauerstrukturen, sodass ich denke, dass alles in einem „Guss" entstand. Gründliche Untersuchungen haben ergeben, dass der Wüstenboden ziemlich genau eingeebnet wurde. Im Gegensatz dazu ist der „Rundweg"

---

195 vgl. Abschnitt „Das alte Abdju"
196 In der „Historischen Lehre des *Meri-ka-Re*" wird Gardners Übersetzung wie folgt zitiert: „Denn deine Bürgerschaft (*nw-tjw*) ist voll von neu Herangewachsenen; 20 Jahre sind es …, dass die Jugend froh ist, ihrem Herzen zu folgen, (dann) ziehen die Burschen wiederum (in den Krieg) aus."

zwischen den Mauern ziemlich hoch über dem gewachsenen Boden. Ich konnte von meinem Aussichtpunkt sehr gut die Wüste über die kleine Mauer erblicken. Es gibt nichts dergleichen auf den anderen drei Seiten. Dass hier Menschen über längere Zeit lebten, konnte an den massenhaft ausgegrabenen Keramikscherben nachgewiesen werden. Die Ägyptologen gehen aber davon aus, dass es sich um Menschen der frühen Christianisierung oder Kopten handelte, die auch auf der Westseite sich ihre Wohnnischen in die Mauern schlugen. Die an ein Fort erinnernden vertikalen Rillen sind nur an der großen östlichen Mauer zu finden. Ebenso genügten kaum 30 Zentimeter tiefe Fundamente wie beim Tempel des *Osiris*, um dem Bauwerk über Jahrtausende einen sicheren Stand zu gewähren. Nachdem man festgestellt hatte, dass die Wände nicht durchgehend und zusammenhängend von einer Seite bis zur anderen errichtet waren, nahm man verschiedene Sondierungsgrabungen vor und fand in der Wand eingebettet Stelen, grob geformte Särge aus roter Terrakotta von sehr kleinen Dimensionen. Die Stelen sind aus der gleichen Zeit und vom gleichen Stil wie andere aus der XX. Dynastie. Nach gründlichen Abwägungen entschied sich Mariette dafür, dieses Bauwerk als Militärbasis einzustufen und erklärte:

> *„Es ist bekannt, dass in allen Nekropolen eine Art*
> *Gendarmerie betrieben, die mit der Aufrechterhaltung*
> *der Ordnung in der heiligen Stätte beauftragt war.*
> *Hier die Miliz als Hüter der Gräber, beobachtet zur gleichen*
> *Zeit die Karawanen, die aus dem Westen kommen,*
> *und von der Stelle, wo sie installiert ist, hat sie sowohl*
> *die Nekropole als auch die Wüste im Auge.“*

Nun ja, ich selbst sehe die Feststellung kritisch, denn warum sind dann die Tore so schmal, wenn ganze Garnisonen hier stationiert gewesen sein sollten, wo sind die Umläufe auf der Mauerkrone, wie in der ummauerten Stadt *Necheb* und wo sind die Wirtschaftsräume für das Personal. Selbst wenn man die Ka-

rawanen vom libyschen Dauerfeind zur Kontrolle festgesetzt
hätte, wären die späteren Generationen, wie beispielsweise in
Memphis, nicht sang- und klanglos mit dem Militär verschwunden. Selbst die Stallungen, Pferdetränken, später Verschläge
für Wagen, hinterlassen ihre Spuren im Verlauf der Geschichte. Hier fand man rein gar nichts dergleichen. Doch eines oder
besser 14 Boote waren auf der Außenseite vor Anker gegangen,
aber das konnte Mariette nicht ahnen, zumal immer noch nicht
klar ist, warum und wie sie ihr Ziel erreichten.

Ich hatte hier fantastische Dinge gesehen, war vom Bauwerk geradezu entzückt und spürte die Begegnung mit der Vergangenheit
und der immer noch währenden Geheimnisse. Mehr hatte ich
nicht erwartet, denn der Bau ist für mich kein Museum. Allerdings hat die ägyptische Antikenbehörde zwischenzeitlich eine
Möglichkeit der Besichtigung geschaffen, sodass unter polizei-
licher Begleitung der Tourist eine kurze Fahrt durch die Wüste
auf sich nehmen muss und dann diese Anlage besichtigen kann.

Wir können getrost davon ausgehen, dass irgendwann sämtliche antiken Stätten, nachdem sie umfassend archäologisch un-
tersucht wurden, für die Öffentlichkeit freigegeben werden …
doch das kann noch Jahrzehnte dauern.

DER TEMPEL RAMSES II.

Fürs Erste hatte ich genug gesehen und machte mich auf den Rückweg. Nachdem die Muslime ihr Mittagsgebet verrichtet hatten, stellte der Museumswächter im Tempel von *Ramses II.*, welcher zuvor von meinem Kommen unterrichtet wurde, fest, dass ich verlustig gegangen war. Was ich zu dieser Zeit nicht ahnte war, dass er die Sicherheitskräfte von meinem Verschwinden informiert hatte und diese nun begannen, mich im ganzen Tempelbezirk zu suchen. Als ich ein paar 100 Meter von der Rückseite des Tempels *Ramses II.* entfernt war, kam ein Polizist aufgeregt auf mich zu und fragte, wo ich denn geblieben wäre, denn alle würden mich suchen. Daraufhin erzählte ich ihm die Geschichte, dass der Tempelwächter mich mit der Zahl vier in nördliche Richtung sandte und ich somit in der Götterburg landete. Der Polizist sah mich zunächst misstrauisch an, dann musste er lachen, begleitete mich zum Tempel *Ramses II.* und wartete vor dem eisernen Tor, um sicherzugehen, dass ich nicht wieder auf Abwege gerate.

Die Eintrittskarte für 30 Ägyptische Pfund (LE) gilt für den Tempel von *Seti I.* und gleichzeitig auch für den Tempel von *Ramses II.*, nur liegt er ca. 300 Meter nördlich vom Seti-Tempel entfernt. Obwohl sich sein Eingang zur Straße im Ort befindet, kann man ihn auf einen Weg durch die Wüste von der Rückseite des Tempels erreichen. Bei den wenigen Besuchern ist er immer verschlossen, aber der Museumswächter verständigt zuvor den Diensthabenden im Ramses II.-Tempel und der steht dann schon wartend am Tor. Bei meinem Besuch musste er etwas länger warten, da ich zu einem kleinen Umweg gestartet war.

Dieser Tempel ist im Laufe der Jahrtausende durch den begehrten feinkörnigen weißen Kalkstein, welcher eine hochwertige Qualität hat und damit ein Lieblingsmaterial für die Bildhauer vergangener Epochen darstellte, bei der einheimischen Bevölke-

rung ebenso beliebt gewesen, die diese Reste aus längst vergangenen Zeiten, welche über den Wüstensand ragten, in praktischer
Art und Weise für das Düngen ihrer Felder oder den Häuserbau verwendete. Das ist besonders bedauerlich, da der Tempel
durch seine farbenfrohen Reliefs besticht, leider jedoch ab einer
Höhe von über zwei Metern total abgetragen wurde. Der erste Pylon ist als solcher kaum mehr zu erkennen und das jetzige Eingangstor versperrt sozusagen den Durchgang des zweiten Pylons.

Man attestiert den Reliefs von *Ramses II.* allgemein eine
mangelhafte Qualität, welche vielleicht den Geist zur damaligen Zeit traf, aber aus heutiger Sicht nicht im Entferntesten an
die Qualität der XII. Dynastie heranreicht.

Erklärung der Raumbezeichnungen zu Abb. 45:

1	*Kapelle der Neunheit (allgemein)*
2	*Kapelle des Horus*
3	*Osirisheiligtum*
4	*Kapelle der Isis*
5	*Kapelle der Neunheit von Abydos (speziell)*
6 + 7	*Zugänge*
8	*Schatzkammer*
9	*Kapelle des Min-Rê*
10	*Kleiderkammer*
11	*Kapelle des Thot*
12	*Kapelle der Onuris (Kriegsgott von Thanis)*
13	*Kapelle des Seti I. (tot)*
14	*Kapelle des Ahnenkultes*
15	*Kapelle des Ramses II. (lebend)*
16	*Kapelle des Totenkultes*

Dennoch sind gerade die beiden Tempel in ihrer Ausstattung,
Gravur und Farbe so hervorragend erhalten, dass es fast für jeden Touristen in Oberägypten als ein Muss erscheint, einen Ausflug nach Abydos zu unternehmen und dieses unvergessene Erlebnis zu genießen.

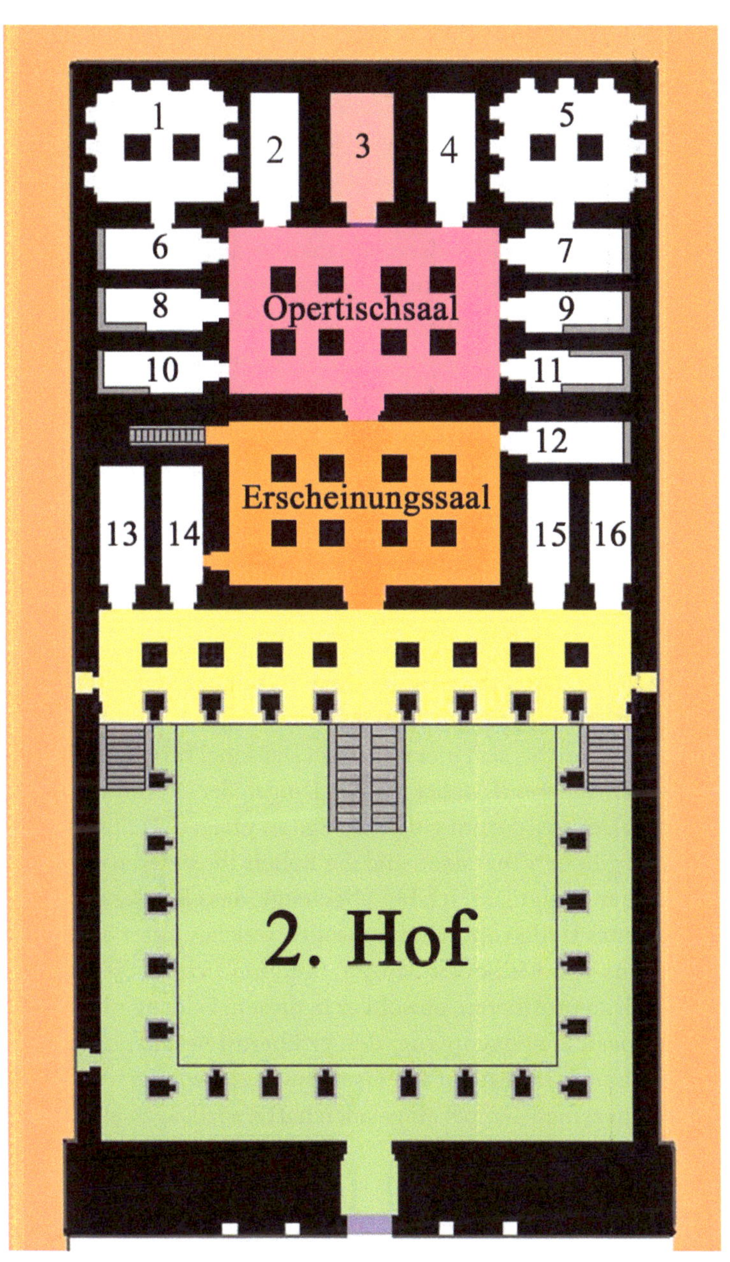

Abbildung 45: Skizze Tempel des Ramses II.

Ich wollte unbedingt auch die Rückseite sehen und beschloss, noch einmal einen Rundgang zu starten. Ich konnte mir bei der Größe der Anlage vorstellen, dass ich die Umfassungsmauer in wenigen Gehminuten umrunden kann. Diese rundum geschliffene Umfassungsmauer zeigt somit nur ansatzweise die Kampfszenen, aber ich musste feststellen, dass die Reliefs teilweise nicht die Qualität aufweisen, wie man sie aus Theben oder Luxor kennt. Hier war im fünften Regierungsjahr von *Ramses II.*, im Jahr 1274 v. Chr., ein großer Krieg zwischen Ägypten und dem Land der Chita ausgebrochen, eine Völkerschlacht im wahrsten Sinne des Wortes, die ihren Höhepunkt bei Kadesch fand. Es sind wieder die Krieger mit ihren Hörnerhelmen, die das Äußere der Kalksteinmauer schmücken und ich stellte mir die Frage, wie diese Szenen einst aussahen, als der Tempel noch in perfektem Zustand war und ob um dieses gesamte Heiligtum sich früher auch eine Nilschlamm-Ziegelmauer befunden hat. Offensichtlich muss dieses Heiligtum nach 1275 v. Chr. begonnen worden sein, denn sonst wären nicht die Reliefs mit diesen Schlachtenszenen entstanden. Andererseits kann der Tempel älter sein, doch nach seinem angeblichen Sieg, versäumte es der neue König nicht, sich hier selbst ein Denkmal für die Ewigkeit zu setzen. *Ramses II.* wollte in allen Dingen der Größte sein, besonders wenn es darum ging, sein Ego zu pflegen. Pentaurs Gedicht[197] gibt den Text dazu und die Reliefs illustrieren die dramatischen Ereignisse. Ich bin überzeugt, dass *Ramses* für sich ein eigenes Heiligtum schaffen wollte, welches unter die Rubrik „Haus-von-Millionen-Jahren" fällt, um sich als Sieger von Kadesch zu profilieren, obwohl er in diesem Feldzug nicht den grandiosen Sieg davontrug, den er überall herausposaunte. Dazu kam, dass er nicht nur *Osiris* huldigte, sondern weitere Götter in seinen Tempel eingeladen hatte, sozusagen eine klei-

---

197 Pentaurs Gedicht, auch als Kadeschbericht bezeichnet, ist ebenfalls auf den Tempelwänden von Luxor, Karnak, dem ersten Pylonen des Ramesseums in Theben West und in Abu Simbel zu finden.

ne Variante des Seti-Tempels. Vielleicht sah er auch eine Notwendigkeit für die Errichtung des Heiligtums in dem Umstand, dass er den umgewidmeten Tempel für *Osiris* mit seinem Vater teilen musste, denn 1279 v. Chr. war sein Vater gestorben und die Bauarbeiten in dessen Tempel gingen auch nicht so richtig voran. Mir ist bekannt, dass sich in den ägyptischen Tempeln Gründungsurkunden, meist auf gegerbte Tierhäute geschrieben, befanden oder auf Reliefs diese Hinweise einschließlich der zu verehrenden Gottheiten benannt werden, aber hier scheinen die Informationen bei beiden Gebäuden zu fehlen und so wird es spannend bleiben, hier im Laufe der Zeit Licht ins Dunkel der Geschichte zu bringen.

Wie ich feststellte, steht auch dieser Tempel nicht in der Ost-West-Richtung, sondern orientiert sich eher in nordöstliche Richtung. In seiner Ausrichtung folgt er dem Vorbild seines Vaters und kein König wäre je auf die Idee gekommen, den Fehler des Vorgängers zu korrigieren, weil es in ihren Augen kein Fehler war, eher eine Frage der Auslegung. Aber nicht nur in *Abdju* wird die Geschichte von Kadesch in Stein gehauen und ausreichend beschriftet. Gehässigerweise könnte man glauben, er habe den ganzen Krieg allein ausgefochten, denn seine Beteuerungen in den Inschriften weisen liebend gern darauf hin:

„… denn er war ganz allein und kein anderer war bei ihm.“

Kurioserweise gibt es auf der Rückseite des Tempelgeländes keinen Ausgang, um eine Prozession direkt zu den alten Friedhöfen der Ahnen oder zum Anubisberg zu führen. Ich kann mir beim besten Willen nicht vorstellen, dass die Prozessionen durch den Tempel des Vaters führten. Vielmehr bin ich davon überzeugt, dass die Umzüge zum alten Tempel des *Osiris* verliefen, um von dort aus den Weg nach Westen anzutreten. Dabei lasse ich mich von dem Gedanken des sogenannten Portaltempels inspirieren, welcher ebenfalls von *Ramses II.* stammt. Schließlich musste er einen Grund haben, vor dem alten Osiristempel einen neuen Ausgangspunkt für die Prozessionen, welche schon Jahrtausende ohne einen Portaltempel verliefen, neu zu erschaffen, zumal es möglich ist, dass durch die Umwidmung des Tempels von *Seti I.* in den Osiristempel, *Abdju* und der alte Osiristempel in den „Festungsmauern" nach und nach an Bedeutung verloren hatten. Nun hatte der Sohn seinen eigenen Aufmarschplatz und konnte bei seinen Prozessionen den Tempel des Vaters meiden.

Abbildung 46: Schlachtenszene auf den Außenmauern des Tempels

Abbildung 47: Ägyptische Fußsoldaten und Streitwagen im Kriegseinsatz

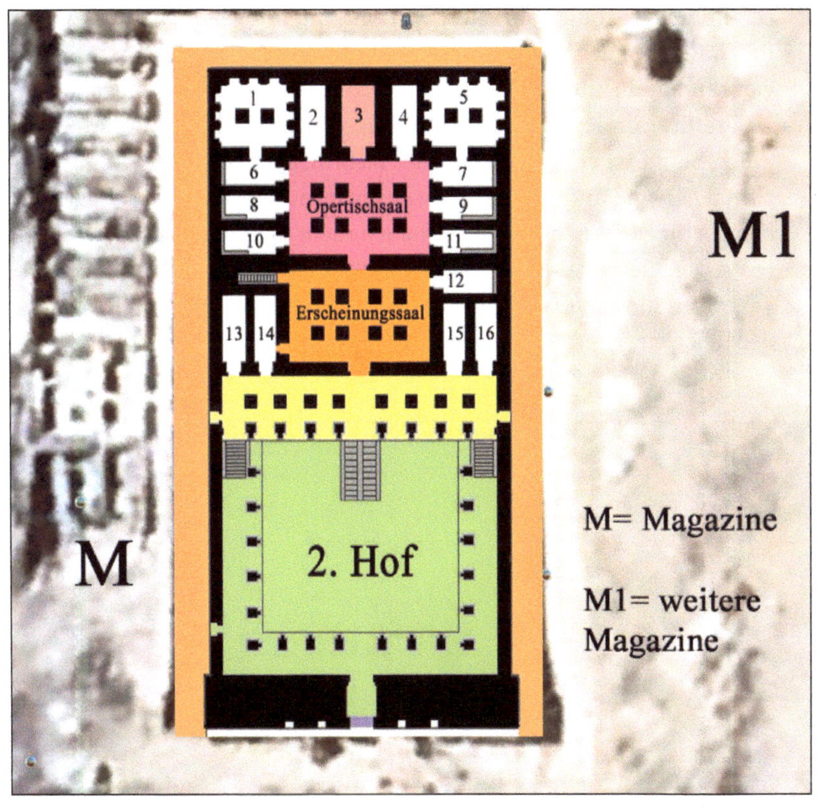

Abbildung 48: Speicherfundorte – Fotomontage (Google Earth)

So wie mich bereits im Tempel von *Seti I.* die wunderschönen eingravierten Reliefs begeisterten, welche akribisch mit den schönsten Farben bemalt waren, so war ich auch jetzt wieder begeistert, eine Art „Fortsetzung" dieser Technik hier in diesem Bauwerk zu sehen. Dass auch in der Wissenschaft eine gewisse Ratlosigkeit über die Bedeutung dieses Tempels besteht, erkenne ich daran, dass er grundsätzlich als Tempel von *Ramses II.* bekannt ist und keinerlei andere Zusätze aufweist, welche die Hauptgottheit dieses Tempels erklärt. Auf jeden Fall besitzt er für das Auge des Touristen noch eine hervorragende Farbgebung und eine sehr gute Formgestaltung, wenn auch die meisten Reliefs irgendwo abrasiert wurden und teilweise nur noch die Füße zu sehen sind. Leider setzt dieser Tempel mehr Sachverstand und Fantasie bei seiner Besichtigung voraus, da alles, was fehlt, mit der eigenen Vorstellungskraft ergänzt werden muss. Somit ist er nicht gerade der Lieblingsort der Reiseleiter, zumal er vom Parkplatz relativ weit entfernt liegt. Wahrscheinlich verfügen manche Reiseleiter auch nicht über das detaillierte Wissen, denn bei meiner ersten Reise in dieses Gebiet wurde gerade an diesem Ort „Freizeit" für die Gruppe angesetzt und der Reiseleiter verzog sich in den Schatten.

Abbildung 49: Blick vom zweiten Pylon in Richtung Tempel

Ich schaute mir das Bauwerk etwas genauer an. Sobald ich eintreten wollte, stand der Museumswächter vor dem großen Eisentor, hielt es für mich offen und gab mir den altbekannten Hinweis, dass nur Fotos gestattet sind. Bis auf die Fundamente ist alles abhandengekommen und die Rekonstruktion beinhaltete somit die seitlichen Pfosten der Eingangstür. Nachdem ich das Tor des zweiten Pylonen mit seiner gigantischen Granitschwelle oder besser gesagt, das eiserne Tor über der Granitschwelle durchschritten hatte, stand ich im groß angelegten zweiten Hof. Hätte ich nicht einen Plan zur Hand, könnte ich glauben, dass hier erst der Tempel beginnt, doch weit gefehlt! Verwundert schaute ich zurück, denn historisch gewachsen müsste der erste Hof wenigstens einigermaßen angedeutet sein, doch nur Trümmerreste und ein Fundament deuten auf sein ehemaliges Vorhandensein, dahinter die Straße und dann gleich die moderne Bebauung.

Also drehte ich mich wieder in Richtung Westen und sah eine breite Steintreppe mit Rampe vor mir, aber keinen weiteren Hof; also der Aufweg zum ehemaligen Portikus. Gerade die Tempel von Theben West sind lehrbuchhafte Beispiele des Tempelbaus und dort kann jeder Autodidakt das Bauschema in der Praxis sehen. Ich ging noch einmal einige Meter vor das Metalltor und erkannte nun doch viele Steinfragmente in Richtung Osten liegend, auch steht eine kurze Nilschlammziegelmauer von einem ehemaligen Gebäude auf der südlichen Seite. Damit bestätigte sich meine Meinung, dass sich hier einst der erste Hof befand, der mit allen seinen schützenden Bauwerken total vernichtet wurde. Dieser Hinweis brachte mich auf den Gedanken, gleich noch einmal um das gesamte Tempelareal zu gehen, denn die erhöhte Böschung ringsum könnte noch dieses oder jenes bieten. Der Museumswächter am Metalltor verstand die Welt nicht mehr, erst musste er ewig lange auf mich warten, dann war ich gerade angekommen und wollte schon wieder gehen. Er winkte mich immer wieder zu sich, doch mit Händen und Füßen konnte ich ihm klarmachen, dass ich gleich zurückkommen würde. Ich hörte ihn noch rufen „Toilette" und er zeigte in Richtung Seti-Tempel.

Eigentlich erscheint mir die Skizze dieses Tempels als die verkleinerte Ausgabe des Ramesseums in Theben West. Es wäre nur interessant, welches Bauwerk dem anderen als Vorbild diente. Wenn das so wäre, müssten wie beim Ramesseum auch hier Wirtschaftseinrichtungen zu erkennen sein, doch Fehlanzeige. Vielleicht liegen sie unter dem Wüstensand und irgendwann wird man sie finden und ausgraben. Rein praktisch gibt es keinen klassischen Tempel ohne Beachtung der Bauvorschriften. In unendlich vielen Darstellungen wird die Zeremonie des Tempelbaus mit allen seinen Phasen gezeigt, besonders deutlich in der ptolemäischen Epoche. Wenn man hier auch annehmen könnte, alles wäre über den Tempel von *Seti I.* gesteuert worden, so hätte *Ramses* garantiert nicht seine Ideen unter den Scheffel des Vaters stellen wollen, da der auf Perfektion bedacht war. Alles, was hier heute im hellsten Sonnenschein liegt, war früher, außer den beiden Höfen, überdacht, denn die Treppen auf das Dach sind noch heute vorhanden. Da war ich aber schon auf dem „Rundgang" und kam nach ca. 15 Minuten wieder zurück. Der Mann am Tor musterte mich kritisch und gewährte mir wieder Zugang zum Hof.

Kaum war ich eingetreten, konnte ich jedoch die riesigen Steinstatuen eindeutig erkennen, welche offensichtlich *Ramses II.* in Osirishaltung darstellen. Die Ostwände sind bis zur fünften Steinreihe erhalten und auf ihnen sind mannigfaltige Reliefs, welche die besiegten Völker zeigen. Allein die immer wieder vorkommenden Standardhaltungen der Gefangenen weisen darauf hin, dass *Ramses* hier seine Siege den Göttern zeigen und die Völker aus dem Süden und aus dem Norden vorführen wollte. Natürlich darf das elende Kusch nicht fehlen und wenn auch alle Gefangenen die typischen Negergesichter aufweisen, muss es nicht immer bedeuten, dass es sich um Beute aus dieser Region handelt, vielmehr sind die Äthiopier und Somalis auch vertreten. Gerade das zeichnet m. E. auch die Dekoration aus, denn einerseits werden die Prozessionen sehr abwechslungsreich und farbenfroh dargestellt, zeigen andererseits aber auch eine Mannigfaltigkeit, wo nicht nur die Tempelbediensteten eine Rolle spielen, sondern eher das wirkliche Leben dargestellt wurde. Während ich mir noch so meine Gedanken machte, bemerkte ich, dass ich nicht allein im Tempel war. Zwei junge Frauen mit großen Papierstücken in den Händen und ein Mann mittleren Alters mit einem Hut auf dem Kopf zogen Kopien von den Reliefs an einer Wand des Hofes. Wir grüßten uns und ich nutzte die Gunst der Stunde, mich mit dem Herrn bekannt zu machen, der sich als ein Ägyptologe aus den USA vorstellte. So kamen wir ins Gespräch und er erzählte mir, dass sie in dieser Saison diesen Tempel genauer vermessen und untersuchen wollten. Ein größeres Glück konnte ich nicht haben und so fragte ich ihn, ob er ein paar Minuten Zeit für mich hätte, mir einige Fragen zu beantworten. Offensichtlich hatte er nichts gegen eine kleine Abwechslung und während er mit mir einen Rundgang drehte, las er mir die Texte an den Wänden vor, wenn ich ihn darum bat.

Abbildung 50: Priester an der Spitze empfangen Opfergaben.

Besonders ins Auge fielen mir die langen Prozessionen, welche auf den Wänden des Hofes auf der Nord-, Ost- und Südseite umfassend dargestellt sind. Ich schaute genau auf die Prozessionsrichtung und konnte erkennen, in welche Richtung der Zug schreitet, denn sie beginnen stets vom Tor aus und auf den Wänden konnte ich die Marschrichtung erkennen. Im ersten Fall hatte es den Anschein, dass diese von außen kamen, um im Tempel zu den Füßen der Statue von Ramses die herbeigetragenen Opfergaben abzulegen. Diese Prozessionen sind in fünf Gruppen unterteilt. Der Unterschied soll wohl darin liegen, dass verschiedene Anlässe dargestellt wurden. Auf der Nordseite des Hofes sah ich vier Priester an der Spitze. Die Prozession zeigt zum Pylonen, also verlassen diese Gaben den Tempel. Die Registrierung der Opfergaben erfolgte durch einen verantwortlichen Priester auf eine Papyrusrolle vor ihm. Der nächste Priester reinigte die Opfergaben mittels Räucherstäbchen[198] vor der Prozession in Richtung des Tempels von *Ramses III.*, eine Person in Pantherhaut gekleidet, ist „der Prophet des Tempels von *Ramses*"; doch der fehlende Text lässt alles offen. Anhand der Reliefs müssen also mindestens vier Priester im Tempel gedient haben, denn es handelt sich meist um realistische Darstellungen. Man muss dabei wissen, dass die Priester nicht schlechthin diese Rolle einnahmen, sondern meistens spezielle Aufgaben, beispielsweise die Begleitung von Festen für Gott *Osiris* u. a. m. erhielten. In dem meisten Fällen jedoch handelte es sich um vererbte Ämter, welche einst vom König an verdiente Höflinge übertragen wurden. Dieses Privileg betraf auf jeden Fall den ersten Propheten, welcher dann auch namentlich im Tempel genannt wurde; alle anderen konnten sogenannte „reine Priester"[199] oder Stundenpriester[200] sein. Männliche als auch weibliche Gottesdiener waren konkret in die heiligen Handlungen eingebunden und hatten beispielsweise Texte zu zitieren, Lieder zu singen, Weihen oder Opfer

---

198 Weihrauch für die Reinigung der Luft gleich ob im Freien oder in Räumen, war eine vorgeschriebene Handlung im Ritual.

199 Diese Gruppe wurde aus verschiedenen „Quelle" rekrutiert (Hof des Gaufürsten, Verwandtschaft des Ersten Propheten usw.), war jedoch dann auf Dauer in den Tempeldienst eingebunden.

200 Diese „Laienpriester" unterlagen einem Rotationsprinzip, welches sie oft dreimal jährlich zu diesen Tätigkeiten verpflichtetet.

durchzuführen; kurzum, das Personal konnte sehr umfangreich werden. Wo aber waren dann ihre Wohnräume und die Magazine für die Versorgung der Anlage?

In der Prozession bringen nur Priester oder Tempeldiener lebende Tiere, Ochsen, Antilopen, Gazellen, Kraniche und Geflügel aller Art zum Opferaltar. Die knappen Informationen können wenig als Erklärung dienen, denn sie verweisen auf Tierfutter und andere Nebensächlichkeiten, aber es gibt auch Qualitätshinweise auf das Rindfleisch, Gazellen und Enten. Es fällt auf, dass immer wieder die zahlenmäßige Erfassung der Opfer und die Reinheit an erster Stelle stehen. Es gibt die Ochsen mit den gebogenen Hörnern, eine besondere Rasse aus Äthiopien, welche offensichtlich in Ägypten akklimatisiert wurde und sich großer Beliebtheit erfreute.

Nicht nur Tiere, auch Backwaren aller Art, besonders Brot und Kuchen, sind massenhaft gefragt. Dazu Bier und Wein, Wasser sowieso und alles wurde in Listen festgehalten, damit immer die gleichen Produkte zu den vorgeschriebenen Festlichkeiten auf den Opfertischen ankamen[201].

---

201 Im Zusammenhang mit Opferfesten gibt es folgende Inschrift bei Bredstedt: 653. Ein Relief zeigt *Amun* inthronisiert und empfängt von *Thotmose III.*, der vor ihm steht, eine große Auswahl von Rindern, Geflügel, Blumen, Brot, alle Arten von Früchten, zusammen mit Metall-Libationsgefäßen, Halsketten, Amuletten und Anhängern. Das Ganze wird von folgender Inschrift erzählt: 654. *„Guter Gott, Herr der beiden Länder, König von Ober- und Unterägypten, Men-Cheper-Râ; er machte (es) als sein Denkmal für seine Vater, Amun-Râ, Herr von Theben, macht für ihn göttliche Besitztümer, ihm alle göttlichen Opfergaben und sehr große Feste, die seine Majestät zum ersten Mal als eine Erhöhung von dem, was vorher war: eine Oblation der Gefäße von sehr reichlich [Fülle]; Halsketten Amulette und Anhänger von echtem Electrum, zu seiner Majestät aus den südlichen Ländern als ihre jährliche Steuern; damit er lebe für immer."*

Abbildung 51: Geschmückter Ochse mit ausladenden Hörnern als Opfertier

So konnte ich mir die Gruppe von Priestern und Tempeldienern vorstellen, welche Opfergaben aller Art in den Tempel bringen.[202] An der Spitze vor den drei Priestern geht ein Mann, welcher die Miniatur einer Königsstatue trägt und wie könnte es anders sein: Es ist *Ramses II*. Es ist ungewöhnlich, zwischen Opfergaben eine Königsstatue zu tragen, es sei denn sie steht in einem Zusammenhang mit dem Opferfest, beispielsweise bei der Weihung der Statue. In diesem Zusammenhang wäre ein Opfergottesdienst vorstellbar. Der Ägyptologe aus den USA machte mich aber auch darauf aufmerksam, dass in verschiedenen Fällen sich der König dem Gott selbst als Opfer angeboten haben könnte. Im Gegensatz zu den Tieren lässt der König dafür

---

202 Hierbei handelt es sich überwiegend um eine dem Volk auferlegte Tempelsteuern, die säuberlich aufgeschlüsselt auch den letzten Ziegenhirten zu Abgabe eines Tieres seiner Heerde pro Jahr zwang.

eine Figur fertigen, denn es wäre wohl zu viel der Aufopferung verlangt, sich selbst in natura anzubieten[203].

Auf einem Relief wird ein geschmückter Ochse mit scharfen Hörnern, die noch mit Metallspitzen hervorgehoben sind, herbeigeführt. Ich sah noch kein Relief, wo Soldaten aller Waffengattungen die Opferwaren eskortieren und gleichzeitig schwarze, asiatische und libysche Gefangene transportieren. Ich sah Gazellen und Antilopen, die geschmückt als Dankesopfer den Göttern dargebracht werden sollen. Der Wagen des Königs und seine Pferde erinnern an Streitwagen und da könnte es sein, dass die Armee aus den Schlachtszenen von der Außenwand hier im Tempel als „Heimkehrer" gefeiert werden. Also wieder ein Punkt, den man kaum in einer geführten Reisegruppe erfährt. Der Militäreinheit schließt sich eine Gruppe von Priestern an und ich schmeckte förmlich den Staub und die Tierlaute, ihr Geschrei und das Trampeln der Hufe und ich hörte die Stimmen der Menschen, die ihre Heimkehrer willkommen heißen. Ich las oft von den Willkommenszeremonien nach einem erfolgreichen Kriegszug in Karnak, doch hier, weit weg von dieser antiken Metropole, hat *Ramses II.* die Opferhandlungen mit seinem Ruhm gemischt und sehr gut dargestellt. Kein Bildnis von *Osiris*, keines von *Isis*; hier wird Ramses für seine Taten geehrt. Trotzdem blieb für mich eine Frage offen, die aus Mangel an Informationen mir keiner beantworten konnte: Wohin stellte Ramses seine eigene Figur, welche in der einen Opferszene zum Tempel getragen wurde?

In dem Herrn aus den USA fand ich wirklich einen erstklassigen Fremdenführer. Er arbeitete schon längere Zeit hier und kannte sozusagen den Tempel wie seine Westentasche. Die jungen Frauen waren im Praktikum und natürlich glück-

---

203 Das soll nicht bedeuten, dass es keine Menschenopfer gab. So wurden in *Necheb* (el Kab) im Zusammenhang mit Osirisfesten die „roten Menschen", welche den Gott *Sêth* darstellen sollten, verbrannt. Später sollen es verurteilte Verbrecher gewesen sein, ähnlich den Spektakeln im mittelalterlichen Europa bei Hinrichtungen.

lich, an so einem interessanten Projekt mitzuwirken. Er zeigte und redete so viel, dass ich glauben konnte, er spräche über das Wetter zu mir.

Die Orientierung in diesem Tempel fällt relativ leicht, wenn man Zeit mitbringt und einen guten Tourguide an seiner Seite hat. Obwohl mir der Tempel zunächst sehr übersichtlich erschien, merkte ich bald, dass durch die „abrasierten“ Mauern eine relative Orientierungslosigkeit entstehen kann. Ich stand nun vor der Doppeltreppe zum Portikus, der einst zweimal acht Säulen aufwies, davon die in der ersten Reihe gleich dem Anblick im Theben West mit den angelehnten Ramses-Osiris-Statuen. Von dieser Ebene gehen ein Haupteingang und dann weitere vier Türen an den Flanken des Baues ab. Bevor wir in den Tempel eintraten, verwies mich mein Begleiter auf einen Türrahmen und erklärte: „Die ersten drei Zeichen sind die Namen der Gottheiten, unter deren Schutz der Teil der Tür steht, in welche die Widmung eingraviert ist. Die vierte Stelle gibt den Namen des Zimmers dahinter an und den Namen des dort verehrten Gottes.“ Dann machte er eine Pause und setzte seinen Hinweis fort: „Hier sind die Kammern der Ahnen und der Könige. Links für *Ramses II.* und den Totenkult, rechts für seinen Vater und den Ahnenkult.“ Wir gingen zum Raum von *Ramses II.* und da sah ich, dass der König mittig im großen Boot sitzt und wieder sind die Farben unvorstellbar prächtig. Ich sah die Seelen[204] von *Nechen* und *Pe,* welche *Ramses* ziehen. Die Prozession zieht in Richtung des Gottes *Thot,* den Wissenschaftler unter den Göttern.

---

204 Die Seelen von *Nechen* und *Pe* sind Geister aus der Vergangenheit; sie werden immer in Gruppen dargestellt und vertreten Ober- und Unterägypten.

Abbildung 52: Steile Steintreppe auf das nicht mehr vorhandene Tempeldach

Wie schade, dass der Tempel so stark zerstört wurde, doch nun wendete ich mich den Räumlichkeiten zu, welche ich 1. und 2. Säulensaal nennen will, wenn es auch eher größere Räume mit je acht Säulen sind. Doch ich wurde eines Besseren belehrt, denn es handelt sich um den „Erscheinungsaal" und um den „Opfertischsaal". Nachdem ich die Treppe erklommen hatte, gingen wir auf eine Tür zu, deren äußere Rahmen in schönem schwarzem Granit ausgeführt wurden. Kurioserweise sind hier Gauzeichen eingraviert und dann wurde ein Durchbruch in den südlich angrenzenden Raum in Form eines Durchgangs eröffnet, und ich fragte den Ägyptologen, ob er gelesen hätte, warum das zur Zeit der Ägypter erfolgte. Doch er erklärte mir, dass es sich um eine spezielle Kapelle für die Ahnen handelt, dann las er mir die einzelnen Gaue vor, deren bildliche Darstellung durch die oben fehlenden Blöcke vermutlich nur die halbe Aussage wiedergeben. Eine Tür geht nördlich ab und führt zur Kapelle des Gottes *Anhor*, welcher von den Griechen Onuris genannt wurde. Da erinnerte ich mich, dass in *Thinis* dieser Gott eine besondere Verehrung erfuhr, während in *Abdju Osiris* der Favorit war.[205] Wir verließen den Erscheinungssaal mit einem letzten Blick auf die rechts noch immer stehende Steintreppe auf das Dach, welche nun ins Nirgendwo führt und gingen in den Opfertischsaal. Es gab praktisch nichts mehr zu bestaunen, obwohl in dem Raum, so sagte mir mein Begleiter, astronomische Elemente die fehlende Decke geschmückt haben mussten, aber die gibt es schon lange nicht mehr. Also gingen wir gleich weiter zum Allerheiligsten, welches hier für die Triade ausgelegt ist.

---

205 Als *Anhor* oder *Anhuret* wird ein altägyptischer lanzentragender Kriegs- und Jagdgott bezeichnet, der nach dem Glauben im Himmel die Feinde des *Râ* vernichtete. Wie üblich hatte er eine Partnerin, welche als Löwenköpfige Göttin den Namen *Mehit* trug. Obwohl *Thinis* im Alten Reich seine Blüte erlebte, wurde der Kriegsgott im Neuen Reich wieder sehr populär, vielleicht auch, weil es die Zeit der großen Kriegszüge war.

Die drei Kammern sind mit *Osiris* in der Mitte von *Horus* und *Isis* flankiert[206]. So oder in umgekehrte Richtung verliefen dann die Prozessionen mit der heiligen Figur des Gottes *Osiris*. Sie stand auf einem wunderschönen 60 cm. hohen Sandsteinsockel, die zu Massen für die Tempel hergestellt wurden. Mein Begleiter sagte mir, es hätte hier für *Osiris* eine Widmung gegeben, doch an allen anderen Wänden und Türen fehlen aufgrund der wahnsinnigen und sinnlosen Zerstörung alle Informationen. Immerhin gehen drei Türen vom Opfertischsaal an jeder Seite ab; die der Triade am Nächsten liegen, führen über je einen Vorraum zu den Neunheiten und der sogenannten Neunheit von *Abdju*.

Abbildung 53: Diese Steine wurden für Figuren und Barken hergestellt

---

206 vgl. Plan des Tempels

Abbildung 54: Kapelle mit Barkenbank Tempel Ramses II.

Die Schatzkammer und die Kleiderkammer erreichte ich auf der linken Seite vom Eingang aus gesehen, auf der rechten Seite sind die Kammern von *Min-Râ* und *Thot*. Was für eine Fantasie gehört dazu, aus Fundamenten sich einen lebendigen Tempel mit allen seinen täglichen Handlungen vorzustellen.

„Hier in diesem Raum ist der Gott *Thot*. Der Nachbarraum ist für", er zeigte es mir und betonte seinen Hinweis mit besonderer Tonlage, „*Horus*, den Rächer." Die Außenseite der Tür steht unter dem Schutz von *Horus* und seiner Mutter. Als ich ihn nach den Barkenräumen fragte, deutete er auf die Kapelle der *Isis* und erklärte die besonderen Kopfformen der Barken und hier hätte die Barke den Kopf der *Isis* getragen. Also, so schlussfolgerte ich, war in jeder Kapelle eine Barke für den jeweiligen Gott. Nun, das kannte ich bereits aus dem Tempel *Seti I.*, aber zum ersten Mal sah ich eine schmale Kammer, fast so klein wie die Schreine im Seti-Tempel, und ahnte, dass die Barken nicht sonderlich groß gewesen sein können. Diese Kapellen haben noch einigermaßen intakte Platten aus Sandstein, sodass sie, falls sie darauf standen, kaum größer als 2 Meter gewesen sein können. Ich erkannte, dass viele Vorgänge im Tempelbetrieb einen rein symbolischen Charakter trugen, oft Modelle dazu benutzt, aber an den Wänden überdimensional dargestellt wurden. Da verstand ich, dass das Wesen des Gottes oder sein *ka* auch in einer Minibarke Platz nehmen konnte, man musste nur daran glauben.

Die Pioniere der ersten Stunde haben kopiert, was sie fanden, denn vieles ist selbst in der Zeit von Napoleons Feldzug bis heute verloren gegangen. Immer wieder beschweren sich Archäologen und Ägyptologen darüber, dass Einheimische mit Nachsicht beim Betreten der Ausgrabungsstätten behandelt, sie weder kontrolliert werden und nur in Ausnahmefällen eine Schutzmaßnahme erfolgt, was ich nur unterstreichen kann. Somit glaube ich, dass an einen Wiederaufbau dieses Tempels nicht zu denken ist, denn sollten unter dem Wüstensand nicht doch noch verschüttete Steine zu finden sein, gibt es keine Rekonstruktion. Ich dachte immer, dass nur die klassische Bauform der Tempel identisch war, doch erscheint mir zwischenzeitlich, nachdem ich die Reliefs des täglichen Rituals im Tempel *Seti I.* sah, auch die Ausstattung der Inneneinrichtung nach einem einheitlichen Muster abgelaufen zu sein. Auch für den, der die Hieroglyphen nicht lesen kann, wird mit der entsprechenden Aufmerksamkeit klar, was der Verfasser der Sprüche sagen wollte.

Die sogenannte Sonnenlitanei ist in drei Kapitel unterteilt. Im ersten Bild wird eine große Scheibe mit einem Käfer dargestellt, die sich am Himmel erhebt. Ein Krokodil und ein langer Wurm flüchten zu ihrer Basis, also in Richtung Erdboden. Die den Skarabäus umschließende Scheibe symbolisiert das Licht und das ewige Leben. Seine Bedeutung stammt aus grauer Vorzeit, wo man die Rolle dieses Mistkäfers total fehlinterpretierte. Sein Name war *Cheper-Râ*, welches zusätzlich „werden" bedeutet. Die aufsteigende Sonne besiegte die Nacht des Todes; der Wurm und das Krokodil sind Darstellungen der besiegten

Finsternis. Die Religion hatte den Skarabäus für sich nicht nur als „Licht und Wiedergeburt" verstanden, denn er war auch hilfreich im Zusammengang mit der Vorbereitung des Verstorbenen auf seinem letzten Weg zur „Halle der beiden Wahrheiten". In diesem entscheidenden Augenblick fehlte der Hauptperson das Herz und ohne Herz gibt es kein Leben. Die Priesterschaften entwickelten eine temporäre Lösung, wo der Mumie ein provisorisches Herz für diese Zeit in der Form gegeben wurde, indem an gleicher Stelle unter der Mumienbinde ein großer Skarabäus[207] aus Stein oder Ton eingebunden wurde. Er erfüllte dem Grund nach die Funktion des Herzens und garantierte bis zum Gerichtsspruch die Unsterblichkeit. Natürlich war der Skarabäus meist farbig und aufwendig mit Zaubersprüchen und Wünschen verziert, damit der Verstorbene ohne Probleme aller Art die Anderswelt erreichen konnte. Rein theoretisch hatte die Religion schon lange vorgesorgt, dass Herz und Mensch zwei eigentlich selbstständige, wenn auch im Leib verbundene Elemente darstellten. Alle Sünden beging der Mensch, sein Herz blieb immer rein. Damit konnte der für uns heute nicht nachvollziehbare Umstand eintreten, dass der verurteilte Körper des Verstorbenen dem Höllenhund zufiel, sein Herz jedoch in eine besondere Sphäre in der Anderswelt überging.

Eigentlich hat es der Pauschaltourist sehr schwer, den religiösen Hintergrund zu verstehen, denn er muss das Totenbuch kennen und begreift dann den tieferen Sinn dieser Darstellung: Der Tote ist siegreich durch die Unterwelt gefahren, hat alle notwendig auferlegten Prüfungen bestanden und hat wie *Râ* alle Nächte seit Beginn der Welt, alle Gefahren erfolgreich überstanden und kommt am Horizont gleich *Rê-Harachte* mit neuem Leben und allem Glanz des Lichtes auf die Welt. Der Tod ist besiegt! Das Kosmogonien-Werk[208] ist vollbracht.

---

207 Der sogenannte Herzskarabäus
208 Lehre von der Entstehung des allumfassenden Universums und seiner Entwicklung in jeder Hinsicht.

Abbildung 55: Bild zur Sonnenlitanei im Tempel Ramses II. – Sieg über den Tod

Leider sehe ich, dass die Touristen diese Ausflüge in die Tempel als eine interessante Bereicherung des Ablaufplans sehen, doch die wenigsten Besucher verstehen, was sie sehen. In diesem Zusammenhang stellte ich jedes Mal betrübt fest, dass die historischen Überbleibsel der heiligen Tempel nicht mit der Andacht besucht werden, die ihnen gebührt. Nimmt sich der Besucher auch nur 15 Minuten Zeit und begreift, was er gerade sieht, dann hat sich der Besuch im Tempel *Ramses II.* trotz vieler Zerstörungen bereits gelohnt: Das Licht und das Leben triumphieren über das Chaos der Nacht, welches als Wurm und Krokodil versinnbildlicht werden. Alle Abbildungen in den Tempeln tragen eine Symbolkraft in sich, welche jeder versuchen sollte zu verstehen. Ob die Interpretation in dem Tempel von *Ramses II.*, die Osirishallen im Seti-Tempel oder die Wiederauferstehung von Jesus zu Ostern, sie alle haben den gleichen Inhalt und ich würde mich sehr irren, wenn es nicht um die Hoffnung auf ein Leben nach dem Tod geht.

Abbildung 56: Nilgötter bringen die Früchte des Landes.

Es besteht eine Brücke zum Totenbuch, in welchem es sich um die Erscheinung im Licht, die Verklärung des Verstorbenen mit dem Ziel der ganzen Seelenwanderung handelt. Da denke ich auch an *Isis* und die Mutter Maria, wo beide über den Tod von *Osiris* und Jesus trauern, den zerrissenen Körper, von einer Lanze am Kreuz durchbohrt, Hände und Füße durch Nägel zerschlagen, bergen, in die Dunkelheit der in Stein geschlagenen Grabkammer hüllen und beide den Tod besiegen ...

Nachdem ich im Tempel von *Ramses II.* in aller Ruhe die wunderschönen Reliefs genossen hatte, und der nette Amerikaner mir noch manches Detail erklärte, kann es nicht die Absicht dieses Buches sein, dazu weiter umfassende Beschreibungen auszuführen. Schließlich verabschiedeten wir uns und wünschten uns alles Gute.

Ich kehrte mit dem bewaffneten Polizisten über die öffentliche Dorfstraße zum Eingang des Tempels zurück. Dort verabschiedeten wir uns und ich ging zum Fahrzeug meines Alis, welcher selig schlief und mich ganz verwundert fragte, warum ich denn so lange unterwegs war. Erst in diesem Augenblick schaute ich zur Uhr und bemerkte, dass es kurz vor 4 Uhr nachmittags war. Nachdem nun mein Taxifahrer munter wurde, verspürte er

den Drang, zur Toilette zu gehen und bei dieser Gelegenheit auf
dem Rückweg sich gleich ein Glas Tee zu kaufen. Wahrscheinlich war er noch etwas müde, denn er kam mit dem heißen Tee
in einem Glas zurück und balancierte es von einer Hand in die
andere, um sich nicht die Finger zu verbrennen. Auf meine Frage hin, wie er denn mit diesem Glas in der Hand fahren wolle,
da es im Auto keinen Getränkehalter gab, sah er seinen Fehler
ein und musste lachen. Ich reichte ihm zwei zusammengeleg-
te Papiertaschentücher, die ich ihm um das Glas legte und der
Fall war gelöst. „Ist das deutsche Ingenieurskunst?", fragte er
lachend. Schließlich warteten wir, bis er seinen Tee getrunken
hatte. Dabei erzählte ich ihm die Geschichte von meinem Ausflug in die Wüste und er wollte es gar nicht glauben. Er nannte mich einen „verrückten Deutschen" und ich solle froh sein,
dass mir nichts Schlimmes in der Wüste passiert war. Wir rede-
ten während der Fahrt noch lange über das Erlebte und Ali gestand mir beiläufig, dass er niemals den Mut gehabt hätte, alleine durch die Wüste zu gehen, aber das war eben Ali.

Gerade wollten wir beide in Richtung Luxor aufbrechen, da
schlug sich Ali mit der Hand gegen die Stirn und sagte zu mir:
„Ich habe ganz vergessen, dass hier ein alter Mann zu mir gesagt hat, er habe antike Fundstücke aus der Wüste ausgegraben,
und ich habe ihm gesagt, du würdest sie dir mal anschauen."
   Ich fragte meinen Taxifahrer, woher der alte Mann denn wis-
se, dass ich Figuren in Ägypten suche, die von hoher handwerk-
licher Qualität sind, jedoch keine antiken Fundstücke. Ali eierte
ein bisschen herum und schließlich war es ihm ganz recht, dass
er gerade in diesem Moment den Mann auf einem Fahrrad sitzend sah, wie er gemächlich vor uns herfuhr. Ich kannte schon
solche Situationen, dass der „starke Ali" bei konkreten Rück-
fragen etwas kleinlaut wird und einer weiteren Diskussion am
liebsten aus dem Wege geht. Also fuhren wir gemütlich hinter
dem Radfahrer her, der nach fast 5 Minuten plötzlich bremste,
abstieg und sein Fahrrad an die Hauswand lehnte. Dann öffnete er ein großes Eisentor, holte sein Fahrrad und schob es in

den Hausflur. Ali gab mir ein Zeichen, dass wir wahrscheinlich an der richtigen Stelle waren und wir verließen beide das Auto und der Verkäufer bat uns herein.

Der alte Mann sprach nur Arabisch, sodass Ali und er sich sehr laut und ausführlich unterhielten, als wir in das Innere der düsteren Wohnung gingen. Die Stimmen der beiden Männer hallten im Hosch[209] und der vermeintliche Antikenhändler tat, als würde er die Kronjuwelen der englischen Königin aufbewahren, suchte irgendetwas unter alten Wolldecken und fummelte an seinem Schatz etwas sehr umständlich herum. Wäre ich erst unlängst nach Ägypten gekommen, hätte ich mir wirklich vorstellen können, dass hier eine antike Büste von *Ramses* oder *Seti I.* zum Vorschein kommt, aber wie erwartet machte der Alte einen wahnsinnigen Zauber um ein paar Touristenstücke, die man bei gutem Verhandeln an jeder Ecke für maximal zehn Euro erhalten kann.

Ich wollte das Spiel gerne mitmachen und ging bedeutungsvoll zu einem Lichtstrahl, der von außen in den Raum drang, machte eine gewichtige Miene und drehte die Tourismus-Figur nach allen Seiten. Es war nicht nur das Billige vom Billigen, nein, es gab sogar viele Ecken, die an- oder abgeschlagen waren, sodass man sie nicht einmal auf einem Basar verkaufen könnte. Ich fragte ihn, woher er diese Figuren hätte, und der alte Mann setzte eine sehr gewichtige Miene auf, nachdem Ali ihm alles übersetzt hatte, und verwies mit seiner Hand weit in die Ferne. Als ich ihn fragen ließ, wie viel denn diese Schmuckstücke kosten sollten, verdrehte der Alte bedeutungsvoll die Augen, legte als Zeichen der Vertraulichkeit den Finger auf den Mund und flüsterte Ali etwas ins Ohr, als würden hier 30 Personen seinen Worten lauschen, welche nicht zuhören sollten. Nach dem Motto „Feind hört mit", sah ich in Alis Gesicht eine gewisse Entgleisung, und er kam ein paar Schritte auf mich zu und so leise,

---

209 Arabischer Gastraum im Haus, wo gewöhnlicherweise Besuch empfangen wird und Familienfeste stattfinden

wie der Alte sprach, übersetzte er mir: „Die große 500 Euro, die kleine 100 Euro!" Ali verstand die Welt nicht mehr. Das war für mich wieder einmal der Beweis, dass überall im Land jeder versucht, einen Europäer auszunehmen, dass sich einem die Nackenhaare sträuben. Ich akzeptiere, dass jeder Mensch sein Geschäft machen möchte, der eine mehr, der andere weniger, aber hier war der perfekte Betrüger vor Ort und er glaubte ernstlich, dass ich auf seine Show reinfallen würde.

Genauso leise wie mein Taxifahrer mir die Botschaft übermittelte, gab ich ihm eine Antwort zurück und fügte hinzu: „Aber sage es ihm wortwörtlich; mit Betrügern, ob alt oder jung, mache ich keine Geschäfte!" Dann stellte ich die Figur auf den Tisch, gab ihm den arabischen Gruß und verließ ohne mich noch einmal umzuschauen sein Haus.

Ali war total irritiert, kam hinterher gestürzt und ich war überzeugt, dass er das, was ich ihm aufgetragen hatte zu sagen, keinesfalls übersetzt hatte. Als wir dann im Auto saßen, fragte er mich nur: „War das wirklich alles eine so schlechte Qualität wie du tust oder war nur der Preis zu hoch?" Ach Ali, dachte ich und schüttelte nur den Kopf, wer nicht sehen kann, um welchen Schrott es sich hier handelte, dem geschieht ganz recht, wenn er betrogen wird. Ich dachte mir, sie leben in einem Land mit der tollsten Geschichte der Welt, doch es interessiert sie nicht im Geringsten, dieser gerecht zu werden. Die Gleichgültigkeit dieser Menschen war für mich gewöhnungsbedürftig, aber vielleicht traf auch hier der Spruch zu: Was umsonst ist, hat wenig Beachtung zu erwarten!

Wenn solche Ereignisse wie die Besichtigung eines Tempels so eine Menge von Eindrücken bei mir hinterließen, sinnierte ich noch lange auf der Fahrt zurück nach Luxor über dieses und jenes Problem. Mein Taxifahrer Ali merkte es und ließ mich in Ruhe, da er mir diesbezüglich keine Hilfe sein kann. So wie der Tempel gebaut wurde, der den modernen Namen Osiristempel trägt, liegt seine Gründung schon lange zurück und es scheint keine Dokumente dafür zu geben, aus welchem Grund er gerade hier entstand. Normalerweise trägt jeder Tempel eine oder mehrere Bauurkunden in verschiedenen Formen in seinen Räumen oder an seinen Mauern, doch vielleicht haben die Umbaumaßnahmen diese Urkunden beeinträchtigt oder gar vernichtet. So konnte beispielsweise im Gegensatz zu Abydos am Hat-Ḥor=Tempel in Dendera fast minutiös seine Entstehung geklärt werden.

Ich versuchte alles andere, soweit es den Rahmen dieses Buches nicht sprengen würde, zu analysieren. Ich würde auch jedem Besucher dazu raten, sich nicht nur seinen Fotoapparat, sondern auch ein Diktiergerät oder einen Notizblock mitzunehmen, damit er später noch einmal die Zusammenhänge zwischen den Bildern und seinen Eindrücken, welche er im Augenblick des Besuchs gesammelt hat, in einer ruhigen Stunde analysieren kann. Dieses Land ist zauberhaft im wahrsten Sinne des Wortes und voller Magie. Lässt man sich darauf ein, kann es viele Geschichten erzählen und das Märchen von Ali-Baba[210] kann nicht im Entferntesten mithalten. So fuhren wir schweigend in die untergehende Sonne und mit viel Glück würde ich pünktlich zum Abendessen in Luxor eintreffen.

---

210 Vater Ali

*Abbildung 57: Müllberge aller Art sind am Straßenrand
auf dem Land der Regelfall.*

Abbildung 58: Vor Abydos (links Anubis-Berg, davor typische Müllentsorgung)

ALLER GUTEN DINGE SIND DREI

ZWEI JAHRE SPÄTER

In Ägypten vergeht die Zeit wie im Fluge und alles kommt stets anders als geplant, doch das ist nicht unbedingt ein Nachteil für mich. Ich beschließe, dass ich mit meinem Taxifahrer ein weiteres Mal nach Abydos fahren werde, doch der treue Ali sieht mich skeptisch an und sagt zu mir: „Aber doch nicht etwa morgen?" Die Tagestouren scheinen ihn zu schlauchen und obwohl ich ihn immer dazu animiere, viel Wasser zu trinken, macht er seinen alten Trott weiter und am Abend ist er eben kaputt. Es ist nicht nur das zunehmende Alter, auch die Hitze[211] und die fehlenden Touristen und damit kein tägliches Fahrtraining fordern ihren Tribut. Dazu kommt, dass arabische Frauen sich immer öfter über ihre Männer beklagen, weil sie schnell altern und dann ihre Ruhe haben wollen. Im Ramadan treten diese Probleme besonders krass in Erscheinung, aber nicht wegen der Entsagung aller Speisen, Getränke und sonstiger Genüsse ab Sonnenaufgang, es ist das „ausschweifende" Leben in der Nacht, wo mein guter Ali erst gegen 4 Uhr morgens schlafen geht, weil sie einander nach Anbruch der Dunkelheit besuchen, stundenlang essen, trinken, rauchen und reden und da ist eine Tagestour ab Luxor 6 Uhr nicht das Gelbe vom Ei.

---

211 Ich habe unter Beachtung meines Fitness-Trackers festgestellt, dass der Puls bei andauernder Hitze (42 Grad) über den Tag sich verdoppelt und ohne Klimaanlage in der Nach der Stress trotz Schlaf kaum abgebaut wird.

Schließlich wurden wir uns einig, die Reise noch einmal zu wiederholen. Wir fahren über die westliche Wüstenautobahn nach Norden und erreichen die Gegend von Abydos gegen 9 Uhr. Die Abfahrt von der Autobahn ist etwas für Eingeweihte, denn es geht von einer gut ausgebauten Schnellstraße in eine asphaltierte Landstraße über und endet auf einem Feldweg. Überall kann ich die landesweite Organisation der mangelhaften Müll- und Abfallentsorgung sehen. Fahrzeuge aller Art kippen den Abfall in die Wüste, soweit die Wege hineinführen. Während mich diese Probleme ernstlich berühren, sieht mein Taxifahrer das alles sehr pragmatisch: Die Wüste ist groß und da passt mehr hinein als in mein Haus. Der Asphalt auf der Straße endet und ohne weiteren Übergang holpern wir plötzlich über einen unbefestigten Feldweg und Ali stöhnt immer wieder bei jedem Schlagloch. Da sein Auto so leidet, fühlt er jede Unebenheit, als gehe er zu Fuß. Es ist wohl eher die Angst vor einem Schaden, denn in Ägypten gibt es nur für einen Wohlhabender eine Vollkasko-Versicherung. Je weiter wir in Richtung Norden vorstoßen, desto mehr neue Felder gibt es rechts und links des Wegs. Zwischenzeitlich fährt Ali nur noch im zweiten Gang, da dieser Weg zwar als eine offizielle Straße ausgewiesen ist, seine Qualität jedoch eher einem Trampelpfad entspricht und viele Querrinnen eine höhere Geschwindigkeit nicht erlauben.

Auf der rechten Seite erkenne ich die vor vielen Jahren ausgegrabenen und wieder mit Sand verschütteten Gräber der frühen Könige der I. und II. Dynastie, aber sie sind mindestens 200–300 Meter vom Weg entfernt und aus dem Internet ist mir bekannt, dass auch nördlich von diesem Weg gegraben wird, doch dann müsste ich einen leichten Anstieg hinaufsteigen, ohne zu erkennen, wohin der Weg führt. Der mächtige Anubisberg zur Linken gibt nicht den Blick frei auf das, was sich hinter der Biegung befindet. So fährt Ali immer weiter und schaut mich dabei fragend an, ob er denn nicht endlich am Ziel sei und sein Auto abstellen könnte. Aufmunternd zeige ich ihm unser Ziel, welches sich in einer Entfernung von geschätzten 500 Metern befindet, aber dazu muss er einen großen Bogen fahren, welcher an

einer modernen Bebauung einer Enklave vorbeiführt. Als diese
Wege hier fahrbar gemacht wurden, hatte nie eine Planierraupe
diesen Sand bewegt, sondern es wurde Sand auf den Wüstenboden gekippt, welcher durch unzählige Esel, Karren, Motor-
räder und Autos im Laufe der Zeit mehr oder weniger befestigt
wurde. Die Straße, besser gesagt der Sandweg, führt am Rande
der Enklave hinter einer Steinmauer vorbei, macht einen weiteren Bogen und endet vor einem einstmals geschlossenen Tor,
welches aber zurzeit weit offen steht. Ali schaut mich an und
fragt, ob er weiterfahren soll oder ob an dieser Stelle Schluss
sei? Natürlich soll er weiterfahren, denn unser Ziel liegt etwa
noch 300 Meter von seiner jetzigen Position entfernt. Ich merke ihm sehr wohl an, dass er diesen Vorschlag nur widerwil-
lig annimmt, denn am liebsten würde er kehrtmachen und die
Rückfahrt antreten, aber dafür sind wir nicht 3 Stunden bis
nach Abydos gefahren. Mein heutiges Ziel ist die alte Stadt *Abdju* mit der sie umgebenden riesigen Nilschlamm-Ziegelmauer,
hinter der sich Kom es-Sultân[212] befindet.

Ali will mal wieder Dienst nach Vorschrift machen und mit
seinem Fahrzeug dort stehen bleiben, wo er sich gerade befindet. Da mir das ganze Getue zu lange dauert, schnappe ich meine Kameras und verlasse das Auto. Ich kenne bei Ali solche An-
flüge von passivem Widerstand, wenn er keine richtige Lust hat,
müde ist oder eine Gefahr wittert. Die Sonne scheint schon wieder ziemlich warm und ich gehe auf den gigantischen Bau der
alten Umfassungsmauer der uralten Stadt zu. Dieses gesamte
Bauwerk ist besonders mysteriös, weil es einerseits den Kern der
Vorgängerstadt des modernen Abydos beinhaltet und zum anderen den uralten Tempel des *Osiris*, der zuvor dem Gott *Chontamenti* geweiht war. Wie die Priester im Tempel, welche sich
vor Ehrfurcht auf den Bauch legten und mit den Händen die
Erde berührten, könnte auch ich mich in den Wüstensand wer-

---

212 Im arabischen Sprachgebrauch sinngemäß als das „Haus des Herrschers“
    oder „Königshaus“ benannt.

fen, so glücklich fühle ich mich, an einem Bauwerk zu stehen, welches mindestens 4000 Jahre auf dem Buckel hat. Das lasse ich aber lieber sein, als ich die toten Tiere im Sand sehe. Es geht mir nicht um die Hygiene, aber es würde mich schon einmal interessieren, welche Inhaltsstoffe in diesem Wüstensand seit Jahrtausenden schlummern.

Abbildung 59: Gnadenlose Wüste bei Abydos

Ich drehe mich um und winke Ali heran, der zwischenzeitlich aus dem Auto ausgestiegen war, sich genüsslich in der Sonne rekelt und heute vielleicht schon die 15. Zigarette raucht. Während ich weitergehe, sehe ich einen Mann in dunkler Galabia mit einem großen Wanderstab in der Hand, der von Schunet ez-Sebib in meine Richtung wandert. Er winkt mir zu, dass ich doch zu ihm kommen soll. Also bleibe ich stehen, um seine Ankunft abzuwarten. Nun hat sich auch mein Taxifahrer langsam bequemt und fährt im Schleichgang hinter mir her. Langsamer wäre er nicht vorangekommen, falls er das Auto geschoben hätte. Dann bleibt er schließlich wieder stehen, denn auch er hat den Museumswächter wahrgenommen. So warten wir beide die Ankunft des Mannes ab, der schon aus weiter Entfernung freundlich winkt, sodass Ali nicht befürchten muss, in Gewahrsam genommen zu werden. Der Museumswächter ist ein großer, stattlich gebauter junger Mann, der sich freut, ein paar Besucher in seiner einsamen Welt begrüßen zu können. Nach dem üblichen „Wie geht es dir, wie geht es mir, wie geht es deiner Familie?" sage ich zu Ali, dass er entweder hier auf mich warten oder in die Umfassungsmauer kommen möchte, aber da hört mir schon keiner mehr zu. Auch arabische Männer können sich genüsslich unterhalten, zumal wenn beide Raucher sind, haben sie zumindest eine gemeinsame Basis, ein Gespräch zu beginnen: „Hast du Feuer?" Dann reden beide, als wären sie gute alte Bekannte und immer wieder zeigt mein Taxifahrer auf mich und beide nicken heftig bei ihrem Palaver.

DAS ALTE ABDJU

Keiner kann mit Bestimmtheit den Zeitraum der Gründung des alten Ortes *Abdju* bestimmen, denn es wurden viele Feuersteinmesser aus den Anfängen und zu unterschiedlichen Epochen gefunden. Eines ist sicher: Daraus entstand das jetzige Dorf Abydos. Wie im mittelalterlichen Europa kamen die Mönche und bauten ein Kloster in die Landschaft, dann kamen die Menschen und siedelten sich um das Kloster, und so wuchsen die Orte und das weite Land wurde bevölkert. Auch im alten Ägypten kamen die Tempel und die Menschen zog es zu den Heiligen Orten und sie siedelten sich an. Dennoch waren die meisten Tempel reine „Stätten der Priester" und nur wenige Ansässige fanden in diesem Zusammenhang eine unmittelbare Tätigkeit. Erst die herausragende Bedeutung eines Tempels schuf die Voraussetzung für ein immer weiter ausuferndes „Hilfspersonal", wie ich es bereits beschrieb. Die vermeintliche Anwesenheit der Götter im Tempel brachten den Wunsch der Menschen hervor, in ihrer Nähe zu leben und begraben zu sein. Sie sahen nicht nur himmlische Wesen in den Göttern, sie verehrten sie auch als zu Göttern gewordene Ahnen. So kam es nach und nach zu Friedhöfen, welche auch zu bedeutenden Nekropolen heranwachsen konnten. Waren diese Heiligtümer von maßgeblicher Bedeutung, wie die eines Stadtgottes, konnten im Laufe einer langen Zeit durch Schenkungen des Königs oder der dominierenden Familie des Gaufürsten die Besitztümer und somit die benötigten Arbeitskräfte auf Zehntausende von Bediensteten ansteigen. Unbestritten erlangte der Ort bei seiner Beliebtheit immer mehr an Kraft und Stärke, sodass, wie bereits von Manetho beschrieben, der Ort außerordentlich heilig war. Dass in der vordynastischen Zeit bereits Gebäude im Norden von *Abdju* errichtet wurden und wahrscheinlich ein komplettes Siedlungsgebiet umfassten, ist anhand von Ausgrabungsarbeiten rund um Kom es-Sultân von verschiedenen Ägyptologen und Archäologen nachgewiesen worden. Es wurde auch geschlussfolgert, dass die expansive Entwicklung maximal bis zur VI. Dynastie anhielt und in der sogenannten Zwischenzeit durch einen Krieg verfeindeter Gaue zerstört oder zumindest schwer beschädigt wurde. Wahrscheinlich in der XI. und XII. Dynastie wurden die Schäden behoben und irgendwann danach wurde die festungsartige Umfassungsmauer errichtet. Im heutigen Gebiet von Kom es-Sultân wurden nach Flinders Petries Aussagen Reste von Kreuzgängen gefunden und die XI. Dynastie unter *Antef V.* ließ einen Tempel mit achteckigen Kalksteinsäulen errichten. Die Gesamtheit von Gräbern, Tempeln und einem Wohngebiet aus dem Alten Reich weist eindeutig auf die exquisite Lage des Ortes hin. Diese nutzte auch der König *Usertesen I.* in der XII. Dynastie und spendete verschiedene Denkmäler. Mit einem schwarzen Granittor ergänzte in der XIII. Dynastie *Sobek-hotep III.* den Tempel und der große Baumeister *Thot-mose III.* umschloss mit einem massiven Innenschutzwall den Tempel, mehr als 6 Meter stark, und setzte zusätzlich einen großen roten Granitpylonen auf der Wüstenseite an, um den nun vergrößerten ummauerten Bereich zu füllen. Petrie geht davon aus, dass später, wahrscheinlich durch politische Schwierigkeiten der XX. Dynastie bedingt, die alte Tempelaußenmauer unter Beachtung einer Erweiterung der Stadtgrenze nun wieder als Stadtmauer aufgebaut wurde. Er schlussfolgerte weiter, dass eine Erneuerung des zwischenzeitlich ramponierten Tempels in der XXVI. Dynastie erfolgte und dabei die Ursprungsform wiederhergestellt wurde.

*Abbildung 60: Ehemalige Infrastruktur rechts
vom Prozessionsweg zum Grab des Djer*

Alle Untersuchungen führten zu nichts, sodass der ursprüngliche Standort des Osirisschreins nicht ausgemacht werden konnte. Besonders interessant ist der Umstand, dass durch den Seti-Tempel der alte Chontamenti-Osiris-Tempel an Bedeutung verlor, aber wahrscheinlich noch immer der Ausgangspunkt der Prozessionen zum Grab des *Osiris*[213] war. Diese königliche Nekropole der I. und II. Dynastie wurde durch einen einem Hund ähnlichen Gott namens *„Chontamenti"* („Vor-allem-von-der-westlichen Welt") geschützt. Sein Tempel ist eindeutig als Vorgängerbau des sogenannten alten Osiristempel zu sehen, auf den ich noch zurückkommen werde. Wie ich bereits beschrieb,

---

213 Tatsächlich ist es das Grab des Königs *Djer*, aber der Mythos, dass *Osiris* auch ein realer König sein könnte, beflügelte besonders diese Vorstellung.

wurde alles im Zusammenhang mit der „Götterburg“[214] Schunet ez-Sebib von einigen Forschern heiß diskutiert, obwohl m. E.
das Problem noch immer nicht gelöst ist. Leider sind historische Filme stets auf eine Effekthascherei aus, sodass alles gigantisch und sehr oft weit an der geschichtlichen Realität vorbei dargestellt wird. So ist auch hier die geschichtliche Wahrheit
eher enttäuschend. Die Wohngebäude des Alten Reichs weisen
eine stark differenzierte Qualität auf, wie sie bei unterschiedlichen Gesellschaftsschichten zu erwarten ist. Dabei handelte
es sich um Wohngebiete mit hoher Lebensqualität für damalige Verhältnisse, wo selbst im südöstlichen Bereich des Gebietes
gepflasterte Straßen aus Nilschlammziegeln und im Gegensatz
der üblichen Bauweise der einfachen Häuser hier selbst welche
mit einem Innenhof gefunden wurden. Diese „hochherrschaft-
lichen“ Wohnobjekte benötigten eine perfekte Infrastruktur in
allen Lebenslagen. Hier im alten *Abdju* ist nichts mehr zu sehen,
doch in Medinet Habu konnte ich Reste dieser Bauwerke aus
nächster Nähe bestaunen. Wir sollten uns hüten, diese auch nur
im Entferntesten mit unseren Wohnungen zu vergleichen. Viele
lebten mit ihren Familien nur in Konstruktionen aus Weiden-
geflecht und Schilfmatten, sodass Nilschlammziegelbauten so
etwas wie „hochherrschaftliche“ Häuser darstellten. Die ärms-
ten Menschen wohnten so beengt, dass ein Zugang nur über das
Flachdach möglich war, andere hatten sogar einen „Straßenan-
schluss“ von zwei Metern Breite vor dem Haus. Wer sich noch
einen Hof leisten konnte oder gar eine Treppe auf das Dach, um
sich dort in den heißen Sommernächten ein Schlaflager zu er-

---

214 Der Name „Götterburg“ geht aus den Mythen hervor, wo der Hauptgott dieser Mythe, *Geb*, die streitenden Götter richtet und ein Bauwerk
gleichen Namens anlegen lässt. Kees geht davon aus, dass die genann-
ten Götter und Orte ebenfalls als Memphitisch angesehen werden müssen. Da bei der Entdeckung dieser Bauwerke, deren Größe und die nicht
nachweisbare Bedeutung den Forschern Rätsel aufgaben, kam es zu
dieser Namensgebung. In mancher Literatur wird das Bauwerk auch als
Fort bezeichnet, was unwahrscheinlich, aber nicht ausgeschlossen ist.

richten, war kein armer Mann. Die im April 2021 offiziell vorgestellten Ausgrabungen einer antiken Stadt auf der West Bank bei Medinet Habu, welcher ich aufgrund einer Inschrift von *Amenhotep III*. den Namen *Kak* gab, wird sicher viele Erklärungen in nächster Zeit zu den Häusern aus vergangenen Tagen liefern.

Wer es sich leisten konnte, ließ sich eine unterirdische Grabkapelle errichten, die sehr oft dann die Ausmaße seines eigenen Hauses besaß. Der Ägyptologe Hölscher hat in Medinet Habu wenn auch wenige Wohnhäuser aus der XXI. und XXII. Dynastie gefunden und analysiert. Er fand nur kleine Gebäude, welche sehr oft über den Ruinen der Vorgängerbauten errichtet wurden. Enge Straßen beiderseitig bebaut, nicht breiter als 2–3 Meter, endeten oft in Sackgassen. Es gab keine Müllabfuhr, sodass, wie ich noch heute in Aschmunin[215] sehen konnte, der Hausmüll in riesigen Halden an den Straßen liegt, auf denen Kinder spielen. Offensichtlich hatten alle Häuser Flachdächer, die entweder über eine steile Treppe oder bei „bescheidenen" Bauwerken durch eine Holzleiter zu erreichen waren. Das unterschiedliche Niveau bei der Errichtung der Gebäude wurde nicht im Erdgeschoss planiert, sondern durch unterschiedliche Raumhöhen mittels Stufen ausgeglichen. Alle für uns heute notwendigen Einrichtungsgegenstände, wie Schränke oder andere Aufbewahrungsmöbel wurden in die Wände eingebaut. Die übliche Größe des Wohnraums betrug ca. 6 Meter im Quadrat. In fast allen Häusern war, gleich dem Königssitz im Palast, eine Empore für den Hausherrn eingebaut. Da diese Räume relativ große Flächenmaße besaßen, standen oft zwei stützende Säulen im Raum. Vorräume beschränkten sich auf 7 x 3 Meter mit kleinen Unterschieden. Flure, falls überhaupt vorhanden, waren knapp 2 Meter breit und 3 bis 4 Meter lang und dienten oft gleichzeitig als Vorratsräume. Bessere Häuser wiesen einen mit einer niedrigen Nilschlammziegelmauer umgebenen kleinen Hof mit einer Pforte zur Straße auf. Wer jetzt glaubt, dass diese Wohnungs-

---

215 Moderner Name für den Ort bei Hermopolis Magna

größe mehr als ausreichend für die Familie war, sollte nicht vergessen, dass eine unbekannte Anzahl Kinder und auch das Vieh noch ausreichend Platz benötigten. Ich selber kenne noch aus Luxor Wohngebäude, in denen genau diese Zustände anzutreffen waren: Menschen und Tiere unter einem Dach!

Abbildung 61: Wohngebäudeskizze vornehmer Bauten aus der Zeit Ramses III.

Abbildung 62: Reste einer alten Ortschaft in Oberägypten

Abbildung 63: Blick auf die ausgegrabene Fläche
von Kom es-Sultân

Ich wende mich nun der alten Stadt zu, die einst eine sehr große Bedeutung besaß, heute nur einen traurigen Rest bietet. Die
gigantische Umfassungsmauer des alten *Abdju* ist hoch interessant, denn trotz der Ausgrabungsarbeiten von den Herren Petrie und Mariette gibt es hier immer noch viele offene Fragen,
weil bereits schon zu seiner Zeit die Besetzung der „Altstadt"
mit modernen Wohnungsbauten längst von Osten her begonnen
hatte und immer weitere Ausmaße annimmt. Ich sehe, dass die
Mauer nicht aus einem Stück erbaut wurde und viele Abschnitte
das Ganze bilden. In ihr erhob sich im Nordwesten des Areals
das sogenannte Kom es-Sultân, eine aufgeschüttete Erdmasse
mit Einbindung von Keramik und Steinfragmenten. Der Hügel
selbst war 100 Meter lang, 12 Meter breit und ebenso hoch. Nach
wochenlangen Anstrengungen gelang es Mariette mithilfe der
einheimischen Träger fast 120000 Kubikmeter Erdmasse abzu-
tragen und es wurde der Untergrund des Geländes sichtbar, so
wie es der heutige Zustand im Bild darstellt. Warum dieser Graben einst entstand, ließ sich nicht mehr nachweisen, weil er im
Laufe der Zeit durch mancherlei Aktivitäten aufgefüllt wurde.

Vor den Ausgrabungsarbeiten waren die Erwartungshaltungen sehr hoch und die Spekulationen schossen ins Kraut. Der Erfolg war zwiespältig, brachte aber die Klarheit, dass es weder ein Gräberberg aus der I. und II. Dynastie noch ein anderes Bauwerk, möglicherweise das Grab des *Osiris*, war. Nach erfolgreicher Arbeit stellte Mariette fest:

> *„... Kom es-Sultân besteht aus einem Potpourri, den wir*
> *nicht exakt geprüft haben. Die Art von tiefem Graben, ...*
> *wurde nicht nur mit Gräbern gefüllt. Zwischen den Gräbern*
> *gab es kleine Kammern, Gänge und Nischen in den Wänden,*
> *wo die Bewohner Denkmäler, Statuen und Stelen deponiert*
> *hatten ... Kom es-Sultân war nur ein Korridor, der sich*
> *in der Nähe des Tempels von Osiris zwischen der Wand*
> *einer großen Umfassungsmauer befindet ... Er wurde auch*
> *als Grabstätte für Personen genutzt, die für erbrachte*
> *Leistungen oder aus irgendeinem anderen Grund ...*
> *es sich verdient hatten, in der heiligen Umgebung*
> *zu ihrem Tod eingeführt zu werden ...“*

In unmittelbarer Nähe konnten auch, wie bei ägyptischen Tempeln üblich, Personen von hohem Rang begraben werden. Das hat sicher zuvor Grabräuber angelockt, die aktiv in diesem Sammelsurium von allerlei Zeitepochen tätig waren und alles entfernt hatten, was zur Beute werden konnte, selbst die Toten in den Gräbern waren verschwunden. Da jedoch die Anlage nach Meinung von Mariette bereits in der VI. Dynastie noch als Begräbnisstätte für einzelne Wenige genutzt wurde, muss zu einem späteren Zeitpunkt die Plünderung erfolgt sein und die Bewohner der Altstadt nutzten dann diesen entehrten Ort als Abfall- und Hausmüllhalde. Der alte Tempel im Norden des Gebietes wurde bereits von antiken Schriftstellern als solcher erwähnt. Innerhalb des Walls gab es alles, was der Tempel für seine Zeremonien benötigte, einschließlich einem ca. 70 Meter langen See, der leider in den letzten 10 Jahren austrocknete. Entweder zeigt auch der Klimawandel hier seine Auswirkungen oder die vorrückende Wohnbebauung, welche selbst auf dem abgesperrten Tempelgebiet weiterwächst, zeigt durch verstärkte Grundwasserentnahme die Folgen der wilden Landnahme.

Als die Ägyptologen mit ihren Arbeiten vor Ort begannen, hatten Tausende von Jahren die antiken Ruinen des Ortes, die hauptsächlich aus Nilschlammziegeln bestanden, nivelliert und die ansässige Bevölkerung nutzte den fruchtbaren Raum für ihre persönlichen Zwecke. Noch enttäuschender war es jedoch, dass im Süden der Anlage große Aktivitäten entdeckt wurden, die auf das Zerschlagen und den Abtransport von Kalksteinbruchstücken aus dem Gelände heraus in Richtung der modernen Bebauung hinwiesen. Der sogenannte Tempel des *Osiris* im nördlichen Bereich war total abgerissen worden, es gab nicht einmal mehr Kalksteinfundamente, bis auf ein paar einzelne Blöcke. Allerdings wäre es auch sehr vereinfacht, den Fellachen alle diese Taten zuzuschreiben, obwohl in vielen Orten in Ägypten die „Umwandlung“ von Kalkstein in Dünger bekannt ist, aber auch die Ramessiden sind dafür bekannt, dass sie sich ihr Baumaterial so einfach wie nur möglich beschafften. Ebenso beschwerten sich die Ägyptologen, dass selbst bei den Ausgrabungsarbeiten die Funde über Nacht immer bewacht werden mussten, da es für die einheimische Bevölkerung gar kein Problem war, mit Eseln und Kamelen benötigte Gegenstände in die moderne Wohnbebauung abzutransportieren, da das Gelände seit ewiger Zeit frei zugängig war. Niemals hat eine staatliche Stelle eine Nachschau gehalten, wo die entwendeten Blöcke einst verbaut wurden.

Nachdem die erste Niederlage hinsichtlich der Tempelreste einschließlich der nicht vorhandenen Fundamente überwunden war, hoffte man, dass wenigstens im Erdreich einige aufschlussreiche Hinweise auf den Chontamentitempel enthalten waren. Ein Sechser im Lotto wäre der Fund der Osirismumie gewesen, doch es sollte sich zeigen, dass der Wunsch Vater des Gedankens war. Das frühere System innerhalb der Stadtmauern war schon lange vernichtet worden und überall herrschten Chaos und Erdbewegungen, durch wen auch immer verursacht.

Falls es überhaupt volle Grabstätten im Umfeld des Tempels gegeben hatte, waren sie auf jeden Fall verschwunden.

Es ist schon ein trauriger Job, wenn man nur Müll und Chaos findet. Desto aufregender war die Entdeckung einer Stele von *Ramses XII.*, welche sich in einer Tiefe von 1 Meter im Erdboden fand. Auch ein Holzsarg mit der Mumie einer jungen Frau[216] kam zum Vorschein. Die Freude währte nicht lange, da der Zahn der Zeit das Holz so stark in Mitleidenschaft gezogen hatte, dass der geringste Druck der Finger reichte, das Holz zu zerbröseln. Mit Luft in Berührung gekommen, zerfielen Mumie und Sarg zu Staub. Offensichtlich war sie nicht von königlichem Geblüt, aber vielleicht wohlhabend, sonst wäre ihr nicht die Ehre einer Bestattung innerhalb des alten Tempels zuteilgeworden.

Heute ist das Gebiet fast in dem gleichen Zustand wie vor 150 Jahren, nur dass sich unaufhaltsam von Osten her die moderne Wohnbebauung auf das alte *Abdju* schiebt. Der Ostwall ist schon ewig verschwunden und lässt nur erahnen, wie groß einst die alte Stadt war. Wahrscheinlich ist bereits ein Viertel des ehemaligen Geländes überbaut, und stünden nicht noch die Fundamente eines kleinen Tempels aus der XXX. Dynastie auf dem Gelände, hätten schon einige Wagemutige ihr Wohnhaus darauf gebaut. Vielleicht hat aber dieser Komplex auch einen gewissen abschreckenden Charakter für alle, die die Ruhe des Totengottes stören wollen, denn auch der Aberglaube ist im modernen Ägypten weit verbreitet. Ich persönlich bin überzeugt, dass die ehemalige Stadtgrenze, nicht die Umfassungsmauer, sich noch einmal so weit nach Osten ausdehnte. Als die Ägyptologen ihre Grabungsarbeiten aufnahmen, sahen sie nur Felder der Fellachen, aber was sagt das schon, denn darunter können sehr wohl Siedlungsreste liegen. Eine Schutzwand soll das Gelände innerhalb der Nilschlammziegelmauern absperren, doch was nützt sie, wenn sie nicht gewartet wird und eingefallene Abschnit-

---

216 ungestörtes Grab

te nicht erneuert werden. Ich bin überzeugt, dass irgendwann, wenn die internationale Gemeinschaft das notwendige Geld zu Verfügung stellen wird, die ägyptische Armee mit Dumpern und Baggern anrücken wird, um die Schwarzbauten der Einheimischen abzureißen, so wie unlängst in Luxor, als die rekonstruierte Sphinx-Allee diese Maßnahmen erforderte.

Abbildung 64: Möglicher Stadtgrenze des alten Abdju (Google Earth)

Abbildung 65: Torweg durch die westliche Umfassungsmauer
(davor Portaltempel)

DER TALBEZIRK UND
SEIN TEMPEL VON RAMSES II.

Nachdem ich meinen Rundgang im umwallten *Abdju* beendet habe, ruft der Muezzin (Ali nennt ihn Mosch-ker)[217] zum Gebet, doch mein gläubiger Taxifahrer geht nicht in das nahe Gotteshaus. Auf meine Frage, ob es Zeit zum Mittagsgebet sei, meint er nur, dass er das auch noch später nachholen könne und schwatzt weiter mit dem Museumswächter, eine Zigarette nach der anderen rauchend. Hier vor Ort erfahre ich hautnah, warum dieses Gebiet von den Einheimischen El Araba El Madfuna genannt wird, denn es ist wirklich alles im Zeitgeschehen versunken. Viele Stellen erlebe ich so, als wären gestern die Bewohner des Ortes von hier abgezogen, an anderen Stellen hat die Zeit alles vernichtet und mir läuft ein kalter Schauer über den Rücken bei dem Gedanken, dass einst Menschen aus vordynastischer Zeit bis fast an das Ende alle ägyptischen Dynastien hier lebten, arbeiteten, liebten und starben; und nichts außer ihrer zerbröselten Bauwerke lässt uns ihre Existenz erahnen.

Ich will Ali ein Zeichen geben, dass ich in Richtung Auto gehe, doch er ist so in sein Gespräch vertieft, dass ich ihn über das Telefon anrufen muss und dann gibt er mir ein Zeichen: Verstanden! Das westliche Tor in der Umfassungsmauer ist in einem noch ansprechenden Zustand und als ich durch dieses Bollwerk schreite, stelle ich mir vor, wie einst in Friedenszeiten die Menschen zu den Friedhöfen oder zu den Bauwerken der Handwerker durch dieses Tor mit den großen Holztüren gingen, Waren zu den Geschäften transportiert wurden, von schwer beladenen Tieren getragen. Die Siedlung der Handwerker ist noch re-

---

217 Es handelt sich nicht um den Scheich der Moschee, sondern um einen Mitarbeiter, wie in christlichen Kirchen der sogenannte Küster.

lativ umfangreich als Ruinen erkennbar. Ob es an der Stelle, an welcher ich mich befinde, Torwächter gab, lässt sich nicht erforschen, auf jeden Fall beeindruckt mich die Schutzanlage immer noch durch ihre Mächtigkeit und ihren guten Erhaltungszustand. Mit etwas Fantasie kann ich mir aber auch die kriegerischen Auseinandersetzungen ausmalen, wie in Kriegszeiten die Tore verschlossen blieben und die Bewohner angstvoll den Gott anflehten, den bitteren Kelch des Krieges an ihnen vorübergehen zu lassen. Wenn hier die Schlachten Mann gegen Mann tobten, glaube ich nicht, dass die Menschen verschont wurden, nur weil es ein heiliger Ort war. Eine solche starke Wehrmauer erübrigt jede weitere Diskussion über Humanität und Gerechtigkeit.

Abbildung 66: Traurige Reste vom Portaltempel (Ramses II.)

Es sieht so aus, als ob die erste Zwischenzeit mit ihren Bürgerkriegen die Städte zur Vorsicht mahnte, und obwohl wahrscheinlich alte Orte auch ohne Mauern die Zeit relativ gut überstanden hatten, rüstete man nun auf. Das beste Beispiel ist der Karnaktempel, in dem während seiner geschichtlichen Entwicklung mehrere kleine Mauern entstanden, doch erst *Nektanebos*[218] errichtete den 20 Meter hohen Schutzwall aus Nilschlammziegeln, den heute jeder Besucher bewundern kann. Da eindeutige Hinweise auf Bautätigkeiten von *Thot-mose III.* gefunden wurden, ist es absolut vorstellbar, dass er den großen Wall um diese Stadt rekonstruierte, wie er es beispielsweise auch in der alten Stadt *Necheb* (el Kab), der Schwesterstadt von *Nechen* tat. Aber wie in Ägypten üblich, konnte auch in Ermangelung von Hinweisen der König *Nektanebos* ebenso gut an dem Bauwerk beteiligt gewesen sein.

Ich komme zum Thema Portaltempel zurück, vor dem ich nun stehe. Offensichtlich haben sich die Ägyptologen mit ihm auseinandergesetzt, denn eine „gewisse" Rekonstruktion kann ich erkennen, aber es liegen noch unendlich viele kleine Steine und mittelgroße Fragmente im näheren Umfeld verstreut. Ich sehe ein paar Säulenbasen im Sand eingesunken abseits liegen und es gibt einen großen Fuß, wahrscheinlich ein Teil der kolossalen Sitzstatue von *Ramses II.*, alles andere fehlt von ihm. Ich setze mich auf einen Kalkstein, hole meine Wasserflasche hervor und trinke das kühle Nass mit einem Genuss, den mir weder Bier noch Wein in dieser Minute gewähren können. Wie gut, Wasser in der Wüste bei sich zu haben, wenn ich auch nur wenige Hundert Meter im Grenzland zwischen Frucht- und Wüstenland sitze. Gerade die Grenzlinie zwischen Leben und Tod zeigt das wahre Leben eines Menschen in sehr anschaulicher Form. Hier ist das Leben ... und plötzlich kommt der Tod[219].

Ich gehe noch einmal auf die Achse zwischen dem Stadttor und dem Durchgang zum Portaltempel zurück. Würde nicht mitten im Portaltempel der große Steinblock als ein unüberwindliches Hindernis liegen, könnte ich in einer Linie bis Schu-

---

218 Mit ägyptischem Namen *Cheper-ka-Râ*, 380–362 v. Chr.
219 Vgl. mein Buch „Tempel der toten Götter", in welchem ich auf den Mythos von *Osiris* und *Sêth* eingehe.

net ez-Sebib laufen, wie es die Priester in ihren Prozessionen einst taten. Aber als ich später die Strecke korrekt über Google einzeichnete, erkannte ich mehr, als ich von meinem Standort momentan erkennen kann: Die vier Tore im Bauwerk hatten einen weitaus wichtigeren Sinn, als nur „für frischen Wind" zu sorgen, denn für mich sind die Ein- und Ausgänge für eine Prozession zu den Gräbern der Ahnen perfekt angelegt. Die ganze Gruppe konnte fast auf wenige Meter genau unter Beachtung der gefundenen Nilboote wie in Memphis durch das Tor A den Komplex betreten, ihn nach welchen heiligen Rieten auch immer, durch Tor B wieder verlassen, den Zug nach C zu führen, um danach den finalen Weg entweder zu den Gräbern oder nun auch zum „Eingang in die Anderswelt" fortzusetzen. Für mich hat die Anzahl der Tore eine mythische Bedeutung, die in die Osirismysterien mit eingebunden wurden. Vielleich stand auf dem Hofgelände tatsächlich das Emblem des *Osiris*, mit dem Erdreich durch einen starken Holzstamm verbunden, wie in *Busiris* der Djed-Feiler, der die Beständigkeit aber auch das sogenannte Rückgrat des *Osiris* symbolisierte.

Nach und nach wird die alte historische Prozessionsstrecke von neu angelegten Feldern überlagert. Hier werden Erschließungsmaßnahmen mit behördlicher Genehmigung durchgeführt, denn das Volk wächst in einem nicht vorstellbaren Maß. Aber ich kenne auch die nicht wieder ungeschehen zu machenden Versuche in der Oase Charga, als dort vor einem halben Jahrhundert eine Infrastruktur aus dem Boden gestampft wurde, Millionen von Menschen auf das Land ziehen sollten, und trotz Errichtung von einem Flughafen, Eisenbahnanbindungen mit einem riesigen Bahnhof und Fernstraßenanbindungen, die Jugend lieber in die Städte ging und nicht ihre Liebe für die Landwirtschaft entdeckte. Zurückblieben Dattelplantagen, welche heutzutage ganz Ägypten mit den süßen und schmackhaften Früchten besonders in den Zeiten des Ramadan versorgen.

So kehre ich zum Taxi zurück und wir fahren in Richtung Süden, ohne zu ahnen, dass wenige 100 Meter der nächste traurige Rest eines Tempels auf mich wartet …

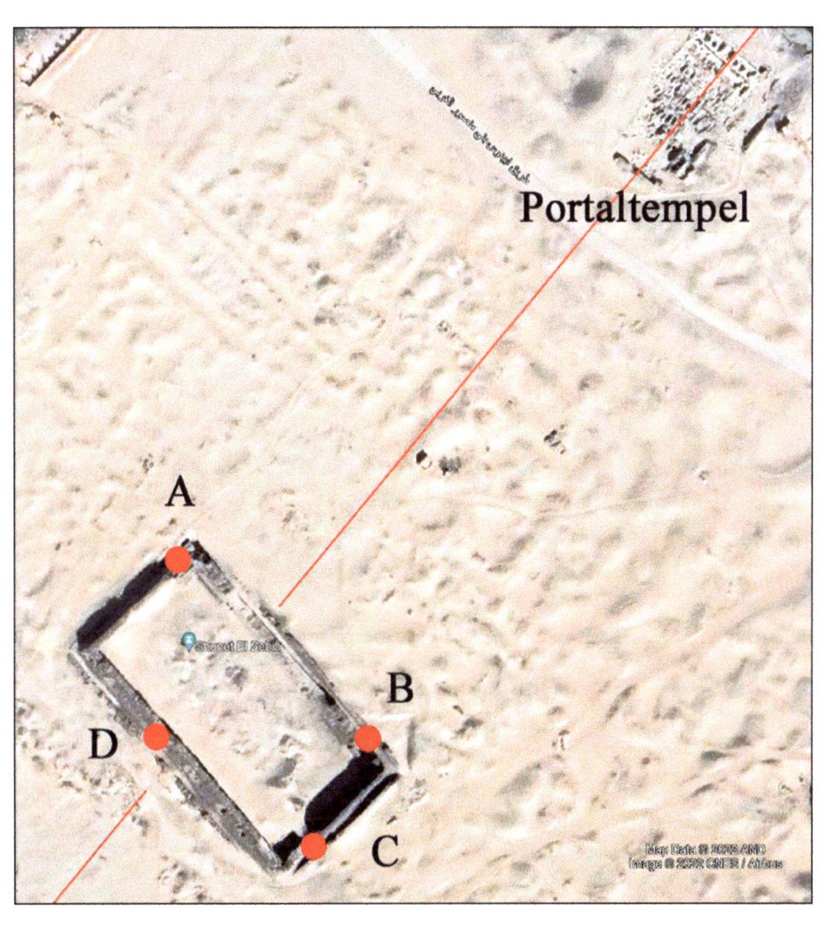

Abbildung 67: Gerade Strecke vom Stadttor Abdju bis Schunet ez-Sebib
(Google Earth)

TEMPEL RAMSES III.

In meinem Kopf rasselt ein kleiner Computer, welcher alle Eindrücke verarbeitet. Historische Informationen, die eigentlich nur aus Büchern stammen, hatte ich gerade selbst gesehen, uralte Stadtmauern angefasst, auf Tempelfragmenten gesessen und erfrischendes Wasser getrunken. Was für ein wunderbares Gefühl! Plötzlich fragt mich Ali, ob ich alles fand, was ich suchte, und ob ich zufrieden bin. Ja, ich bin zufrieden, aber gleichzeitig auch traurig, denn an keiner Stelle empfand ich Geschichte und Vergänglichkeit der Werke, die Menschen einst schufen, so stark, wie hier in dieser Einsamkeit.

„Wir können direkt zurückfahren", sage ich zu ihm und Ali setzt ein frohes Gesicht auf. Er erzählt mir vom Museumswächter und von den vielen kleinen Geschichten, die Ali heute erfuhr. Er will von mir wissen, ob das wirklich so war, wie der Mann es ihm erzählte. So rollen wir mit dem Taxi aus dem Gelände in südliche Richtung auf einer in Google Maps ausgewiesenen Straße, die es aber gar nicht im öffentlichen Verkehr gibt. In Ägypten würde ein Navigationsgerät die tollsten Überraschungen bescheren, doch ich will Ali lieber nicht in seinem Redefluss unterbrechen. Plötzlich sehe ich in Fahrtrichtung auf der linken Seite ein paar Steinblöcke und den Rest von Steinfiguren. Ali hat in seiner Informationsfreudigkeit gar nicht wahrgenommen, dass hier noch ein paar Reste eines Bauwerks stehen. Als er angehalten hat, steige ich aus und gehe mit meiner Kamera einen leichten Hang hinunter, aber je näher ich den Steinfragmenten komme, desto erschreckender ist der Anblick. Eingezwängt zwischen modernen Bauten, die teilweise noch nicht vollendet sind, kann ich mir gar nichts mehr vom ehemaligen Tempel vorstellen, wo doch der ruhmreiche Erbauer von Medinet Habu in Theben West das wirklich nicht verdient hat. Wenn die Ägyptologen mehr Geld zur Verfügung hätten, stünden auch hier die Chancen gut, dass eines Tages dieses Kulturdenkmal wieder rekonstruiert werden könnte.

Ramses III.[220] baute nicht nur hier, sondern beglückte das ganze Land mit seinen Bauten, die allgemein als Ramesseum in die Geschichte eingingen. Hier von Süden nach Norden eine Aufstellung:

» Ein Ramesseum in Theben (Karnak) zwischen erstem und zweitem Pylonen, rechts.
» Ein Ramesseum in Tanis zu Ehren des ägyptischen Kriegsgottes Anhur.
» Ein Ramesseum in Abdju für den Fruchtbarkeitsgott *Osiris*.
» Ein Ramesseum in Koptos.
» Ein Ramesseum in Apu.
» Zwei Ramsessen in Lykopolis.
» Zwei Ramsessen in Hermopolis.
» Ein Ramesseum in der Tempelstadt Sutech in der Stadt von *Pi-Ramses Meri-Amun.*

Ramses III. wird zwar nachgesagt, dass er seinen Tempel in Theben West als eine Art Kopie vom Ramesseum seines Vorgängers *Ramses II.* ausführen ließ, dafür wichen die Baupläne seiner Gotteshäuser erheblich ab und wenn man sich das Bauwerk in Karnak zum Vorbild nimmt, wurde hier der Tempel in Abydos an der Grenze zum Fruchtland in den Wüstenhang nach Westen hineingebaut. Zumindest erschienen mir die Steinstatuen nicht so riesig wie im Karnaktempel, sodass hier wohl irgendwann eher eine „kleine Ausgabe" ausgegraben wird. Ich hatte schon vor langer Zeit den Eindruck, dass die Könige oft nur der Pflicht Genüge taten und auch ein „mickriger" Bau erfüllte seine Pflicht. Obwohl sie in religiösen Pflichten sehr gründlich

---

220 *Ramses III.* regierte 1182 – 1151 v. Chr. und war der 2. König der XX. Dynastie.

schienen, zählte in vielerlei Hinsicht „der gute Wille“, was ich bei vielen Begräbniszeremonien erkennen konnte. Allerdings darf man nicht vergessen, dass sich viele Arbeiten, die einst *Ramses II.* begonnen hatte, noch bis zu seinen Nachfolgern hinzogen, sodass auch *Ramses III.* weiter am Tempel *Seti I.* bauen musste. So langsam verstand ich auch die Problematik zwischen den magnetischen und den religiösen Himmelsrichtungen. Die Alten Ägypter kannten noch keine „Windrose“ und nannten die Himmelsrichtungen nach dem Sonnenstand. So gab es für sie das Morgenland, auch Lichtland genannt (Osten), das Mittagsland (Süden), das Abendland (Westen) und das Nachtland (Norden). Für sie war das nur eine reine Formsache, denn der wahre Zweck lag in der Verehrung des jeweiligen Gottes und die vier Himmelsrichtungen waren unabhängig von der Realität sowieso vorhanden.

Abbildung 68: Reste vom Tempel Ramses III.

Abbildung 69: Welch ein Unterschied! (Ramesseum in Karnak)

DIE FRIEDHÖFE DER KÖNIGE UND GESCHICHTLICHEN HINTERGRÜNDE

Als ich mich das erste Mal mit den Standorten solcher uralten Gräber beschäftigte und Ausschau hielt, fuhren wir nach *Naqada*[221] unweit von Luxor. Diese Stadt in Oberägypten ist durch die Forscher erst publik geworden, weil nach diesem Ort verschiedene Entwicklungsstufen der ägyptischen Kultur benannt wurden. Der britische Ägyptologe Flinders Petrie schrieb zwar über *Naqada*, doch de Morgan behauptet, dass er keinesfalls bei dieser Stadt grub, denn dann hätte er die alte Königsmastaba[222] unweit der Missionsstation als Erhebung in der Wüste auf jeden Fall gesehen und seine Hinweise dazu gegeben. So kam es zu den Ausgrabungen von Petrie unweit der ehemaligen Stadt *Tuch* (Ombos)[223] nach *Ballas*[224] hinauf im Jahre 1893, wo er auf dieser Strecke einen Friedhof mit über 2000 Gräbern öffnete. Dabei entdeckte er anhand der abweichenden Bestattungssitten und Grabbeigaben verschiedene Kulturepochen und wies nach, dass dort einst fremde Hor-

---

221 Die Naqada-Kultur ist eine kupfersteinzeitliche archäologische Kultur aus der prädynastischen Zeit Ägyptens. Sie wird in drei Perioden unterteilt, Naqada I (ca. 4500 bis 3500 v. Chr.), Naqada II (ca. 3500 bis 3200 v. Chr.), Naqada III (ca. 3200 bis 3000 v. Chr.) Diese Abschnitte führen schließlich zur Gründung des ägyptischen Staates.

222 Als Mastaba (Bank) wird normalerweise eine Steinkonstruktion mit flacher Abdeckung über der Erde für ein Grab von einem oder mehreren Toten bezeichnet. Bevor sie aus dem Untergrund herauswuchs, waren deren Vorgängerbauten unterirdisch gleich riesigen Gräbern angelegt, mit Sand überschüttet und dadurch im flachen Gelände als Erhebung wahrnehmbar. Da der Aufwand für Schachtarbeiten riesengroß war, Arbeitskräftemangel kaum bestand, konnte aus Gründen der Attraktivität nur eine Entwicklung in die Höhe, also in Richtung Pyramide erfolgen.

223 Rest des Tempels von *Sêth*

224 Antike Stadt mit Ruinen eines römischen Militärlagers

den aus dem Westen zugewandert waren und sich angesiedelt hatten, welche noch dem Kannibalismus zugeneigt waren und mit den Ureinwohnern nicht im Entferntesten eine friedliche Koexistenz eingingen, geschweige denn eine Vermischung der verschiedenen Volksgruppen.

Dieser riesige unterirdische Grabbau, den de Morgan freilegte, befeuerte meine Fantasie und schlug eine Brücke zu den Königsgräbern von *Abdju*. Kurzerhand nahm ich mir vor, bei *Naqada* meine Besichtigungstour zu beginnen, bevor ich noch einmal nach Abydos zurückkehren wollte. Lange ist es her und heute sind alle Spuren der Pioniere vom ständig wehenden Wind unsichtbar geworden oder wurden bewusst wieder zugeschüttet, um späteren Nachforschungen eine annähernd gleiche Ausgangssituation zu verschaffen.

So fuhr ich mit Ali auf der betagten Originalstraße aus jener Zeit von *Naqada* nach *Tuch*, wo man sich einen Achsbruch und eine Darmverschlingung holen kann. Glücklicherweise gibt es heute etwas weiter westlich die neue „alte Landstraße", die vor dem Bau der autobahnähnlichen Landstraße, die noch weiter westlich verläuft, nach Qina führt. Aber wie es bei modernen asphaltierten Straßen üblich ist, sie führen geradlinig ans Ziel und bieten wenig Romantik, geschweige denn antike Ausblicke. Ich habe schon lange festgestellt, dass gerade abseits der schnellen Touristenwege die interessantesten Entdeckungen lauern und Google Maps war dafür immer eine große Hilfe. Gerade auf den alten Pfaden, bevor die Moderne Einzug hielt, traf ich sehr oft auf gastfreundliche Einheimische, die trotz aller Sprachschwierigkeiten sich über jeden Besuch freuten und schnell eine Tasse Ägyptischen Tee herbeizauberten. Da darf man auch keinen Hygienefimmel haben, denn woher das Wasser für die schnell noch abgewaschenen Tassen kommt, ebenso das Teewasser, bleibt das kleine Geheimnis der Ehefrau des Gastgebers. So ging es uns bei der ersten Tour nach *Tuch* von *Naqada* kommend, als mich Wikipedia in die Irre führte und die Pyramide von Ombos an eine Stelle gesetzt hatte, an der sich ein modernes Klärwerk befand. Bei aller Begeisterung für

die Moderne, konnte ich mir nicht vorstellen, dass die Ägypter
eine Pyramide so einfach in das Abwasser versenken würden,
doch wen sollten wir fragen?

Abbildung 70: Königsgrab bei Naqada von de Morgan ausgegraben

Wenn man glaubt, durch ein unbesiedeltes Gebiet zu fahren, so
zeigen doch eindeutig die großen Flächen der einstigen Wüste,
die mit harter Arbeit zu fruchtbarem Land gemacht wurden,
dass hier in den Orten Menschen leben, welche sich ihren Lebensunterhalt mit der Landwirtschaft verdienen. Allerdings sind
es meistens Kleinbauern auf handtuchgroßen Feldern und der
Überschuss an Agrarerzeugnissen wird dann auf dem lokalen
Basar angeboten. Ausländische Agrarbetriebe mit riesengroßen
Wasserversorgungsanlagen sind meistens auf Exporte in die eigenen Länder bedacht, sodass Ägypten kaum etwas davon ab-
bekommt. Früher die Kornkammer des Römischen Reichs ist
Ägypten heute auf Importe von Nahrungsmitteln angewiesen,
um seine rasant wachsende Bevölkerung zu ernähren.

Auf meine Bitte hin, dass Ali doch in eine der vielen von der Landstraße abzweigenden Wege fahren möge, um nach Leuten zu suchen, welche uns Auskunft zu antiken Stätten geben könnten, fuhr er schließlich doch einen Sandweg entlang und wir kamen an ein halb fertiges Haus, in welchem eine Familie in der untersten Etage Zuflucht vor der heißen Sonne gesucht hatte. Dieser Bau erinnerte mich an eine Freilufthalle, denn sämtliche Seitenwände fehlten, dafür waren alle Treppen bis zum Dach bereits fertig, es stand sozusagen das Betonskelett, der Ausbau sollte je nach finanzieller Lage erfolgen. Hier lebte eine sechsköpfige Familie ohne jeden Luxus in der Hoffnung, dass der Bau irgendwann fertig würde. Obwohl wir diese Menschen zum ersten Mal sahen, gab es sofort ein riesiges Hallo und wir wurden begrüßt, als wären wir uralte Freunde. Es wurde Tee herangeschafft und in der Zwischenzeit sprachen wir mit dem Hausherrn, der zufälligerweise auch Ali hieß, ob er denn wüsste, ob sich hier in der Nähe die Pyramide von Ombos befinden würde. Sein verwundertes Gesicht verriet mir sofort, dass er von dieser Pyramide noch nichts gehört hatte. Da er sich vor seiner Familie aber keine Blöße geben wollte, flüsterte er mit Ali eine ganze Zeit lang. Schließlich setzten wir uns nieder, um den heißen ägyptischen Tee zu trinken, einen Hinweis auf das Kulturdenkmal bekamen wir allerdings nicht.

Wenn man sich in Ägypten einen Zeitplan zurechtlegt, kann man in der Regel davon ausgehen, dass er nach wenigen Stunden außer Kraft gesetzt wird, weil stets etwas passiert, was man im Voraus nicht wissen konnte. Nach etwa 2 Stunden Palaver im gut belüfteten Untergeschoss, die zwar hochinteressant waren, mich aber nicht einen Meter der Pyramide von Ombos näherbrachten, verabschiedeten wir uns recht herzlich, doch erachtete es der Hausherr als sehr wichtig, uns noch über seine Zukunftspläne zu informieren. Er hatte zusammen mit seinem ältesten Sohn in einem modernen Stall eine Kükenaufzucht eröffnet und zeigte sie uns voller Stolz. Dann erzählte er mir, dass er unweit an der modernen Landstraße ein Café errichten wollte und mit geschwellter Brust zeichnete er die Landkarte mit seiner Hand in die Luft und mit der anderen verwies er dann in Richtung der Landstraße, von der wir gekommen waren. Ich fragte ihn, ob er denn bereits eine Baugenehmigung für sein Café beantragt hätte, und da lachten beide Alis recht herzlich und meinten, dass eher das Café stehen, als dass das Gouvernement ihnen eine Baugenehmigung erteilen würde. Wir verabschiedeten uns recht herzlich und waren nicht viel schlauer als zuvor. Die Ironie des Schicksals bestand jedoch darin, dass die gesuchte Pyramide keine 5 Kilometer nach Norden von diesem gastlichen Haus entfernt war. Kurzum, wir fanden dann doch noch den richtigen Weg und eine Anzahl von in Stein gehauener Gräber aus längst vergangenen Zeiten, die mich letztlich für den Friedhofsbesuch von Abydos inspirierten.

Abbildung 71: Mein Ali links und Ali rechts haben keine Ahnung von einer Pyramide.

Nach Jahren hatte dieser Ali wirklich mit dem Bau seines Cafés begonnen, es sogar in Betrieb genommen, aber dann kam die Armee und riss es wieder ab. Dieses System werde ich nie begreifen, denn alle wollen bauen, bekommen keine Baugenehmigung, und bauen schließlich doch, in der Hoffnung, dass niemals ein Neubauprojekt des Staates durch ihren Schwarzbau behindert wird. Ohne jeden Entschädigungsanspruch der Betroffenen kommt dann die Staatsmacht und „schafft Ordnung". Bei Licht betrachtet, ist das pharaonische System noch immer in Kraft: Alles im Land gehört dem König, was Gott einst schuf …

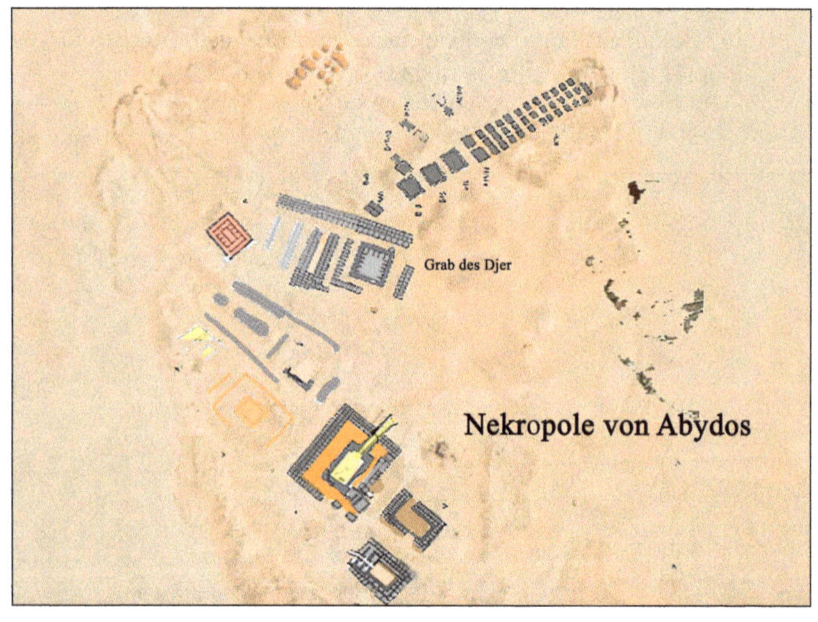

*Abbildung 72: Fotomontage mit den Grabstätten
der Könige in Abydos (Google Earth)*

Nun aber zurück zu den Friedhöfen von *Abdju*. Wer heute in Abydos etwas von diesen alten Grabstätten sehen will, kann sie nicht erreichen, weil das gesamte Gelände als ein Ausgrabungsgebiet, welches immer noch erforscht wird, abgesperrt und somit für Touristen unerreichbar ist. Natürlich gibt es keinen Zaun um die Friedhöfe, aber Unbefugte müssen mit Ärger rechnen, wenn sie durch Sicherheitskräfte auf ihren „Abwegen" entdeckt werden. Im Corona-Chaos sinkt das Familieneinkommen in Ägypten radikal und mancher versucht sein Glück auf der Suche nach einem antiken Fundstück und hofft damit über dubiose Wege an Geld zu kommen. Diese frühen Begräbnisstätten liegen am Ende des Wadis, heute bekannt als Umm 'l-Qa'āb[225], waren wahrscheinlich die Initialzündung für die spätere religiöse Bedeutung von *Abdju* als Begräbnisstätte. Hier liegt der Verdacht nahe, dass der „König *Osiris*" zwar für die breite Bevölkerung schon in mythischen Legenden aus längst vergangener Zeit eine tragende Rolle spielte, doch seine offizielle Erhebung zum Fruchtbarkeits- und Totengott erfolgte sehr zögerlich. Nach den Pyramidentexten wird sein Name vorsichtig mit der VI. Dynastie verbunden. Damit ist m. E. davor *Abdju* gar nicht mit *Osiris* in Verbindung gebracht worden, sondern *Chontamenti* sorgte hier für einen geregelten Ablauf für die Könige der I. und II. Dynastie, damit sie das „ewige Leben in der Anderswelt" erhielten. Es scheint also, dass die Schakale und Wölfe der Region noch vollstes Ansehen genossen und sozusagen die blinden Toten in die neue Welt führten. Noch immer erfolgten aus der Tradition heraus auch für die Könige Erdbestattungen, nur dass die Grabstätten von Begräbnis zu Begräbnis immer umfangreicher wurden und schließlich unterirdischen Palästen ähnelten[226]. Vergleicht man die Grabstätten auf der Skizze, so sieht man sofort, dass einige davon dem Riesengrab von *Naqada* nicht nachstehen. Verwunderlich ist jedoch auch die Ausrichtung der Grabstätten, wo ich mich nicht des Gefühls erwehren kann, dass der Platz zwar unmittelbar am Rand des Hügels ausgesucht wurde, die Himmelsrichtung aber herzlich egal blieb. Das würde auch darauf verweisen, dass die Ausrichtung des Toten unter Be-

---

225 arabisch: Mutter der Keramikschälchen
226 vgl. Königsgrab in *Naqada*

achtung der Himmelsrichtungen in dieser Zeit noch keine Rolle spielte, weil nur seine sterbliche Hülle im Erdreich verblieb. Die Ahnen wurden sozusagen „zur Ruhe gebettet", als würden sie einen langen Schlaf antreten.

Somit haben die Wissenschaftler bisher die Grabstätten der Könige gefunden aus der:

0. Dynastie: *Iri-Ḥor, „ka", Ḥor-Nar-Mer,*
1. Dynastie: *Aha, Athoti, Djer, Wadj/Djet, Mer-Neith, Den, Adjib, Semerchet* und *Qa'a,*
2. Dynastie: *Per-Ibsen, Chasechemui*

Diese hochverehrten Ahnen wurden nicht nur durch den hochheiligen Tempel des Chontamenti, sondern auch durch den alten Tempel geehrt, den *Seti I.* dann in einen Osiristempel verwandelte. Unabhängig davon kann man auch annehmen, dass der König *Djer,* von welchem nicht einmal seine Regierungszeit bekannt ist, nur dass er der 3. Regent der I. Dynastie war, eine derartige Bedeutung besaß, dass er nach seinem Tode vergöttlicht und viel später mit dem mythischen *Osiris* gleichgesetzt wurde. Dann ergäbe es einen Sinn, dass die Prozessionen zum richtigen Ort verliefen, am echten Begräbnisplatz gebetet und geopfert wurde, und andere Könige seinem ruhmvollen Beispiel folgten. So wie heute noch viele Menschen zum Grab vom Pop-Star King Elvis ziehen und seiner am Todestag gedenken, so wuchs die Bekanntheit dieses Königs ins Unermessliche. Damit verschmolz der Volksglaube an den geliebten König *Osiris* mit dem geschichtlichen König *Djer* und heraus kam der Totengott *Osiris,* welcher dann auch weiterhin im Volk eine unvorstellbare Verehrung genoss.

Bei der Besichtigung antiker Stätten vergessen wir sehr oft, dass auch der technische Fortschritt eine wesentliche Rolle spielte. So wie in der modernen Welt nach der Pferdekutsche die Eisenbahn das Hauptverkehrsmittel wurde, war die Technik in der Grabgestaltung ebenso von den Künsten der Baumeister abhängig. Wenn also in *Abdju* erst kleine Gräber entstanden, diese jedoch von König zu König durch neue Erkenntnisse und verbesserte Baumethoden eine stattliche Größe annahmen, so war es nur eine Frage der Zeit, bis neue Formen von Grabstätten errichtet werden konnten. Ägypten besaß schon immer einen Mangel an Bauholz, sodass der Libanon der wichtigste Handelspartner für dieses heiß begehrte Baumaterial wurde. Ein besonderes Beispiel dafür ist, dass die Erdbestattungen im Laufe der Zeit über die Erdoberfläche hinauswuchsen und sich Mastabas daraus entwickelten. Meiner Meinung nach war schon immer die Absicht der Herrscher, in den berühmten *bn-bn* zurückzukehren, da jedoch die Technik dafür noch nicht reif war, musste man wohl oder übel als Ersatz für eine in den Berg getriebene Begräbnisstätte im Erdreich seine Grabesruhe finden, bis der König in den Himmel aufstieg. Das beinhaltet jedoch einen Widerspruch in sich, denn einfacher wäre es gewesen, aus einer höheren Lage in den Himmel aufzusteigen, beispielsweise von einem Berg, aber die Zeit dafür war eben noch nicht reif. So wurde genialerweise eine Ersatzlösung gefunden, welche die Begräbnisstätten an die Seite von großen Bergen verlegte, und es scheint fast eine Gesetzmäßigkeit zu sein, dass die großen Nekropolen immer dort angelegt wurden, wo nach Westen hin ein riesiger Tafelberg sich als der Landeplatz für die Sonnenbarke des Gottes *Râ* anbietet.

Die politische Bedeutung eines Ortes wechselte immer mit dem Stammsitz der Könige. Als Memphis ca. 3000 v. Chr. neue Hauptstadt von Ägypten wurde, ging die Bedeutung der alten Residenzstadt *Tini* allmählich in der Form zurück, dass das religiöse Zentrum *Abdju* erhalten blieb, aber sie selbst in die Bedeutungslosigkeit versank. Somit bewahrte *Abdju* bis zum Ende des Alten Reiches (ca. 2200 v. Chr.) den Geist als eines der wichtigsten Kultzentren für den Gott der Toten. Weil die ehrfurchtsvolle Position des mystischen und des geschichtlichen Königs an diesem Ort weiter erhalten blieb, kamen immer mehr „Wunder" hinzu, von denen das Volk hörte, sodass die Gründe für die landesweite Verehrung des an diesem Ort bestatteten Gottes schließlich dazu führten, dass er für die Wiederauferstehung nach dem Tode verantwortlich schien. Beginnen „Wunder“ zu wirken, entsteht ein Selbstläufer und sickern in unzähligen Fruchtbarkeits- und Wiederauferstehungszeremonien in das nachvollziehbare Verständnis der Bevölkerung ein.

Immer wieder stellen Autoren die Frage, warum *Osiris* in der altägyptischen Bevölkerung so ein unerschütterliches hohes Ansehen genossen hat. Fragen wir doch einmal nach Jesus aus Nazareth und seiner einem Superstar gleichen Anziehungskraft. In dem unscheinbaren kleinen Raum geboren, der im Neuen Testament als Stall bezeichnet wird, als Kind eines unbekannten Zimmermanns und seiner Frau, so wäre niemals eine Weltreligion entstanden, hätte er nicht alle Familienbande abgestreift und als Boygroup mit seinen 12 Aposteln[227] für Aufsehen im Land gesorgt. Jesus von Nazareth war nicht auf Anhieb der Superstar; vielmehr trat er erst einmal, um es modern zu interpretieren, im Vorprogramm der Veranstaltung auf. Das waren Orte und Feste, wo schon viele Menschen aus einem anderen Anlass versammelt waren, wie beispielsweise bei seiner Taufe im Fluss Jordan durch „Johannes den Täufer“, der Hochzeit von Kanaan, wo er angeblich Wasser in Wein verwandelte. In einer Zeit, offen für Wunder, offen für die Bereitschaft der letzten Schlacht Armageddon und in Erwartung des „Erlösers“ von der Tyrannei der Römischen Besatzer, war alles möglich. Immer mehr Menschen erzählten diese Geschichten weiter, wurden zum Multiplikator in einer Zeit, in der alle an Wunder glaubten. So wurde Jesus zu einem Popstar und er nutzte jede Gelegenheit, um auf sich aufmerksam zu machen. Aber Undank ist der Welten Lohn, auch er rutschte von Platz eins der Hitliste auf den letzten und wäre für alle Zeiten in der Vergessenheit verschwunden, hätte er nicht eine Kleinigkeit in alle seine Reden eingefügt: Wer mir folgt, wird ewig leben!

---

227 Apostel aus dem Griechischen = Gesandter, Sendbote; allerdings wurde
    dieser Begriff sparsam verwendet und dafür „Jünger“ eingesetzt, was
    eher Nachfolger oder der moderne Fan ist.

Ein typischer Fall in der modernen Zeit legt offen, wie Mundpropaganda und Falschinformationen Menschen zu unvorstellbaren Leistungen anspornen können. Als im Jahr 2015 Tausende von Menschen sich aus dem Irak und Syrien auf den Weg nach Europa, speziell nach Deutschland machten, spielten zwar die politische und wirtschaftliche Lage in den Ländern, wie der unendliche Bürgerkrieg und der Einfluss der ISIS-Kämpfer eine große Rolle, dennoch verfehlten die Versprechungen der Schlepper nicht ihr Ziel. Sie behaupteten, dass Deutschland ein großes Interesse an Flüchtlingen aus dieser Region hätte und alle Ankommenden herzlich willkommen geheißen und mit fürstlichen Geschenken bedacht würden. Einmal davon überzeugt, war das Ziel ihrer Träume Deutschland, gleich wie weit es von ihrer Heimat entfernt war. Als Deutschland begann, die Flüchtlinge weniger willkommen zu heißen, gingen sie dorthin, wo sie durch die Schlepper einen verheißungsvollen Ort genannt bekamen. Ich werde nicht vergessen, wie eine syrische Familie nach Finnland weiterreisen wollte, nicht einmal wusste, wo es lag, nur weil man ihnen gesagt hatte, es sei so schön dort und alle wären glücklich in diesem Land. So schnell kann man Menschen mit falschen Versprechen manipulieren, für die später keiner zur Verantwortung gezogen wird.

So strömten Tausende von Gläubigen im alten Ägypten an die Orte, wo „Wunder" geschahen, also in den Wallfahrtsort *Abdju*, wo sie an den Osirisfeierlichkeiten als Zuschauer teilnahmen. Ein Grab in der Nähe der Prozessionsstraße war für die Noblen des Landes ein erstrebenswertes Ziel. Es kann nicht oft genug unterstrichen werden, dass dieses erhoffte Leben nach dem Tod in der Anderswelt im Alten Reich nicht für die breite Masse gedacht war, sondern auch rein ideologisch in der Sonnenlitanei sehr „ehrlich und treffend" ausgedrückt wird:

> *„Jeder, der intelligent auf der Erde ist,*
> *ist auch nach seinem Tod intelligent."*

Wirtschaftseinrichtungen beiderseits dieses Prozessionsweges wurden ausgegraben; ein Zeichen dafür, dass es einen starken Tourismus zu den heiligen Stätten gab. Unzählige Votivgaben fanden die Forscher im Sand rund um die heilige Stätte und geben Zeugnis für den Wunsch der alten Ägypter, einen Teil dieses Mysteriums für sich selbst zu erhaschen. Sie bilden heute einen riesigen Berg aus Tonscherben, der über Generationen und Epochen hinweg Zeugnis der Frömmigkeit ist.

Erst gab es den hochverehrten Schakalgott *Chontamenti*, aber irgendwann wandelte sich auch die Beschützerrolle des alten Hundegottes in die neue vereinigte Gottheit *Osiris-Chontamenti*, jetzt bekannt als der „Herr von *Abdju*“.[228] („Man nennt ihn auch Chontamenti!“) Hier erkenne ich eindeutig die Machenschaft der Priester, die eine Reformation in der Götterwelt vorantreiben wollten und gleichzeitig den hartnäckigen Prozess im „Volksgedächtnis“, der trotz „Druck von oben“ dem Grunde nach erhalten blieb. Seit wann die Schlucht im westlichen Felsmassiv zu einem Eingang zur Unterwelt umgedeutet wurde, liegt auch im Dunkeln der Geschichte. Bisher wurden 650 Grabanlagen[229] in dem weitläufigen Gelände von Norden nach Süden nachgewiesen.

Wir wundern uns darüber, dass bestimmte Könige sich mehrere Grabstätten in ihrem Leben errichten ließen, vorausgesetzt es verblieb ihnen die Zeit dazu. Auch heute in der Moderne gibt es genügend Menschen, welche sich mehrere Häuser in ihrem Leben errichten lassen und dabei sind deren finanzielle Vermögenswerte bei Weitem nicht mit denen eines ägyptischen Königs vergleichbar. Vielleicht waren auch die sogenannten Scheingräber nichts anderes als ein Modellversuch, um mit neuen technischen Parametern große Werke zu schaffen. Fest steht aber, dass mit der neuen Nekropole in Sakkâra der Pyra-

---

228 Selbst der uralte Tempel des *Chontamenti* in et Sultan wurde in „Osiristempel“ umbenannt.
229 Das Gelände wird als Friedhof U bezeichnet

midenbau entwickelt wurde und somit der Tradition gehorchend
sich in dieser Zeit der Eingang in das Reich der Toten in Sakkâra
befunden haben muss. Das sind alles Gepflogenheiten, die der
normale Mitteleuropäer nicht verstehen kann; denn wir würden
auch nicht den Berg Golgatha, auf dem angeblich Jesus gekreuzigt wurde, kurzerhand nach Köln verlegen, weil der bequemer
aus dem Kölner Dom erreichbar wäre. Da kenne ich eine bessere Stelle, die sich als der Eingang in das Reich der Toten anbieten würde, nämlich auf der West Bank, nördlich vom Tempel
der *Hat-Ḥor*; ein Loch im Erdreich, dessen Bedeutung bis heute
noch nicht eindeutig geklärt ist.

Abbildung 73: „Abstieg zur Unterwelt" in Theben West

Mit dem Ende der VI. Dynastie hatte der König *Pepi II. (Neferka-Râ)* von 2278–2184 v. Chr. regiert, d. h. man könnte fast an
den 94 Jahren zweifeln, doch „so steht es geschrieben … und
so soll es sein!" War es sein hohes Alter, waren es die oft angedeuteten Krankheitsbilder des Monarchen, das Reich hatte alle

Führung und Effizienz verloren. Es ist wie immer im Leben, solange eine straffe Führung die Richtung vorgibt, kommen auch die Unwilligen mit, sobald der Druck und die Kontrolle nachlassen, versucht jeder seine eigenen Methoden einzubringen und sich damit mehr Freiheit zu verschaffen und von der breiten Masse abzuheben. Die Nomarchen[230] regierten nach eigenem Gutdünken und die Ungerechtigkeit stieg ins Maßlose. Recht wurde kaum noch gesprochen, Recht wurde durch Bestechung erkauft. Wichtige Erlasse des Königs versickerten im Sand der Selbstherrlichkeit und Korruption. Als das Volk aufbegehrte und eine Revolution das ganze Land erschütterte, brachen alle Informationen schlagartig ab. Diese Zeit muss eine Zeit der erbarmungslosen Abrechnung mit den Tyrannen gewesen sein, denn nicht einmal vor Grabplünderungen, früher unvorstellbar, wurde haltgemacht. Das ist naheliegend, denn die Tempel mussten um ihre Daseinsberechtigung bangen und offensichtlich kam es auch zu Pogromen im Land, die sich auf die Noblen und Priesterschaften bezogen, da fast alle Hochrangigen in die Korruption verstrickt waren.

Im Nachgang wird die Literatur mit Geschichten angefüllt sein, die beispielhaft das Chaos wiedergeben. Es ist jedoch nicht die Rhetorik der Revolutionäre, welche mit einem korrupten Regime abrechnen will, es ist die fast romantische Beschreibung einer Zeit, die nicht näher bestimmt scheint, obwohl echte Königsnamen herangezogen werden: Jeder mit Bildung bekommt einen Spiegel vorgehalten, in dem er sich selbst erkennen kann. Diese Werke werden als die Weisheitsliteratur erst im Neuen Reich verfasst, was verschiedene Wissenschaftler feststellten. Ob diese Papyri aus dem Neuen Reich möglicherweise Abschriften älterer Dokumente darstellen, ist zweifelhaft, zumal sie oft in mehreren Varianten auftauchen. Die echten Königsnamen sollen eine Brücke zur Geschichte bauen, sodass der Leser die Wahr-

---

230 Nomarchen waren einflussreiche Familien oder Gaufürsten mit eigenen Zuständigkeiten, allerdings dem König unterstellt.

haftigkeit der Schriften nicht in Zweifel ziehen soll. Es werden Empfehlungen für Handlungen und Verhalten der Herrschenden verfasst, die Ähnliches verhindern sollen, wie es in der ersten Zwischenzeit[231] geschah. Aus der Sicht einiger Jahrhunderte nach den dramatischen Ereignissen, wird auch Zweifel am alten System des ausschweifenden Staates und der „perfekten, bis ins Kleinste organisierten religiösen Verhaltensweisen der Menschen" geäußert und in unvorstellbarer Klarheit formuliert.

Hier sehe ich wieder die Macht der Bildungseinrichtungen in den Tempeln, die zwar angeschlagen, aber nicht vernichtet war. Behutsam wird das Gute, welches gleich *Osiris* vom bösen *Sêth* zerrissen auf dem Grund des heiligen Nils liegt, durch *Isis* wieder zusammengesucht und an die Adresse des Königs gehen die Tränen und die Seufzer der beiden Schwestern, der großen und kleinen Klageweiber!

Bis in das Mittlere Reich hinein sind Pilgerreisen an diesen heiligen Ort aus ganz Ägypten nachzuweisen und das beweist, dass Gott *Osiris* über Jahrtausende nichts von seiner Popularität im Volk eingebüßt hatte. Und wenn schon die Bevölkerung nach *Abdju* pilgerte, taten es die Könige erst recht und errichteten ihm zu Ehren einen Tempel nach dem anderen. Wie noch heute üblich, wollte jeder, vom Geringsten bis zum Höchsten, den besten Platz mit Aussicht auf die Pilgerstätte sein Eigen nennen und dabei in der Nähe der Prozessionsstraße seine Ruhestätte haben, denn er erhoffte sich von jeder vorüberziehenden Prozession, in welcher höchstwahrscheinlich hölzerne Götterstatuen getragen wurden, den Segen dieser Gottheiten und der sie begleitenden Heiligkeiten. Auch wir kennen heute noch

---

231 Die Ägyptologen streiten sich aktuell immer noch über die Zuordnung dieses Zeitabschnitts, da wegen der fehlenden Informationen darüber nach der VI. Dynastie das Alte Reich systematisch beendet wurde und das Mittlere Reich mit der XI. Dynastie ca. 2134–1991 v. Chr. *mit Mentu-hotep II. Nebhepet-Râ* (2010–1998 v. Chr.) begann. Ob das für immer so bleiben wird, sei dahingestellt, da diese Periode leider sehr unerforscht blieb.

in hochreligiösen Gebieten der christlichen Welt die beeindruckenden Prozessionen mit unzähligen weißen und schwarzen Madonnenstatuen, lebensgroßen figürlichen Christusstatuen, ebenfalls als schwarzer oder weißer Erlöser dargestellt, wo Tausende die engen Gassen füllen und die Berührung eines Stoffstreifens oder ein Tropfen von Weihwasser für viele ein Vorgeschmack auf das Himmelreich ist. Freiwillige männliche Träger im Festtagsstaat, wie einst die Priester im alten Ägypten, tragen die reich geschmückten Staffagen auf ihren Schultern und sehen es als eine Ehre an, ihrem „Höchsten" dienen zu können. Es hat sich also nicht viel verändert im Laufe der Zeit, denn der Mensch benötigt eine leitende Hand und einen Göttlichen Willen zum Leben … und eine Hoffnung auf ein Leben nach dem Tod.

Der tote König „starb immer dem Protokoll nach" am Abend; der neue König als Sohn seines Vaters trat am nächsten Morgen sein Amt an. Es war das Gleichnis des Sonnengottes *Râ* mit seiner Barke am Himmel, der in die Stunden der Nacht überwechselte. Sein Sohn, gleich dem *Horus* vom Morgenlande, erwachte im glorreichen Glanz der Morgensonne nicht als sein Nachfolger, sondern als ein total neuer König, welcher ein neues Buch in der Geschichte Ägyptens aufschlug. Selbst die Jahre wurden ab diesem Tag neu gezählt und in Verbindung mit dem neuen König gebracht. Somit begann er, gleich seinem Vorgänger, alle vorgeschriebenen Zeremonien auszuführen, als wären sie das erste Mal in der Geschichte Ägyptens geschehen. Wenn also der Nachfolger von seinem „Vater" sprach, blieb immer das Geheimnis in diesem Wort, ob es sich um seinen leiblichen oder göttlichen Vater handelte, unbeantwortet.

Kurioserweise wird auch in den Büchern Mose ganz eindeutig der Tod von Jesus im kleinsten Kreis, also ohne Publikum durchgeführt, und sehen wir von den zwei verurteilten Mördern ab, welche Christus auf dem Berge Golgatha flankierten, so stirbt er einsam am Kreuz und nur wenige Trauernde stehen ihm in diesem Moment zur Seite.

Abbildung 74: Heiliger See in Dendera aus der Römischen Epoche

Ich bin mir darüber im Klaren, dass das Begräbnis eines Königs unter Ausschluss der Öffentlichkeit erfolgen musste, abgesehen von den Priestern und sonstigen Zeremonienmeistern, da bereits durch seinen Mythos als Sohn Gottes auf Erden es in keinem Fall dem breiten Volk möglich war, die wahren Gründe für den Tod des Monarchen zu erfahren. Abgesehen von den pompösen Aufwendungen, die ein königliches Begräbnis in der Frühzeit mit sich brachte, als Hunderte von königlichen Bediensteten mit ihm gemeinsam den Weg zu seiner Grabstätte antraten und nach einer unvorstellbar langen Zeremonie der Beerdigung mit ihm ums Leben kamen. Die wenigen Schlussfolgerungen, welche die Ägyptologen daraus zogen, sind immer dazu geeignet, die Fantasie so weit ausufern zu lassen, wie es der menschliche Geist uns gestattet.

Dafür ist aus der Literatur jedoch bekannt, dass bei den alljährlichen Festivals zum Tode des *Osiris* gigantische Spektakel im Tempel oder sogar außerhalb des Tempels unter Hinzuziehung von Publikum durchgeführt wurden. Aller Wahrscheinlichkeit nach fanden die Zeremonien zu Ehren von *Osiris*, an denen der König selbst tätig war, an der frischen Luft statt. Er hatte bestimmt, dass in jedem Ort, in dem ein Ritual gefeiert wurde, mindestens eine Kapelle oder gar ein Tempel vorhanden sein musste, notfalls reichte jedoch auch eine Sandaufschüttung, wenn man diese mit den gebotenen Vorsichtsmaßnahmen durchführte, mit ein wenig gutem Willen sozusagen eine provisorische Kapelle. Es war auf jeden Fall von Vorteil, wenn sich in der Nähe dieses Festivals ein See befand, dabei war die Tiefe und Ausdehnung dieses Sees von untergeordneter Bedeutung. In ausgedehnten theatralischen Aufführungen wurde auch auf dem See mit der Barke nach *Osiris* gesucht. Dabei wurde die trauernde Schwester *Isis* nachgestellt, welche die Teile ihres Bruders zusammensuchte, um ihn begraben zu können. Sehr dramatisch waren diese Vorgänge immer dann, wenn sie nachts durchgeführt wurden. Ich kann mir sehr gut vorstellen, dass Hunderte von Fackelträgern den Vorgang der suchenden *Isis* mit einem schummrigen Lichtschein erhellten, was besonders zum Mysterium beitrug. Hier in Abydos konnte bisher kein Heiliger See entdeckt werden und allein die angeblichen Kanäle, welche schon lange unter dem Fruchtland verschwanden, bieten keinen Platz für dieses Theater. Nun, auch in Dendera, wo selbst noch in der Zeit der Ptolemäer gigantische Osirisfestivals stattfanden, blieb die Suche nach dem Heiligen See vergebens, wenn man nicht das in Naturstein eingefasste Bassin auf dem Tempelgelände als solchen Schauplatz ansehen will.

WAS BLEIBT VON DER ERINNERUNG?

Und wieder sind es fünf Jahre her, als ich das letzte Mal mit meinem Taxifahrer Ali in Abydos war, und in all dieser Zeit haben wir uns verändert. Ali und ich sind älter geworden, aber auch das Land am Nil hat sich in gewaltigen Zügen in jeder Hinsicht entwickelt. Wenn ich sage in jeder Hinsicht, so meine ich, dass einerseits durch die grassierende Corona-Epidemie die Touristen weiterhin ausbleiben und Ali als mein Taxifahrer beispielsweise die einzige Einnahmequelle darin sieht, dass, wenn ich nach Luxor komme, er mich chauffieren und damit einen Umsatz generieren kann. Sobald ich wieder abreise, sendet er mir unendlich viele Botschaften, aber ich erkenne auch, dass er mich dadurch bittet, wieder nach Luxor zu kommen. Das muss man als „Ausländer" verstehen, dass bei einer grassierenden Inflation, die seit der Revolution 2011 die Verbraucherpreise um rund 300 Prozent ansteigen ließ, die Arbeitslosigkeit nicht wie im reichen Deutschland durch den Staat als Lohnersatzleistungen annähernd ausgeglichen wird. Hast du keinen Job, hast du kein Geld! Statt Jobcenter muss die Familie so lange helfen, bis auch der Letzte sein Geld ausgegeben hat.

In anderer Hinsicht hat sich das Land beispielsweise durch den Straßenbau in unvorstellbarem Ausmaß weiterentwickelt und ich bin jedes Mal verblüfft, dass wieder eine neue Brücke, eine neue Asphaltstraße, ein neuer autobahnähnlicher Fernstraßenabschnitt fertiggestellt wurde; und die Leute hier sind glücklich, dass neue Verkehrsverbindungen geschaffen werden. Während sich die Klimaaktivisten in Deutschland von den Autobahnbrücken abseilen oder durch spektakuläre Maßnahmen Neubaustrecken verhindern wollen, hat längst der aktuelle Pharao mit seiner Armee das Land im Griff und schafft vollendete Tatsachen. „Du kannst als Ausländer alles sagen, ohne dass du

Nachteile befürchten musst", sagt mein Taxifahrer oft zu mir, er jedoch hat unzählige Ängste, das Falsche zu sagen oder zu tun. Alle reden vom Klimaschutz, aber in Ägypten bleibt das alte, untröstliche Verhältnis zur Umwelt erhalten. Mein Taxifahrer schmeißt weiterhin seine Zigarettenreste und Zigarettenschachteln, Streichhölzer und alles Mögliche mehr zum offenen Autofenster hinaus und wenn der Wind weht fliegen Tausende von Plastikbeuteln, die immer noch recht großzügig unter den Kunden verteilt werden, in den heißen Sommerhimmel hinauf. Die Müllberge wachsen an den Straßenrändern und noch bevor eine Ortschaft zu sehen ist, wird man von den Resten der modernen Zivilisation begrüßt. Ali ist zu alt, um sich zu ändern und außerdem sind das momentan seine geringsten Sorgen.

Es gibt auch eine andere Entwicklung, die ich direkt vor Abydos erfuhr, weil dort das gesamte Gelände auf oberste Anordnung hin zur Sperrzone für Nicht-Einheimische erklärt wurde. Dabei sind es wohl weniger die Touristen, die nach antiken Stücken graben könnten. Was mir also vor sieben oder fünf Jahren noch möglich war, dass ich nämlich über die Straßen der einheimischen Bevölkerung an bestimmte historische Stätten gelangen konnte, ist jetzt fast überall ausgeschlossen. Teilweise hat die Armee Straßen mit großen Sandwällen abgesperrt, zum anderen reagieren Polizei und Armee äußerst empfindlich auf jede Übertretung und Ali hat diesmal wirklich Angst, dass er bei dem geringsten Verstoß ins Gefängnis wandern könnte. Das glaube ich zwar nicht, aber ich werde ihn nicht davon überzeugen können, wenn er mit 100 Prozent daran glaubt, dass sich alles im Land in dieser Hinsicht sehr drastisch verändert hat.

So fahren wir morgens 6:30 Uhr von Luxor ab und haben das große Glück, dass sich die Gesamtstrecke um rund 50 Kilometer und somit um etwa eine Stunde Fahrzeit durch die Freigabe eines neuen Autobahnabschnittes verkürzt hat, aber das Reststück zwischen der Wüstenautobahn auf der Westseite des Nils und der Stadt Abydos bringt meinen lieben Ali bald zur Verzweiflung, weil wir auf der alten, jetzt durch eine Sandbarriere gesperrten Straße in ca. 15 Minuten Abydos erreicht hätten, jetzt aber eine Stunde Umweg über alte holprige Straßen fahren müssen. Bei Nutzung dieser absolut kaputten Straße ist es ein Wunder, dass man als Insasse keinen Darmverschluss und das Fahrzeug keinen Achsenbruch erleidet. Das hätte Ali noch gefehlt, wo er sowieso kaum Einkünfte hat. Dafür erhalten wir wieder einmal eine Polizeieskorte, welche uns fast bis zum Tempel begleitet. Aber das ist eben die Arabische Republik Ägypten: voller Widersprüche.

Abbildung 75: Neu gestalteter Vorplatz mit moderner Empfangshalle

Nach dem letzten Kontrollpunkt, wo wieder einmal alle Daten meines Taxifahrers notiert werden, einschließlich seines amtlichen Kennzeichens für das Auto, fahren wir auf einen nagelneuen, aber leeren Parkplatz. Wie üblich bleibt mein Taxifahrer im Auto, denn, ich sagte es bereits, altägyptische Tempel sind nicht sein Ding! Auf dem Gelände empfängt mich eine sagenhafte Stille. Das riesengroße Gelände vor dem Ticketshop und der Sicherheitsschleuse ist menschenleer und ebenso ergeht es den angepflanzten Palmen, wo über die Hälfte davon bereits wieder verwelkt ist.

Der Eintrittskartenverkäufer musste erst einmal gesucht werden, denn er rechnete so zeitig noch gar nicht mit Besuch. Irgendwann soll am heutigen Tag noch ein Bus mit Touristen aus Dendera ankommen, aber wie im Tempel von Karnak, sind die Bustouristen nicht vor 9:30 Uhr zu erwarten.

Der Eingangsbereich ist total leer. Ich werde weder von Kindern umschwirrt, die mir irgendwelche Souvenirs verkaufen wollen, noch kommen andere fliegende Händler, denn das Areal ist weiträumig mit einem gelb gestrichenen Metallzaun umgeben. Es dauert jedoch nicht lange und ich kann beobachten, wie einige Kinder bereits über die hohe Umzäunung klettern und natürlich irgendwelche Souvenirs in den Händen haben und auf mich zu rennen, weil sie mir etwas Handgefertigtes verkaufen wollen. Sie sind arm und schlecht gekleidet und noch immer existiert der Unterschied zwischen Mädchen und Jungen, den ich allein schon an der Qualität der Kleidung erkennen kann. Später werden die Jungs Gel im Haar und moderne Klamotten tragen, die Mädchen werden schlicht gekleidet sein und haben dafür ein Tuch um die Haare. Aber auch hier gibt es mehr und mehr augenscheinliche Veränderungen, aber da sehe ich es den Familien auch an, dass sie nicht zu den armen Menschen des Landes gehören.

Ungeachtet dessen begebe ich mich nun zum Tempel von *Seti I.*, um meine Erkundungstour zu beginnen und zu vergleichen, was sich innerhalb der letzten Jahre getan hat. Als ich mich dem Eingang zum Tempel nähere, erkenne ich auf einem Gerüst einen Mann und eine Frau, welche mit Restaurierungsarbeiten beschäftigt sind. Mit diesem Mann werde ich später noch ein interessantes Gespräch führen, aber zuerst begrüße ich beide und trete in den Tempel ein. Wie kaum anders zu erwarten, waren die Museumswächter eingeschlafen, weil sie zu

dieser frühen Stunde noch gar nicht mit Besuchern gerechnet
hatten. Ich war der erste, später kam noch ein junges Paar und
wie bereits angedeutet, kamen die Touristen gegen 9:30 Uhr
mit einem Bus aus Dendera. Also war kein großer Besucheran-
sturm zu erwarten und das ständige Sitzen und Gucken macht
natürlich müde und es ist kein Wunder, wenn man die Zeit dazu
nutzt, den fehlenden Schlaf auszugleichen, den man in den warmen Nächten nicht bekam. Halb erschrocken, halb verschlafen,
erklärt mir der ältere der beiden Museumswächter, dass in diesem Tempel Videos verboten sind und das alles Fotografieren
garantiert ohne Blitzlicht zu erfolgen hat. An diesen Aussagen
hatte sich also schon erst einmal nichts geändert und wenn ich
Glück habe, wird sich wieder ein Museumswächter an meine Seite stellen und mir keine Sekunde von der Seite weichen, damit
ich nur ja nicht auf die Idee komme, in stiller Abgeschiedenheit
vielleicht doch ein Video aufzunehmen.

Irgendwie kommt mir der erste Säulensaal viel kleiner vor,
als ich ihn in Erinnerung hatte, und in Anbetracht des Buches,
welches ich schreibe, achte ich nun viel mehr auf Kleinigkeiten.
Glücklicherweise ist die neue Kamera technisch so gut, dass ich
keinen Blitz für Foto- oder Videoaufnahmen benötige.

Unwillkürlich spüre ich zum ersten Mal, dass es ein riesen-
großer Unterschied ist, wenn ich als unvorbereiteter Tourist in
einen Tempel eintrete, oder wenn ich bereits mit einer bestimmten Erwartungshaltung und Hintergrundinformationen all diese Räume betrachte.

Die Achsen, welche von den durch *Ramses II.* zugemauerten Eingangstoren zu den Kapellen am Ende des Tempels führen, lassen sich wirklich nur dann erkennen, wenn man sich
die Mühe macht, jede dieser Achsen nachzuvollziehen und sich
dabei in die richtige Position begibt. Dabei stelle ich erstmalig
fest, dass manche zugemauerten Tore unverputzt blieben, andere aber sogar mit einer farbigen Dekoration versehen sind. Ich
werde später bei der Gruppe aus Dendera sehen, dass der Reiseleiter sie ohne jede weitere Erklärung einfach zu den Kapellen
führt. Ich war in der Zeit nicht mit der Besichtigung einer ein-

zigen Kapelle fertig geworden, wo diese ganze Gruppe bereits alle sechs Kapellen besichtigt hatte. Bei einer Anreise von zwei Stunden, einer Rückfahrt von zwei Stunden, einer Stunde Tempelbesichtigung und einer Stunde Besichtigung des Informationszentrums, um dort Souvenirs zu erwerben, bleibt natürlich nicht viel Zeit, um auf Details einzugehen, denn jeder Hinweis könnte möglicherweise neue Fragen der Touristen aufwerfen, denen dann eine Antwort zu geben wäre. Na, das kenne ich ja bereits und wende mich wieder meinen eigenen Vorgaben zu.

Nach einer knappen Stunde kommt dann der junge Museumswächter an meine Seite und ich kann mich nicht des Eindrucks erwehren, dass er vielleicht doch mal schauen will, ob ich nicht doch ein Video aufnehme oder mit Blitzlicht fotografiere. Wir kommen ins Gespräch und dabei sagt er mir, dass er heute besonders starke Kopfschmerzen hätte und er ganz froh ist, dass er jemanden gefunden hat, mit dem er sprechen kann. Sprechen ist natürlich gut gesagt, denn er kann ganz schlecht Englisch und ich glaube, er hat so ein paar Sätze im Repertoire, die er zu jeder Zeit anwenden kann, damit die Touristen sehen, dass er die Geschichte des Tempels gut beherrscht. Sobald aber eine Rückfrage kommt, merke ich sehr schnell, dass er Probleme hat, die Frage zu verstehen und darauf die passende Antwort zu geben. Aber ich bin trotzdem ganz froh, ihn an meiner Seite zu haben, denn als er merkt, dass meine Kamera auch ohne Blitzlicht Bilder machen kann, wird er immer lockerer und er zeigt mir verschiedene Reliefs, die so versteckt in den jeweiligen Kapellen angeordnet sind, dass ich sie kaum erkannt hätte. Außerdem muss ich nicht auf meinen Plan schauen, denn er geht mit mir von Kammer zu Kammer und meine Erinnerungen trügen mich nicht, dass es immer von Vorteil ist, einen fachkundigen Begleiter an seiner Seite zu haben[232].

So gehen wir gemeinsam zu den restlichen Kapellen und er zeigt mir die verschiedenen Zimmer und Barkenstationen. Plötz-

---

232 vgl. den Hinweis auf den Ägyptologen aus den USA im Tempel Rames II.

lich wird er recht zutraulich, tritt nahe an mich heran (natürlich alles ohne Mund-Nase-Schutz) und flüstert mir zu, ob ich denn nicht die besondere Energie in diesem Raum spüren würde? Hinter einer Säule der Barkenstation sitzt eine junge gut gekleidete Frau mit einem Schreibblock in der Hand und sie notiert sicher ihre Inspirationen, welche sie durch die besondere Energie in diesem Raum empfängt.

Leider bin ich nicht der Adressat für solche mystischen Erscheinungen, und als wir die Barkenstation verlassen haben, frage ich ihn mit einem Lächeln im Gesicht, ob er mir denn nicht etwas von der besonderen Energie einpacken könnte, denn mein Taxifahrer in Luxor hätte nicht mal das Geld, um die Kosten für den elektrischen Strom zu bezahlen.

Ich merke, wie es in seinem Gehirn rasselt und als er den tieferen Sinn verstanden hat, lächelt er ebenfalls und klopft mir auf die Schulter. Dann verabschiedet er sich mit einem netten Bakschisch in der Hand, da er den Tempel nicht verlassen darf und nur für die Innenräume zuständig ist. Wenn sich der Ägypter auch sonst nicht immer an die Spielregeln hält, so ist mein Museumswächter in Anbetracht dessen, dass er bei Ungehorsamkeit seinen Job verlieren könnte, so sehr obrigkeitshörig wie alle von der Hierarchie Abhängigen, sodass ich nun allein über die lange Treppe den Tempel verlasse und in die Sonne hinaustrete.

Wenn ich bisher dachte, dass keine fliegenden Händler existieren, so hatte ich mich zumindest in diesem Augenblick geirrt, denn, und das bemerkte ich diesmal besonders oft, die kleinen Kinder werden als Marketinginstrument genutzt, um die mitleidvolle Seele der Touristen zu rühren. Ein kleiner Junge steht unmittelbar vor mir und hält eine Art Strohstern[233] in der Hand, und mit den Worten please, please möchte er doch im Auftrag seines Vaters, der kaum einen Meter neben ihm steht, ein kleines bisschen Umsatz machen. Es sind die berühmten Souvenirs, die man aus dem Urlaub mitbringt, um sie zu Hause in

---

233 Anch-Zeichen = Zeichen für Leben

der Kommode verschwinden zu lassen. Als der fliegende Händler sieht, dass mit mir keine Geschäfte zu machen sind, möchte er wenigstens vier Fünf-Euro-Scheine in einen Zwanzig-Euro-Schein umgetauscht haben, was mir zwar nicht einleuchtet, weil jede Bank Geldscheine tauscht, doch erkenne ich auch dabei, dass die Touristen mit diesem Geldwert eher eine „Spende" geben, als den Wert der Ware zu bezahlen.

Abbildung 76: Das Osireion ist wieder einmal für Besucher gesperrt.

Früher war nur ein Stein als Stufe zwischen Ausgangstür und oberer Ebene der Wüste. Nun befindet sich hier eine kleine mit Steinen gepflasterte Fläche mit einem Wachhäuschen und einem ehemaligen Picknickplatz, von dem aber nur noch Reste denselben erahnen lassen. Also wird hier nichts aus einer Brotzeit am Osireion, welches nur wenige Meter weit entfernt ist. So wunderschön dieser unterirdische Tempel auch ist, dem leider die obere Abdeckung fehlt, freue ich mich darauf, ihn diesmal etwas näher betrachten zu können, denn das Grundwasser ist so tief abgesunken, dass ich trockenen Fußes das Tempelgelände erreichen könnte. Aber weit gefehlt! Ein handgeschriebenes Schild verweist darauf, dass dieser Tempel geschlossen ist. Und kaum ging ich ein paar Schritte in die „falsche Richtung", so höre ich schon aus verschiedenen Richtungen Rufe, die an mich gerichtet sind, doch bitte stehen zu bleiben.

So ist es auch nicht verwunderlich, dass sofort ein Polizist und ein Museumswächter auf mich zukommen und ich frage beide, warum denn das Osireion geschlossen sei? Wie nicht anders zu erwarten, spricht keiner von beiden ein Wort Englisch und sie zucken die Schultern, weil keiner verstanden hat, was ich von ihnen will. Und so werden die Telefone gezückt und es wird in alle Richtungen telefoniert, um jemanden zu finden, der mir schließlich weiterhelfen kann.

Nach knapp 10 Minuten kommt ein älterer Museumswächter aus dem Eingang zum Seti-Tempel heraus und Gott sei Dank kann ich nun meine „Probleme" ansprechen und hoffe auf eine befriedigende Antwort. Meine erste Frage an ihn lautet, warum denn das Osireion geschlossen sei. Und nun kommt eine Antwort, die mich absolut verwundert: Es ist eine Anweisung aus Kairo, dass mit sofortiger Wirkung das Osireion von keinem Touristen mehr betreten werden darf! Wie ich dann im Gespräch erfahre, wurde dazu weder eine Begründung geliefert noch sonst irgendein Hinweis gegeben und er gestand mir so ganz nebenbei, da es hier nicht um besondere Sicherheitsfragen geht, könnte es auch schon morgen sein, dass die Holztreppe zum Osireion wieder für alle freigegeben wird, aber vielleicht auch nicht. Ich frage ihn weiterhin, ob denn dieses Gebäude rekonstruiert werden soll und aus diesen Gründen eine Sperre ausgesprochen wurde, aber er schüttelt nur den Kopf und meint, mit Restaurierung sei hier überhaupt nicht zu rechnen. Aber weil wir nun schon einmal so schön beim Plaudern sind, sagt er noch so ganz nebenbei, dass der Wasserstand nicht unbedingt das Problem sei, denn unter dem Wasserspiegel gehe es noch mit einer Schlammschicht weiter, die mindestens 17 Meter stark sei. Und so denke ich ganz nebenbei, dass momentan

in Karnak Großgeräte aller Art für eine wunderschöne Kulisse
zur Eröffnung der Sphinx-Allee eingesetzt werden, weil doch
der Staatspräsident die Eröffnung persönlich vornehmen wird,
und hier könnte der Schlamm abgesaugt werden, in dem wohl
noch manches Interessante liegen könnte. Tja, alle sind gleich,
aber manche sind eben gleicher! Doch ich komme noch einmal
auf die Ausgrabungsarbeiten des Osireions durch die Pioniere
der Ägyptologie zurück. Nachdem Herr Caulfeild die Passage
von der Wüste zum Osireion bereits ausgegraben hatte, hoffte
ein paar Jahre später Frau Murray den Ort zu finden, an dem
das Dach noch intakt war und ebenso das Grab von *Osiris*, aber
ohne jeden Erfolg. Heute ist man sich sicher, dass es ein Tempel aus der Zeit der Ramessiden ist. Also sollte keiner glauben,
dass dort unten noch niemand forschte, vielmehr gehe ich davon aus, dass die Antikenbehörde ein neues System der geöff-
neten und abgeschlossenen antiken Fundstätten ersonnen hat,
und damit sind neue, für die Besucher nicht immer nachvollziehbare Regelungen geschaffen worden.

Da ich hier auf diesem Gebiet nicht weiterkomme, bitte ich
ihn, mir einen Guardner an die Seite zu geben, damit ich mich
einige Minuten in Richtung Wüste bewegen kann, um dort nach
den Resten des Fundaments des Westpylons in der ehemaligen
Begrenzungsmauer zu schauen. Ich bin fest davon überzeugt,
dass diese Frage noch nie von einem Touristen zuvor gestellt
wurde, denn plötzlich schauen mich alle sehr ehrfurchtsvoll
an und fragen, ob ich denn ein Professor sei, aber ich versiche-
re Ihnen, dass ich aus Deutschland komme und lediglich an
einem Buch über Abydos schreibe. So wird wieder telefoniert
und nach weiteren 10 Minuten werde ich von einem Guardner
mit Maschinenpistole ein Stück in die Wüste hinaus begleitet
und ich kann mich eigentlich soweit frei bewegen, wie ich gerne
will und möchte. Die Bewaffnung der Polizei kann Menschen
erschrecken, aber dennoch vermittelt sie etwas Sicherheit in
einer Gegend, die menschenleer ist. Ich kann keinem sagen,
dass ich schon einmal eine „Expedition" ohne jeden Schutz in
die Wüste unternahm und vom Pylonen nichts sah. Obwohl

meine Blicke in alle Richtungen schweifen, einen Fundament-
rest sehe ich nicht. Ich möchte gern die Fotos nachholen, die
ich beim letzten Blitzbesuch der Stelle nicht machen konnte,
aber es gibt nicht zu fotografieren. Enttäuschenderweise muss
ich jedoch feststellen das die letzten Kalksteinreste vom Sockel
dieses Pylonen schon lange „vom Winde verweht" sind und nur
noch Kalksteinsplitter an dieser Stelle auf seine frühere Existenz hinweisen. Könnte ich den Sand mit einer Schaufel etwas
zur Seite schieben, könnte man vielleicht noch etwas von seiner restlichen Basis sehen, doch dann bekäme ich wohl „eine
schlechte Note" im Betragen. Außerdem bin ich mir sicher, dass
hier kein Mensch eine Schaufel besitzt.

Ja, ich erfuhr schon vor langer Zeit, wenn ich freundlich zu
den Menschen bin, mit ihnen spreche, sie als Persönlichkeit re-
spektiere, wird mir Gleiches entgegengebracht. Und in diesem
Fall hätte ich mit dem Guardner einen Kilometer in die Wüste laufen können und er wäre mir bedingungslos gefolgt. Aber
so kehre ich ergebnislos wieder zurück und trete nun meinen
Weg zum Tempel *Ramses II.* an.

In den letzten Jahren hat man den einst nicht markierten Weg
vom Tempel *Seti I.* zum Tempel *Ramses II.* rechts und links mit
ein paar Steinstücken markiert und da dieser Weg jedoch durch
bisher noch nicht erschlossenes historisches Gelände führt,
ist die Wegoberfläche so, wie sie möglicherweise schon vor
1000 Jahren existierte, denn es geht auf ihr permanent berg-
auf und bergab. Für gehbehinderte Menschen ist dieser Weg
meiner Meinung nach überhaupt nicht geeignet! Wie viele Gel-
der werden in Karnak für Wegplatten aus Granit verausgabt,
die hier wohl sinnvoller angebracht wären. Auch eine Treppe, um den Höhenunterschied zwischen Umland und Eingang
zum Ramsestempel auszugleichen, wäre hier ratsam. Irgendwie komme ich mir immer vor, als würde ich die ägyptischen
Altertümer mehr lieben und sie mehr in meine Gedankenwelt
einbeziehen, als jene, die für deren Pflege und Vermarktung
bezahlt werden.

Nach 15 Minuten bei brennender Hitze und einem Herzschlag von 130 bpm erreiche ich schließlich den Tempel von *Ramses II.* etwas außer Puste. War es früher noch möglich, um die Tempelmauer herum zu gehen, so ist in der Zwischenzeit wirklich alles, außer das, was als Weg gekennzeichnet ist, für Touristen gesperrt. Auf der südlichen Seite der Tempelmauer wurde in der letzten Zeit eine größere Anzahl von Speichern ausgegraben, welche unmittelbar zu der Tempeleinrichtung gehörten. Nun, für mich war es nur eine Frage der Zeit, bis die Ägyptologen auf sie stießen. Selbst hier ist das Fotografieren verboten und mein mich begleitender Polizist betrachtet mich sehr genau, denn sobald ich die Kamera für ein Bild anhebe, ruft er: „No, Mister Hans, not photo, please!"

Abbildung 77: Vor fünf Jahren war eine Umrundung des Tempels noch möglich.

Wie ich bereits einmal beschrieb, ist der Name für jeden in Ägypten das Wichtigste, was er hat. Hier kann man seinen Personalausweis vergessen, aber solange man seinen Namen nennen kann, sind viele Probleme zu lösen. Immer wieder stelle ich fest, dass selbst mir unbekannte Personen mich zuerst nach meinem Namen fragten, in Deutschland undenkbar! Und so ist es natürlich auch hier. Durch die Diskussion am Osireion über das Thema, ob ich in die Wüste hinausgehen darf oder nicht, kannte nun jeder meinen Namen und meine Nationalität und damit war ich jetzt nicht nur ein Tourist, sondern ich war jetzt „Mister Hans“.

Der Weg ist verdammt staubig und die Hitze drückt bei über 38 Grad C in den Mittagsstunden erbarmungslos auf Seele und Geist. Den letzten Abstieg von der Höhe mit einem Höhenunterschied von fast 6 Metern und einer geschätzten 60 Grad-Neigung hinunter zum Tempel von *Ramses II.* empfinde ich besonders steil. Aber das scheint hier niemanden zu interessieren, denn auf meine Frage hin, warum wir nicht die normale Straße von außen benutzen, um diesen Ort zu erreichen, antwortet man mir, dass momentan große Bauarbeiten durchgeführt würden und die Straße für jedermann gesperrt sei. In diesem Augenblick habe ich wieder den bedeutenden Unterschied zwischen der Zentrale des Tourismus, der Stadt Luxor, und den anderen Orten im ägyptischen Land vor Augen, wo der Tourismus nicht so stark zu Hause ist und die Besucher mehr oder minder eine gewisse „Ursprünglichkeit“ erleben müssen.

Als ich den vor dem Eingangstor wartenden Tempelwächter erblicke, muss ich unwillkürlich an die letzte Begegnung mit dem Mann vor mehreren Jahren denken, als ich aus der Wüste zurückkehrte und er überhaupt nicht verstehen konnte, aus welcher Richtung ich diesen Tempel erreicht hatte. Die Zeiten sind schon lange vorbei, denn selbst ein Weg um die Tempelmauer von diesem Tempel herum ist nicht mehr möglich, da alles außer dem Zugangsweg abgesperrt ist. Ich verstehe die Sicherheitsmaßnahmen der Antikenbehörde und bin nicht unbedingt dagegen, weil bei der permanenten Armut hier im Land viele Menschen versuchen, ihr eigenes Glück durch Raubgräberei zu machen. Aber was will man noch mehr, als dass ein bewaffneter Aufpasser neben mir läuft, nicht ein Archäologe hier vor Ort bei seiner Arbeit von mir gestört wird und dennoch gelten hier die

Sicherheitsbestimmungen, als stünde ich nicht vor dem Tempel *Ramses II.*, sondern vor Fort Knox. Ich glaube jedoch, dass die polizeiliche Begleitung weniger eine Risikominimierung für den Besucher, als eine Bewachung vor „Seitensprüngen" darstellt. So kann ich mich teilweise des Gefühls nicht erwehren, als hätte ich für eine Stunde Hofgang. Die weitere Zeremonie kenne ich bereits, denn nun wird das große eiserne Tor geöffnet und dabei erfolgt sofort wieder die Belehrung, dass keine Videos aufgenommen werden dürfen und nur fotografiert werden darf. Diese permanenten Ermahnungen kann keiner begründen, denn als ich den Tempelwächter frage, warum Videos verboten sind, zuckt dieser ratlos mit den Schultern und sagt: „Keine Videos bitte!" Ich selbst hatte vor mehreren Jahren eine Begegnung mit einem Museumswächter in el-Kab, der mir erzählte, dass die Raubgräberei so überhandgenommen habe, dass sie Nachtschichten im Sicherheitsdienst einführen mussten, weil fast jede Nacht die Antikenräuber im Anmarsch waren. Sie kämen oft am Tage und würden dann fotografieren, um nach Auswertung der Bilder die richtigen Stellen zu finden, bei denen es etwas zu holen gäbe.

Manchmal ist es vielleicht sogar gut, dass diese Menschen kein Englisch verstehen und sprechen, damit ist manche Diskussion von Anfang an ausgeschlossen. Der Tempel von *Ramses II.* ist nicht neu für mich und deswegen gehe ich zielgerichtet auf all das zu, wofür es für mich noch einen Klärungsbedarf gibt. Das Gelände dieses Tempels ist nicht besonders groß, sodass man im Idealfall alles in 30 Minuten besichtigen kann, und falls man ein bisschen mehr Interesse an den Tag legt, benötigt man die doppelte Zeit.

Und so ergeht es mir auch. Ich würde ungefähr 60 Minuten benötigen, um mir alles noch einmal gründlich anzusehen und mit meinem mitgebrachten Plan zu vergleichen. Ob ich noch einmal nach Abydos zurückkehren würde, ist zumindest momentan für mich sehr fraglich. Hier hatte sich kaum etwas verändert, alles liegt noch auf der Erde an seinem alten Platz, selbst die Sandsteinblöcke vom letzten Besuch.

Abbildung 78: Götterstatuen im Tempel Ramses II.

Abbildung 79: Blickrichtung erster Pylon und erster Hof Tempel Ramses II.

Es ist Zeit geworden, den Rückweg anzutreten und ich verabschiede mich vom Museumswächter. Er ruft den Guardner zu mir, der nur darauf gewartet hat, mich zum Tempel zurückzubringen. Natürlich muss ich den steilen Aufstieg auf dem Weg zum Tempel *Seti I.* wieder erklimmen. Bewegung ist immer gut für den Körper und stellt für mich nicht das Problem dar, doch erwartet man hier wirklich, dass nur trainierte Menschen den Tempel besuchen? So bleibt mir nichts anderes übrig, als den gesamten Weg wieder zurück zur oberen Plattform auf der Rückseite vom Tempel *Seti I.* zu gehen. Bei dieser Hitze ziehe ich es stets vor, mit einem gemächlichen Schritt mein Ziel zu erreichen, denn ich sah schon manchen Touristen bei über 40 Grad im Schatten in Ohnmacht fallen. Offensichtlich sorgt sich auch der bewaffnete Polizist um meine Gesundheit, sodass er mich sogar bis in das Tempelinnere begleitet, dann verabschiedet er sich und geht wieder zurück zu seinen Kameraden. Hier bewahrheitet sich das alte Sprichwort: Vertrauen ist gut, Kontrolle ist besser!

Mich umfängt wieder das Dämmerlicht im uralten Bauwerk für die Ahnen aus alten Zeiten. Ich nehme Platz auf einer Säulenbasis und trinke den Rest meines Wassers aus der Flasche. Hier herrscht eine unbeschreibliche Stille, als wäre ich der einzige Mensch weit und breit. Das Gefühl, Geschichte hautnah zu erleben, ist in der angenehmen Dunkelheit des zweiten Säulensaals unbeschreiblich. Corona brachte für die Menschen bereits eine Entschleunigung in den arbeitsreichen Alltag, doch hier fühle ich mich so weltentrückt, dass ich mich sehr wohl in die Priesterschaften versetzen kann, die glaubten, nur Gott allein wäre noch außer ihnen auf der Welt und im Tempel.

Wie lange ich dort saß, habe ich vergessen, doch irgendwann erhebe ich mich und strebe dem Ausgang zu, als der Museumswächter vom Beginn der Geschichte zu mir kommt und mich fragt, ob ich denn mit meinem Spaziergang zufrieden gewesen wäre? Wir gehen gemeinsam in Richtung Ausgang und dort treffe ich den alten Mann wieder, welcher bei der englischen Gesprächsführung ausgeholfen hatte, und ich frage ihn, warum hier hinsichtlich der Sicherheit so ein wahnsinniges Aufheben gemacht wird, denn der Tourist kann sowieso keinen Schritt ohne Beobachtung laufen. Er lächelt die Antwort weg. Am Ende gibt es noch ein Problem für mich, denn ich bin der Meinung, dass die ehemalige Farbenpracht, die ich vor Jahren hier erlebte, nicht mehr ganz so lebhaft wirkt wie einst.

Da kommt ihm doch die rettende Idee, dass auf der Außenseite ein Künstler mit der Farbrestaurierung beschäftigt war und er bittet ihn, in den Tempel zu treten. Kaum fünf Minuten später steht der hereingebetene Restaurator im Eingang und wir setzen uns gemeinsam auf eine uralte Holzbank und reden. Er ist sehr erstaunt, dass ich solche Fragen an ihn richte, denn er ist der Meinung, so etwas hätte noch nie ein Tourist bemerkt. Und nach und nach dringen wir immer tiefer in die Problematik ein und er erzählt mir, dass die Mittel für die Restaurierung des Tempels in Abydos sehr bescheiden seien und er gehöre auch nicht zum Tempelpersonal, sondern sei ein Künstler aus der näheren Umgebung, der von Zeit zu Zeit für bestimmte Restaurierungsarbeiten herangezogen werde. Dann zeige ich ihm die Bilder vom Karnaktempel, in welchem unlängst Restaurierungsarbeiten ausgeführt wurden. Er ist ganz fasziniert von den wunderschönen Farben, welche die Säulen in der großen Säulenhalle tragen und schwärmt immer wieder: „Was für schöne Farben, was für schöne Farben.“ Man kann schnell ins Plaudern kommen, wenn Gemeinsamkeiten vorhanden sind. Schließlich erzählt er mir, dass doch Karnak eine sehr alte Stadt sei und deswegen müsste man so viel Geld und Arbeit in diese Tempel stecken und Abydos wäre noch nicht so alt. War es eine Entschuldigung für die offensichtlichen Unterschiede in der Behandlung durch die Antikenbehörde? Die altägyptische Geschichte lässt eine andere Deutung zu. Ich mache ihn darauf aufmerksam, dass beide Tempel aus der Zeit der Ramessiden stammen, zumindest was die Säulenhalle in Karnak betriff, dass es hier einen Vorgängerbau gab, älter als der Um- und Anbau von *Seti I.*, ganz zu schweigen von dem Osiristempel bei der alten Stadt *Abdju*, der bis auf die Fundamente verschwand und vielleicht sogar hier als Baumaterial Verwendung fand. Während der alte Tempelwächter weise lächelt und mit dem Kopf nickt, staunt der Restaurator nicht schlecht über die Informationen. So schwatzen wir noch mindestens 20 Minuten und kommen vom Hundertsten ins Tausendste, bis ich mich endlich verabschiede, um zu meinem Ali zu gehen.

Auf dem neuen Parkplatz haben sich zwischenzeitlich ein paar fliegende Händler eingefunden, und so traurig es klingt, erzählt mir jeder die Geschichte, dass er eine Frau habe oder zwei, dass er vier Kinder habe oder sechs, dass er seit Monaten kein Geld verdiente und es doch für ihn so wichtig wäre, wenn er wenigstens ein bisschen von seiner Ware verkaufen könnte. Es wird immer an Bewusstsein und Mitleid appelliert und ich muss feststellen, dass jeder der Ägypter, mit dem ich sprach, abgesehen von den Leuten, die beim Museum beschäftigt waren, welche einen kleinen, aber immerhin ausreichenden Lohn bekommen, es sich stets um die gleiche Geschichte handelte. Die hörte ich in Abydos, in Karnak, in Assuan und in Luxor. Das ist aber nicht nur das Problem der Kleingewerbetreibenden in Ägypten, denn alle, die im Tourismus tätig sind und früher einmal glaubten, dass das das Himmelreich auf Erden sei, müssen nun die Erfahrung machen, dass diese Tätigkeiten sehr stark von der Konjunktur und von einer robusten Gesundheit der Weltbevölkerung abhängt. Über Jahre hinweg hat man in Afrika kein Interesse an der Ausbildung von jungen Menschen gehabt. Uralte Strukturen blieben weiterhin bestehen und so hat stets der älteste Sohn den gleichen Job übernommen, den einst sein Vater ausübte. Da man zu Zeiten der Hochkonjunktur des Tourismus gut von diesem leben konnte, dachte niemand daran, dass sich das Blatt einmal wenden könnte.

Ich sehe das bei meinem Taxifahrer Ali, der stets an ein kommendes Wunder glaubt, und hofft, dass in der nächsten Saison wieder Tausende von Touristen nach Luxor strömen und er von früh bis abends mit seinen Söhnen Besucher durch die Stadt chauffieren kann. Das höre ich nun schon über zehn Jahre und habe jede Lust an einer Diskussion zu diesem Thema verloren.

Es geht hier nicht um Hoffnung, vielmehr existiert eine gewisse Arroganz und ein unglaublich konservatives Verhalten, aber auch Gleichgültigkeit, dass sie alles besser wissen und mit weniger Aufwand mehr Geld verdienen wollen. Allein diese Hoffnung ist das reinste Aufputschmittel und kann zu jeder Zeit Massen mobilisieren, ohne dass auch nur eine Person einen Plan hat, um künftig nicht mehr zu den Verlierern in der Gesellschaft zu gehören. Sie leben alle von der Hand in den Mund und begründen diese Lebensweise mit den unsinnigen Sprichwörtern, „der Herr gibt es, der Herr nimmt es" oder „Geld kommt, Geld geht".

Da ist auch mein Ali in guter Gesellschaft, denn obwohl er am eigenen Leibe die Nachteile in der Monokultur Tourismusbranche spürt, erzählt er mir jedes Mal, wie grausam doch der Staat und wer auch immer wäre, und dass sein jüngster Sohn, der so gar nicht richtig rechnen kann, auch gerne Taxifahrer würde. Und obwohl keiner Geld für ein Auto hat, beschäftigt ihn das Thema schon seit Jahren. Als Tagelöhner hat sich sein Erstgeborener etwas Geld verdient, aber davon ist in der Zwischenzeit nicht mehr die Rede, obwohl er bis zu 200 Ägyptische Pfund pro Tag verdienen könnte. So hat nur der mittlere Sohn eine Chance auf einen Job, da er Fachangestellter in der Justiz werden will. Der große und der jüngste Sohn wollen unverdrossen ihre Ziele als Autofahrer erreichen, nur fehlen Geld und Auto. Bei solchen Träumereien schaut mich Ali sehnsüchtig an, erklärt mir, wie er sich ein gemeinsames Geschäft vorstellen könnte und erwartet, dass ich das nächste Mal mit einem Sack voll Geld anreise und alle Sorgen fliegen davon. So glaubt er von Besuch zu Besuch, dass ich zum Retter aus der wirtschaftlichen Not der Familie würde.

SCHLUSSWORT

Wenn ich am Ende des Buches angekommen bin, so muss ich teils mit Bedauern feststellen, dass, um ein Kapitel in Ägypten abhandeln zu können, ein roter Leitfaden unerlässlich war, den ich jedoch auch leider manchmal verließ. Es ist sehr schwer, eine genaue Grenze zu ziehen, weil die ägyptische Geschichte sehr interessant und umfangreich ist. Als ich für dieses Buch recherchierte, ahnte ich nicht, dass ich mindestens 14 Tage benötigen würde, in denen ich mit meinem treuen Taxifahrer Ali mehrere 1000 Kilometer zurücklegen und mir mit großem Vergnügen und vielen Flaschen Mineralwasser in glühender Sommerhitze die antiken Kulturdenkmale zu Gemüte führen würde. Gerade in Abydos mit allen religiösen und historischen Hintergründen ist es nicht einfach zu entscheiden, an welcher Stelle das Problem sachlich beendet ist, wenn mehrere 1000 Jahre die Geschichte an einem interessanten Ort prägten. Und es ist auch nicht so, als gebe es ein einmaliges Bauwerk, an dem nie mehr etwas verändert wurde, denn *Abdju* kam aus der tiefsten Vergangenheit, wuchs aufgrund seiner religiösen Bedeutung ins Unermessliche, ging jedoch wieder unter, weil in der Zwischenzeit die Noblen wegen ihres finanziellen Wohlstandes lieber ihr Grab in der Nähe ihrer Heimatstadt suchten, als Hunderte von Kilometern von den Hinterbliebenen nach *Abdju* über den heiligen Fluss Nil überführt zu werden, um in der Nähe von *Osiris* das Grab für die ewige Ruhe zu finden.

Wenn ich in aller Andacht vor dem Tempel in Abydos stehe, welcher einst dem Totengott *Chontamenti* geweiht war, in dessen Nilschlamm-Ziegelmauern Tausende von Menschen lebten, die ihrer täglichen Arbeit nachgingen aber auch beteten und Gott dienten, weil das der größte und wichtigste Teil ihres Lebens war, überkommt mich stets ein Gänsehaut-Gefühl bei dem Gedanken an die Vergänglichkeit der Zeit. Sie alle dachten einmal, dass in dem Moment wo sie lebten, das Wichtigste geschah, was die Götter ihnen jemals zukommen lassen konnten. Und ein paar 1000 Jahre später stehe ich an gleicher Stelle, schaue zum Anubisberg hinüber und sehe die verfallenen Stätten, die einst das Zentrum des Lebens für Tausende von Menschen und Hunderte von Generationen waren. Ich höre im Geiste die Gesänge und Gebete der Priester, die mit riesigem Pomp zu den Gräbern der Ahnen ziehen, um dort ihre Totenopfer zu bringen. Ich höre die Musikinstrumente mit ihrem fremden Klang und den Gesang, dessen Text keiner verstehen kann, da die altägyptische Sprache schon längst unterging.

Und so gehe ich in den Osiristempel von *Seti I.*, welcher meiner Meinung nach als ein Tempel der Ahnen erbaut und durch diesen großen König umgewidmet wurde, und sehe im schummrigen Licht der Säulenhallen nicht die Touristen, welche zurzeit sowieso nicht vorhanden sind, sondern glaube daran, dass die um mich herum huschenden Museumswächter die Priester aus vergangenen Zeiten sind, Gebete murmelnd, Weihrauchkessel schwenkend und merke doch, dass die Weltreligionen von heute nicht wesentlich anders agieren, als die vor Tausenden von Jahren dem Sonnengott *Râ* mit allem seinem Gefolge gehuldigt haben.

Die historischen und sozialen Veränderungen in einem Land haben oft gemeinsame Parallelen, die wir selbst heute in unserer modernen Zeit noch erkennen können. Letzten Endes bedeutet das nichts anderes, als dass, so lange die Menschheit existiert, es einen Glauben an Gott oder die Götter gab und immer noch gibt und die Angst vor dem Tod als letzte Station im Leben eines Menschen so stark gefürchtet wurde und wird, dass es den Priesterschaften gelang und gelingt, allen ein lukratives Angebot zu unterbreiten, in welchem unter ganz bestimmten Bedingungen und Abgaben von Vermögenswerten das ewige Leben im Paradies für jedermann erreicht werden kann. Jeder Mensch fürchtet, dass er durch den Tod in ein dunkles Loch abgleitet, aus dem es keine Wiederkehr gibt. Folglich stirbt die

Hoffnung zuletzt, dass auf der anderen Seite dieses dunklen Loches sich ein anderes Leben in einer anderen Welt befindet, was jeden entschädigen kann, der hier Unrecht, Krankheit und Leid durchleben musste.

Nun, ich schreibe über die Dinge, welche ich erlebt habe und schwinge mich nicht auf die Flügel der Wissenschaft, um nächtelang Hieroglyphen zu studieren, was andere besser können als ich. Ich kann im Gegensatz zu vielen dieser Experten sagen, ich war dort, ich habe es mit eigenen Augen gesehen und mit meinen Sinnen erfahren. So kehrte ich stets unter dem Eindruck des Erlebten nach jedem Tempelbesuch zu meinem auf mich wartenden Taxifahrer Ali zurück, der mich darauf aufmerksam machte, dass der Muezzin schon lange zum Gebet gerufen hatte und er doch heute, bedingt durch unsere Fahrt nach Abydos, nicht die Anzahl der fünf Gebete zur vorgeschriebenen Zeit einhalten konnte. Da war ich wieder zurück in der Welt der Widersprüche und dachte so bei mir, warum bist du dann nicht in den Tempel gegangen und hast dort gebetet? Steht nicht im Koran, Allah hat 99 Namen? Und könnte nicht ein Name davon dann auch *Osiris* sein?

Aber diese Meinung werde ich schön für mich behalten, denn trotz aller Freundschaft und brüderlicher Zusammenarbeit, ist er schon viel aufgeschlossener geworden als bei unserem allerersten Zusammentreffen. Dennoch möchte ich nicht das verletzen, was er in seinem Herzen für das Allerheiligste hält.

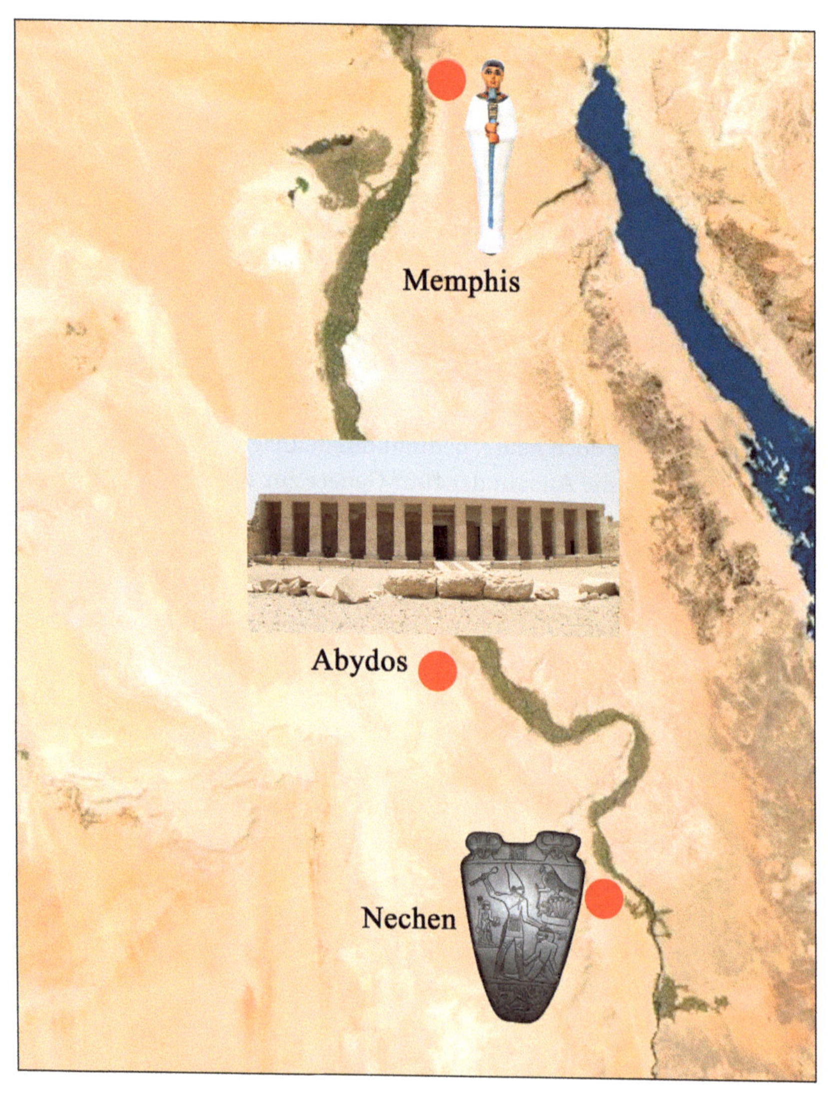

Abbildung 80: Übersicht der historischen Schauplätze

LITERATURVERZEICHNIS

Arnold, D. (1996). *Die Tempel Ägyptens.* Augsburg:
   Bechtermünz Verlag.

Assmann, J. (2004). *Ägyptische Geheimnisse.* München:
   Wilhelm Fink Verlag.

Beltz, W. (1990). *Die Mythen der Ägypter.*
   Manfred Pawlak Verlagsgesellschaft mbH. Herrsching.

Borchardt, L. (1923). *Ägyptische Festungen an der zweiten
   Nilschnelle.* Leipzig: Otto Harrowitz Verlag.

Breasted, J. H. (2001). *Geschichte Ägypten.* Köln: Parkland.

Breasted, J. H. (1906). *Ancient Records of Egypt (Bände 1–4).*
   Chicago: The University of Chicago Press.

Brugsch, H. (1876). *Geschichte Ägyptens unter den Pharaonen.*
   Leipzig: Heinsche Buchhandlung.

Brugsch, H. (1891). *Thesaurus Inscriptionum Aegyptiacarum;
   Altaegyptische Inschriften.* Leipzig: J. C. Hinrichs'sche
   Buchhandlung.

Caulfeild, A. S. (1902). *THE TEMPLE OF THE KINGS AT
   ABYDOS.* London: Bernard Quaritch, 15, Piccadilly, W

Delitzsch. (1881). *Wo lag das Paradies?* Leipzig: J. C.
   Hinrichs'sche Buchhandlung.

Donandoni. (1990). *Der Mensch im Alten Ägypten.*
   Frankfurt/Main: Fischer Taschenbuch Verlag

Dümichen, J. (1884). *Der Grabpalast des Patuamenap
   in der Thebanischen Nekropolis.* Leipzig:
   J. C. Hinrichs'sche Buchhandlung.

Dümichen, J. (1894). *Geografie des Alten Ägypten.*
   Leipzig: J. C. Hinrichs'sche Buchhandlung.

Eggebrecht. (1984). *Das Alte Ägypten.* Gütersloh:
   Bertelsmann Verlag.

Gardiner, A. (1994). *Geschichte des Alten Ägyptens.*
   Augsburg: Weltbildverlag.
Golvin, J.-C. u.-C. (1990). *Karnak, Ägypten Anatomie
   eines Tempels.* Tübingen: Ernst Wachsmuth Verlag.
Gundlach, R. (1998). *Der Pharao und sein Staat.*
   Darmstadt: Wissenschaftliche Buchgesellschaft.
Haase, M. (2000). *Im Zeichen des Re.* München: Herbig.
Herodot. (kein Datum). *9 Bücher zur Geschichte.*
Hornung, E. (1992). *Grundzüge der ägyptischen Geschichte.*
   Darmstadt: Primus-Verlag.
Hornung, E. (1997). *Der ägyptische Mythos von der
   Himmelskuh: Eine Ätiologie des Unvollkommenen.* Göttingen:
   Universitätsverlag.
Kees, H. (1979). *Das Alte Ägypten – Eine kleine Landeskunde.*
   Berlin: Akademie Verlag.
Kees, H. (1980). *Kulturgeschichte des Alten Orients.*
   München: C. H. Beck'sche Verlagsbuchhandlung.
Lauth, F.J. (1881). *Aus der aegyptischen Vorzeit.*
   Berlin: Theodor Hoffmann Verlag
Lepsius, C. R. (1842). *Todtenbuch der Aegypter nach dem
   hieroglyphischen Papyrus in Turin.* Leipzig: Wiegand.
Lesius, C. R. (1858). *Königsbuch der Alten Aegypter.*
   Berlin: Bessersche Buchhandlung (W. Hertz).
Mariette, A. (1889). *Abydos – Beschreibung der Ausgrabungen
   durchgeführt am Standort dieser Stadt.*
   Paris: Libairie A. Franck
Maspero. (1896). *The Struggle of the Nation.*
   Oxford: A.H. Seyce.
Matrette-Bay, A. (1870–1875). *Denderah Band I–VI.*
   Paris/Cairo.
Meyer, E. (2000). *Geschichte des Altertums Bände 1–3.*
   München: Mundus-Verlag.
Morgan, & de, J. (1897). *Suche nach den Ursprüngen Ägyptens.*
   Paris: Ernest Leroux.
Partay, G. (1850). *Plutarch über Isis und Osiris.*
   Berlin: Nicolaische Buchhandlung.

Petrie, F. (1897). *Six Temples At Thebes.*
  London: Bernard Quaritch, 15, Piccadilly, W.
Petrie, F. (1906). *Researches In Sinai.*
  New York: E. P. Button And Company
Petrie, W. M. (1901). *The Royal Tombs.*
  London: The Egypt Exploration Fund.
Petrie, W. M. (1909). *Memphis I.*
  London: Bernard Quaritch, 11, Grafton Street,
  New Bond Street, W.
Plueche. (1740). *Historie des Himmels Bände 1–3.*
Quibell, J. E. (1896). *Naqada and Ballas.*
  London: Bernard Quaritch, 15, Piccadilly, W.
Quibell, J. E. (1898). *The Ramesseum.*
  London: Bernard Quaritch, 15, Piccadilly, W.
Scharff, A. (1942). *Archäologische Beiträge zu Fragen der
  Entstehung der Hieroglypghenschrift.*
  München: Verlag der Akademie der Bayrischen
  Wissenschaften.
Sethe, K. (1905). *Beiträge zur ältesten Geschichte Ägyptens.*
  Leipzig: J. C. Hinrichs'sche Buchhandlung.
Wiedemann, A. (1890). *Die Religion der alten Ägypter.*
  Münster: Aschendorffsche Buchhandlung.
Wolf, W. (1977). *Kulturgeschichte des Alten Ägypten.*
  Stuttgart: Alfred Kröner Verlag.

Der Autor

Der 1949 in Leipzig geborene Mr. Hans fand nach
einer Facharbeiterausbildung und einem Ingenieur-
studium nach seiner Ausreise aus der DDR 1989
eine Anstellung bei der Bundesbahndirektion
Essen. 1992 zog es Mr. Hans zurück ins schöne
Leipzig, wo er als Prokurist und bald darauf selbst-
ständig als Unternehmensberater für Start-Ups und
Erwachsenenqualifizierung tätig war. Seit 2008
reist er regelmäßig geschäftlich nach Ägypten.
Durch seine Beratungs- und Reisetätigkeit fand er
früh zum Schreiben. Mehrere Fachbücher, Reisebe-
schreibungen und ein YouTube-Kanal „aegyptenhans" mit über 100 Videos von Ägypten zeugen
davon. Neben seiner Liebe zum Reisen, Lesen und
Schreiben ist Mr. Hans auch ein begeisterter Hob-
byfotograf und mehr als eine Million von „Klicks"
auf Google-Maps bestätigen es.